嚐遍大中國

巴陵美食散文集

巴陵・著

推薦序　美食湘軍方八另

古清生

世界上最好作的是美食文章，少時的一些食物記憶，饑餓時期的某次品飲，以及近時去了何店吃到一客美味，都可以信手寫來，令讀者品同樣是有味道的文字。然食文卻也算世界上最不好做的文章，作家寫的那些個菜，公眾也是很熟悉的麼，誠如畫鬼易畫人難，一個道理。

關鍵的是，寫作食文化須真性情，何因未曾細考，打量一下世界文學史，那些味蕾特別發達的詩人、作家們，莫不是真性情也。因此，至少在食文化的寫作上，作家需要真性情和比較發達的味蕾，而文字與感覺，則也必須十分考究。以中國文化圈矯情主義氾濫的態勢觀照，確也難以發現有多少真。故在當前的食文化寫作領域，矯情就像雞精一樣融入了現實文化的湯湯水水。

不過，在堅持食文化寫作的文學湘軍中，方八另的寫作卻是值得稱道，或者因為一個歷史緣份，我的三本書經周實之手在湖南嶽麓書社出版，方八另即給寫了書評，那時候我們未曾相識。由於都是寫食，所以評論的文字就甚是到位，心有感念，就開始關注方八另，他的筆名叫做巴陵。接下來，就讀到方八另的食文，在網上有所聯繫，繼而我去長沙，見到了方八另，這位八十年代出生的作家果然質樸而真誠。他給我講得多的是嶽麓書院，他對嶽麓書院的一些改造尤其憤怒，通過他的表達，我對那些把持資源，貪公物為己謀學利者甚是不屑。這件事情，需要專文談論，但是也就大抵體察到方八另對湖湘文化的讀識與理解，他的歷史功底尤其的深。然此，對研究食文化卻是一個高築的平臺。

後來，我們去火宮殿吃長沙小吃，因為有了方八另的講解，食的味道就不一樣。我覺得終歸是長沙臭乾子的臭香令人難以忘懷，只道是旅途匆匆，喝的啤酒，我覺得跟方八另一塊，最好是喝高度白酒。那時候，便知方八另的食文已經成書，回京再細讀他的文字，感覺他從一位圖書編輯兼作家的視角，在食文化寫作中尋找到另一個向度，那就是通過食而進入歷史，或食而交友，這種傳統的堅守，筆底就有士人風範。

比如他寫「情侶烤魚」，這道出現在武漢的比較媚俗的菜，在俗文化掃蕩街街巷巷的武漢，吃出點雅趣很犯難的，方八另如此寫道：「我看到這道菜遲遲不敢下筷子，在他們的催促之下才嘗試性夾了點。是燒焦的魚皮，黑糊糊的，夾著就是那麼軟軟，筷子顫一顫，魚皮就有收縮地上下擺動；嚼在嘴裡卻有點糯性，還有點韌性，被烤的一面比較脆，帶著濃濃的咖喱粉味。這樣一品，倒覺得比紅燒魚、水煮活魚、酸菜煮魚、清蒸魚都要有味。夾了一塊魚肉，可以聞到一點血腥味，帶著熱氣，嚼魚肉，綿綿的，有火烤的脆香和水煮的甜美，吃得我「吃性」大發，夾魚的不同部位品味烤魚的風味。或者是至俗而至雅，或真。如是委婉道來，感覺方八另坐在東湖邊，落日西沉，溶金的水波輕輕蕩漾，挾著夏天燥熱的湖風，漸涼至微溫，這時候喝著冰啤，品著烤魚，人生的些許快意便也悄然而至。

吃，比較能打開真人性的一面，著食文者，自己暴露的幾率也就大增。其實，方八另完全是為了吃到各地的魚，有了這個宗旨，他便像從洞庭湖遊至了各路江湖，今時走紅的湘菜，本應該更有嚼頭的。但不妨礙方八另在文學湘軍中扛起食文化旗幟，基於洞庭湖，或者湘江，融匯天南地北之食。方八另一路走著，一路品著，一路寫著，表達的是一種人生的心態。

推薦序　結緣黃鴨叫

賀柏武

初識黃鴨叫是緣於巴陵先生的〈水煮黃鴨叫〉一文，那年我還在長沙讀大學。窮困的學生生涯沒有任何經濟來源可以去各個娛樂場所或者茶樓酒肆隨心所欲地消費，只好每天躲在圖書館裡讀書看報。一個週末的上午，翻閱當天的《長沙晚報》副刊版，一下子就被這個標題給吸引了。對於黃鴨叫的介紹巴陵先生惜墨如金。而就吃法上他卻如美食家一般將個中滋味描述得細緻入微，從魚頭吃到魚尾，似乎那一張口一閉嘴之間魚香已漫遍全身。特別是最後在文章的結尾還來一句「過後幾天，我都在回味這頓美食，朝思暮想再有一次機會。」當時雖然身坐在圖書館內，但心卻早已飛到了橘子洲頭，口水也是早已咽過幾回。

真正有機會親口嚐上那又鮮又嫩的黃鴨叫，是在收到那次《三湘都市報》的稿費後。由於那時是用信件郵寄稿子的年代，我想留著那點收入來列印稿子和寄信，所以就沒出聲。可同宿舍的幾個兄弟叫嚷著「才子」再不請客就不夠意思了，當時只好硬著頭皮答應，而且自己還一直惦記著那巴陵先生推薦的黃鴨叫。於是徒步前行，六個楞青小夥直奔橘子洲的美食排擋。因為是排擋價格，魚價並不貴，這正是我們期盼的。而當那一大盆晃著膩膩油兒的又泛著密密麻麻的乾紅椒的黃鴨叫端上桌時，我們就知道物超所值了。而且由於味道極好，大夥開懷暢飲，結果啤酒的費用大大超出了我的預算，在稿費之外還倒貼幾十元。不過這次整個吃魚過程是我唯獨見過他們獵人一般的眼睛未抽空去掃描周圍的漂亮美眉的一次。當時他們的理由還振振有辭，美女只是養眼，可這魚卻能養胃啊。對於那時成天在學校食堂裡吃著少油淡鹽又長個兒的我們來說，這何嘗不是一次美妙絕倫的山珍海味呢！

就是從那時開始，我對黃鴨叫做了一些資料的查閱。得知其名的真正來歷是因被抓住時會發出咕咕叫聲，故又名黃鴨咕。傳統的湘菜做法也是很精緻。一般是把從湘江河裡捕撈上來的黃鴨叫先用清水養兩天，宰殺剖開，清洗乾淨。用大火煎至金黃，瀝乾。將薑片、蔥段，豆瓣炒香，放入泡椒，酸菜，紫蘇葉，辣椒面，料酒。再倒水攪煮，撈除湯渣。接著將黃臘丁倒入，並加鹽，味精，糖，醋，放入乾紅椒，蒜子，清水若干，小火煨，煨到湯成白色。然後用生菜鋪底，上盛黃辣丁，撒蒜末，熟油辣椒，蔥花，澆鍋中熱汁，最後撒花椒面。

待到我真正地有閒情逸致約上幾個朋友去湘江河畔邊嚐著黃鴨叫邊品酒論道的時候，一個偶然的機會我也與久仰的巴陵先生相識了。那是一次小範圍內的文友聚會，見著溫和爾雅的他，一如在他文中描述的精緻地品味著黃鴨叫的模樣。晚上正好主辦人邀約大家前去橘子洲夜市遊玩。

當晚雖是初次謀面，然而我倆卻如久別重逢的老友一般，望著江面點點星光漁火，推杯換盞開懷暢飲，共話人生際遇和文學心得。從此之後，我和巴陵先生儼成故知。

推薦序　藏在味蕾裡的人文

北雁

讀完巴陵的美食專欄，無不驚訝，無不興奮。如今，大多數文人都時興「閉門造車」，一支筆或一台電腦就可以創造了，寫出來的作品和生活無關，只停留在臆想之中。而在此書中，作者卻把大把的光陰耗費在吃喝行走上，且以吃為藝術，以美食為研究，把「吃喝玩樂」寫得栩栩如生，讓讀者感受視覺上美感的同時，更是味蕾上的一種刺激和精神上的一種享受。作者把旅行當成一種對美食的探索，把獨具特色的美食當成對地域文化的一種考究。所以，我認為他是一個「行走的美食家」。

作者遊走在城市與鄉村之間，思考著美食故事和人文氣息，從瑣碎的文字中可以窺探出他對美食的熱衷，以及對美食文化的精闢論述。在行走的路上，他肆意尋找旅途的美食，把旅行當作美食探秘的線路，發掘隱藏在當地民居深處的人文素養以及美食的存在意義。走在味覺的邊緣，不為味覺所迷失，卻以一個邊緣人的姿態更清楚地看到了美食中所深藏的文化故事和人文歷史，把人文與美食，把美食與故事聯繫起來，讓讀者不知不覺陶醉其中。書中作者尤其是在「西部食旅」一輯中所談到的西部美食和故事，就連我這個西北人也感到自愧。

在大西北黃土地上生活二十餘載，我也說不出幾個地道的西部菜式，更不要說它裡面深藏的故事和人文素養了。而作者作為一個南方人，卻對西部美食有如此之深的瞭解，足見作者對美食文化研究如此深邃。他每走過一寸土地，都留給讀者一段美食故事，讓我在讀書時，時有一種衝動，想踩踏著作者的腳印游走大江南北，品嚐南北特色美食，那將是多麼的愜意！

一方水土養育一方人，一方美食蘊藏一方人文。本書看似寫美食，其實更多是寫心情，講故事，談人文，把美食所散發出來的味道和人文氣息相結合，用自己的所聞所見去感知和領悟。縱觀古今中外，有無數的饕餮者，也有許多食學家，但真正可以稱得上美食家的人卻極少。其主要原因就是《禮記・中庸第三十一》中所說的「人莫不飲食也，鮮能知味也」。很多美食著作把更多的筆墨浪費在寫「吃」上，卻很少談到「味」。其實，美食留給人們記憶最深刻的並非精巧的製作和吃法，而是「味」。如臭豆腐的製作鮮有人知，可臭豆腐卻臭名遠揚，正是因為它的「味」。關於味，這裡有美食散發出來的味道，也有作者通過美食所挖掘和察覺的地域人文氣息。前者是一種外顯的味，可以用器官直接感知和判斷；而後者是一種潛在的味，卻需要作者去挖掘和感悟。無論春天秋冬，作者行走大江南北，吃遍天下美食，一個「味」字，我想是作者的食旅之獲，我認為也是此書的魂。

古人云：「書中自有黃金屋，書中自有顏如玉。」而讀完巴陵此書，我卻要說：「書中自有真性情，書中自有味先行。」寫作美食文章最需要真性情，沒有真性情品不出食美味。那些偉大的美食家，但凡都特別發達味蕾，把美食咀嚼在口中，從心中飄溢出美食所體現出的人文味。創作美食文字更需要一種感覺，源自於對美食中「味」的感知。很多文人的文字太過矯情，有過多的情，卻沒有了真，讀來也索然無味。巴陵多以自己親生親歷來寫美食心情，把「味」作為他創作的基調，此真性情之人，時下美食界鮮有之。

巴陵文筆清新，意蘊深沉。從書中文章的標題看，像是一個菜單，可一看內容，卻發現每個看似簡單的菜單式標題下，卻都藏著無數鮮為人知的美食故事，有作者親身親歷的，也有作者研習考究的，讀來情真意切，收穫頗多。可以說，此書既是一部美食著作，又是一部旅行佳作。巴陵說：「人生如美食，都需要自己去品味和嘗試，真正的味道只有自己知道。」吃，最能讓人看到人性的一面。吃出味，體現了作者對於吃的研究和吃的藝術追求，古今美食家如此，巴陵亦如此。

推薦序　味覺的美學審視

徐上峰

我是一名食客，曾經寫過不少美食文章，但在讀巴陵（方八另）的美食作品後，我趕緊收手了。美食文章不好寫，我深有體會，寫了幾篇後，就覺得落入固定的圈套，比如每一道菜的做法、品嚐方法，寫起來大同小異，這類文章寫多了，是沒有生命力的，讀者讀起來更如同嚼蠟。

巴陵寫美食，不復依傍，這是他的獨到與高明之處。他能以小見大，每道菜後都有一個故事甚至一串故事，這樣文章就會鮮活起來，呈現出立體框架。比如〈橘子洲黃鴨叫〉，看過他的這篇文章後，不僅能勾起食慾，讀者還會不時地徜徉在各個故事之中，欲罷不能。文章以瀟湘八景之一的「江天暮雪」開篇，讀者彷彿置身一個白雪皚皚的季節。接著談英國領事館、毛澤東揮筆寫下〈沁園春・長沙〉、毛澤東與周恩來的對聯趣事，在這樣一系列文化之旅中，作者將黃鴨叫引出，讓人似乎忘了是寫美食，而是一篇文化散文。

美食，當然需要優美的文字來表達，而這恰恰是巴陵優勢所在，深厚的文字功底以及獨到的嗅覺，使得他的作品呈現出他人難以企及的美學形態。巴陵的美食文章是寫意的筆調，同樣在〈橘子洲黃鴨叫〉一文，能感受到季節的輪迴，從白雪皚皚到春意盎然，文人騷客相約橘子洲，品黃鴨叫，在湘江中垂釣，文末還將黃鴨叫比作情人，輕鬆而詼諧。

一次與巴陵促膝暢談，他跟我說，每寫一篇美食文章，他都會查閱很多資料，甚至會買一大堆書籍閱讀，這種創作態度，也是他在這一領域有所成就的原因所在。與一般人純寫美食不同，巴陵給人呈現出文化美食。他在〈瀏陽手撕魚〉中寫道：手撕魚起源清代，嘉慶年間，湖南益陽有位名士在洞庭湖邊吃到手撕魚後，大發詩性，寫下「煙波浩渺洞庭水，十里飄香手撕魚」的詩句，手撕魚從此美名流傳；他在〈南方烤魚〉中說：劉備、關羽、張飛結義桃園時，張廚的絕活是炭火烤魚，能做到醇和味美、鮮上加鮮。劉備吃後大加誇獎：汝等烹飪有佳，當記頭功。劉備登基後，把他吃過的烤魚定為蜀國國菜，得以傳播。

巴陵與當地人、廚師打成一片，這種深入的體驗，讓他的文章更真實，更富細節，讀者能讀出每道菜的背後故事。從〈瀏陽手撕魚〉，可以看出巴陵對細節的體察：「瀏陽山多地多，土地比較貧瘠，要用很多的勞作時間才能養活自己，地主家給長工做飯菜，為了減少時間，把飯菜一切放在蒸籠上，隨時吃都是熱的。另外一種說法是逃避戰爭，解放前，瀏陽東鄉的老百姓為了避免官府發現自家的哥老會兄弟，方便家人回家吃飯……」這樣的文字，在同類文章中是看不到的，也賦予了這篇文章的生命力。

巴陵是我多年的摯友，也是我的「老師」，當年在湖南師範大學讀書時，他高我一屆，我的文學啟蒙就是從他開始。當時寫的一些文章不敢往媒體投稿，先私下交給巴陵看看，讓他給我斧正。

從二〇〇三年暑假開始，八另拉上我以及幾位室友開始撰寫圖書。讓我記憶猶新的是，巴陵喜歡吃，圖書剛策劃的時候，把我們拉到墮落街，先魚肉飽食一餐，提振我們的精神，接著寫稿期間，他又拉我們去望月湖等地品嚐長沙美食，圖書出來後還擺了慶功宴。跟著巴陵不僅有肉吃，而且省事，他點菜基本不用菜譜，我只管大開殺戒就可以了。

二〇〇五年，我離開長沙，到廣州一家媒體工作，回去長沙的機會就少了很多，但依然會惦記長沙的美食，惦記方八另（巴陵）。每去長沙，我總是第一個打電話給巴陵，我知道，先把自己的胃安排好，心裡就踏實了。人少的時候，巴陵邀去他家，他自己掌勺，我吃過他親手做的黃鴨叫、豆腐乾、青椒炒肉等，比他寫的更美。

巴陵曾經跟我說，喜歡美食是祖傳，他外公、舅舅都是當地聲名遠播的廚師和好食客，從小跟隨外公、舅舅學習吃喝，他也獲得這種良好的基因和品味之道。在談及各種菜式時，他往往信手拈來，比如做白溪豆腐乾，先要在溫水中浸泡，這樣做起菜來才會鬆軟。他對吃法很有天賦，吃口味蝦該從哪裡下口，都有技巧，吃起來既文雅又有成就感，還會剝出一個完整的蝦殼。吃黃鴨叫也一樣，他在文章中寫道：「吃魚身，先夾著魚腰，在背上咬一口，撕下一線長長的背脊肉，再一線一線地撕著吃，等露出背脊骨。再吃另一邊，也一線一線地剝掉，到只剩肋骨，吃完，就剩整副魚骨架。」這哪裡是吃魚，簡直就是一道美學，審視著每道美食。

目次

第二輯　雞鴨成群

第四輯　肉肆醬香

第七輯 名優雜食

第八輯　副談飲食

第一輯

魚味無窮

橘子洲黃鴨叫

橘子洲又稱水陸洲，為激流迴旋、沙石堆積而成，原由桔洲、織洲、誓洲、泉洲四島組成，至清代只有上洲（牛頭洲）、中洲（水陸洲）、下洲（傅家洲）三島，今演變成一串長島，盛產柑桔聞名。位於湘江長沙市區段江心，西望嶽麓山，東臨長沙城，四面環水，綿延約六公里，寬約零點五公里，狹處約四十米，介於山城之間，浮嫋嫋凌波上。春來，明光瀲灩，沙鷗點點；盛夏，嬉戲遊玩，納涼消暑；秋至，柚黃橘紅，清香滿地；深冬，凌寒剪冰，江風戲雪，一年四季，時刻迷人。橘子洲又是著名的瀟湘八景之一的「江天暮雪」所在地，留下不少文人詩詞曲賦。

一九〇四年，長沙闢為對外開放商埠，橘子洲上建有英國領事館、長沙海關、基督教學校、左公祠等。毛澤東到湖南第一師範讀書時，喜歡到湘江游泳，秋天到橘子洲品橘賞月，遙望嶽麓山的紅楓，感悟大地蒼生。一九二五年秋天，毛澤東登橘子洲做了一首聞名的詞〈沁園春・長沙〉，有「獨立寒秋，湘江北去，橘子洲頭，看萬山紅遍，叢林盡染」等句，一直為後人傳唱。一九五二年寒秋時節，毛澤東重遊橘子洲，寫下〈沁園春・長沙〉的草書，橘子洲聲名大振，為文化人士所嚮往。一九六〇年，長沙市政府在橘子洲頭建立起橘洲公園，堤岸圍砌石欄，植垂柳護堤；種柑橘數千株，金秋時節，橘果累累，遊客攀枝採橘，賞菊望月，多行極樂。洲頭建有望江亭和遊廊，迎江面聳立一塊巨形漢白玉紀念碑，上刻毛澤東手書「橘子洲頭」四字。公園占地十四點二公頃，有支橋與湘江大橋連接，交通便利。毛澤東與周恩來作了一幅對聯，上聯是「橘子洲，洲旁舟，舟走洲不走」，下聯是「天心閣，閣中鴿，鴿飛閣不飛」。

因為橘子洲的歷史文化，成為長沙市的一大自然人文景觀，很多遊客都是慕名而來，只想瞻仰偉人足跡。旅遊旺季，橘子洲上遊人擁擠，我根本不想湊這個熱鬧。

每年四月，長沙戶外春意盎然，陽光燦爛，處處充滿著爛漫和時尚。我常喜歡約七八個文友，到橘子洲逛逛，兜兜文化人的學墨和詩詞，偶爾也胡捏兩首歪詩，答謝友人，挽留春光。

橘子洲在外地人眼裡是一個旅遊勝地，有著他們嚮往和敬仰的魅力；在長沙人眼裡遊玩已經不再重要，倒是說起橘子洲的美食，大家都口饞。我所知道的有湖南特產臭豆腐、黃鴨叫等非常受人喜歡和酷愛。

黃鴨叫，若大一個長沙城，可以吃到黃鴨叫的地方很多，味道馬馬虎虎的也不少，卻沒有一個地方的味道超過了橘子洲的。很多達官富豪開著自己的轎車，帶著外地客商，到橘子洲品味黃鴨叫，以盡地主之宜。我曾經想過：橘子洲的黃鴨叫這麼好吃，應該與它的水土有關。橘子洲地處江心，水都經過沙礫過濾，長沙城裡的自來水卻用漂白粉消毒，吃起來就味道不同。

黃鴨叫是湘江的一種野生魚，並非鴨，個頭不大且帶刺。據《湖南魚類志》載：黃鴨叫，學名黃顙魚，地方又稱黃呀姑、黃鴨牯、黃鴨咕，長約八十二到兩百二十九毫米，有黃色和黑褐色兩種，長鰭的地方帶根刺，上有鋸齒，抓的時候如果不注意方法，一定會把手刺破。黃鴨叫在淺水裡遊走時，看上去黃金色，非常有光澤，漁民就從體表給它取了個名字，叫黃骨魚。還有一種與黃鴨叫相似的魚，只是體表完全的雪白色，叫白鴨叫，追蹤其淵源，與黃鴨叫同宗。黃鴨叫得名還有一說：解放前，長沙段的湘江黃骨魚成群，人們到橘子洲附近游泳時，如果遇上黃骨魚魚群遊過或者圍攻，就會刺得游泳者尖叫不止，聲音像黃鴨子叫。我在長沙生活了十多年，對湘江和橘子洲也有些瞭解，卻無法追究黃鴨叫的根源。

著名學者、出版家鍾叔河先生也在他的著作中有黃鴨叫的記載，卻沒有深入探索；著名作家何立偉先生，長到橘子洲去品味黃鴨叫，有文人朋友來長沙參觀，他必帶他們到橘子洲一遊，遊畢定會在橘子洲上大擺宴席，臨江品酒，揮詩吃魚。橘子洲的文化，就在文人中演變開來。

很多時候，我們喜歡步行去橘子洲頭，跨過湘江大橋，邊走邊欣賞湘江裡的風景，也有的時候打的到橘子洲頭公園門口轉一圈。門票昂貴，我們得不到任何優惠，就很少再去裡面享受立江臨風的感覺。我到橘子洲公園來過多次，也沒有要進去玩的意思，卻把遊玩的心態改為吃黃鴨叫的機會。

橘子洲從支橋到洲頭一路上是「黃鴨叫」的餐館，少說也有三四十家。長沙口音「黃」「王」不分，很多招牌寫成「王鴨叫」，讓遊客笑話。最大的一家要數外商投資的黃鴨叫美食廣場，場面寬大，可以同時容下三五百人吃飯，可見黃鴨叫在長沙人心中的美食地位和需求。黃鴨叫從橘子洲開始流行，至今有二十年餘的時間，也是橘洲夜市中最為流行的特色菜和招牌菜。

我們都是老長沙，一般花錢比較苛，嘴巴很刁，對美食要求高，大家合計就會去吃私人開的正宗黃鴨叫餐館。橘子洲頭有家范四毛的黃鴨叫餐館，菜做得非常棒，老長沙人都知道。我們卻喜歡毛家黃鴨叫廣場，因為它有個臨江的大廣場，場面十分寬闊，可以擺下四五十張大圓桌，非常典型的大排檔搞法。其實，我們選擇毛家黃鴨叫廣場，還有另外一個原因，在吃的同時，我們還可以垂釣，滿足釣魚之癮。撐起釣魚傘，坐著籐椅釣黃鴨叫，也可以臨江高談闊論，又可以看江中來往的遊船，真是一舉多用。如果喜歡浪漫，可以與遊船上的少女飛吻，大家都會大聲尖叫，表示高興。

三四月，正逢湘江春汛，魚群回游，黃鴨叫成群結隊。到時，江水漸漲，江面開闊，遊船如梭，垂者一字兒排開，那休閒和恬靜讓我們無比的舒服。我大喊：大自然真好！在有風雨的天氣裡，湘江裡的野生黃鴨叫最容易上釣，只要稍微會點垂釣工夫，三兩個小時可以釣四五斤黃鴨叫，大的三四兩，小的不到兩寸長。一般用蚯蚓當魚餌，八號長柄鉤串滿一鉤蚯蚓，投入堤邊。黃鴨叫吃食兇猛，會把鉤全部吞進肚裡，魚上鉤就很難逃脫。如果自己是裡手，可以直接用右手拇食指捏著前鰭下的軟處，它就無法掙扎；如果自己沒有足夠的把握，最好帶把醫用鉗子，夾著黃鴨叫腰身容易取鉤。釣黃鴨叫的意境不在魚，在於湘江和意念、意志、耐心、毅力，完全修心養性，最大的樂趣是享受大自然，融入大自然。

毛家黃鴨叫廣場的黃鴨叫養在門口大玻璃缸裡，讓來往客人觀賞，在點菜時也讓客人選擇，客人指著要哪個，就可以現場撈哪個。廚師撈好黃鴨叫後，在搖井下沖洗乾淨，鉗住前鰭下的軟處，食指從腮巴底下扣進去，撕開肚皮，掏出內臟，沖洗乾淨，抹少許鹽和料酒，過一會兒，水滴自然流出，那粘液絲連不斷。

做黃鴨叫有兩種：一是水煮，一是紅燒。我喜歡紅燒，那樣吃起來有質感些；水煮營養價值高，補充人體大量的高蛋白。

紅燒要先把油燒開，黃鴨叫放到油鍋裡，油會撲哧撲哧的響，還不停的冒白水汽，作為黃鴨叫的專業廚師，可以在成色上看出黃鴨叫是否熟了；非專業廚師，我可以告訴你一個方法，炸到不再冒水汽為止，黃鴨叫的肉就比較緊。倒出油瀝乾，將薑片、蔥段、豆瓣炒香。放入泡椒、酸菜、紫蘇葉、辣椒面、料酒等。加鹽、味精、糖、醋、放入紅辣椒絲、蒜仔、清水少許，稍煮即可。吃起來肉質又緊，味道重，魚鮮。多做乾鍋吃，邊加熱邊吃，久煮都不爛。

水煮有清燉和炸後煮兩種，這主要取決於食客的喜好。食客喜歡清淡的，就做清水煮的黃鴨叫，把宰殺了的黃鴨叫用開水燙一下，洗去身上的滑液，再加水煮，直接煮到湯奶白色，加紫蘇、辣椒等。多做火鍋或者石鍋吃。一層紅紅的辣椒和黃鴨叫凌亂的堆在大鍋裡。食客喜歡吃味重的，就先炸一下再煮，煮到湯成米黃色，像雞湯，就洋溢著一股鮮美香辣的魚香味，吃起來更有味。

每到黃鴨叫端上桌來，我的口水早就流出來了，聞到那魚香味，有股馬上要吃的想法。我常如一個美食家一樣拿出細細的品覓架勢，享受黃鴨叫的美味。黃鴨叫的肉又鮮又嫩，加上配料的香辣，帶點酸味，再蘸點醬油，嚼起非常勁道又來唾液，可以細細感覺魚肉裡的鮮美和香甜。

四月也是長沙的梅雨季節，楊梅初上，在吃黃鴨叫的同時，可以要盤鮮紅的楊梅做伴料。吃著碩大紅韻的楊梅，酸甜的感覺刺激著口中唾液，味覺又上一層。放眼湘江，葉葉偏舟，心情舒暢，食慾大增。

毛家紅燒黃鴨叫端來，一條一條的如剝了皮的小杉木碼起，淺黃色甚是好看。炸透了的魚皮似波紋皺起，真是一件精美的工藝品。夾起一條放在碗裡，先咬斷魚頭，魚頭的肉不是很多，嚼起來又香又甜又脆，又糯又耐人尋味，讓人連骨頭也捨不得吐，更放慢了品味的速度。吃魚身，先夾著魚腰，在背上咬一口，撕下一線長長的背脊肉，再一線一線的撕著吃，等露出背脊骨。再吃另一邊，也一線一線的剝掉，到只剩肋骨，吃完，就剩整副魚骨架，這是吃黃鴨叫的俚手跟我講的。我吃完一條，會有種成就感和輕鬆感，覺得做了件大事。又讓我想起做人的道理：做人要慢慢的品味，細細把握，儘量精緻認真。

長沙人在吃黃鴨叫時，喜歡講一個笑話：黃鴨叫喊作情人。有人問起為什麼，就有人拿筷子指著外形美觀，姿色妖嬈，味道鮮美、肉質細嫩的黃鴨叫，說：你看就知道。要是還不懂，就有人說：黃鴨叫好看、好吃，有個缺點就是刺太硬，不小心容易被扎傷自己。

到橘子洲吃黃鴨叫，還有金秋時刻也很好，樹葉落盡，可以欣賞嶽麓山紅楓。我還是喜歡四月，那是萬物生長的時候，吃起來更新鮮。

瀏陽手撕魚

熟識瀏陽，我是通過瀏陽蒸菜來瞭解的，其他一概不知。慢慢的，我瞭解到瀏陽有豆豉、菊花石、煙花，新中國建國時期還出了不少將軍，被評為將軍縣。就因將軍，我更加關注瀏陽和瀏陽蒸菜了。從開遍大街小巷的瀏陽蒸菜館來看，我隱隱感覺到它與瀏陽將軍有關，或者就是將軍們的童年飲食。為了瞭解瀏陽蒸菜，我還特地去過幾次瀏陽調查蒸菜，在瀏陽市中心的二〇二飯店，吃過正宗地道的瀏陽蒸菜，第一次在那裡吃到了手撕魚。

聽一些瀏陽的朋友說：瞭解了瀏陽蒸菜，就認識了瀏陽的另一面。憑我這些年對瀏陽的瞭解，應該從三個方面來認識瀏陽及瀏陽蒸菜與手撕魚：一是瀏陽的貧福要一分為二，因為豆豉、菊花石、煙花，瀏陽是富裕的，也還有些鄉鎮比較貧窮；二是瀏陽的飲食，從蒸菜的辣味，可以感受到瀏陽菜的熱辣風味，卻不能認定只有瀏陽蒸菜辣和瀏陽都是辣菜；三是瀏陽的將軍非常勇猛和成材的基礎與辣椒有關，並不影響他們的身體，每個瀏陽將軍體格都很強壯，也許蒸菜保存了菜的全部營養，為將軍打好了基礎。

瀏陽蒸菜，讓人奇怪的是什麼菜都可以上蒸籠，加點豆豉、油和辣椒粉，菜的味道就非常鮮美了，吸引了無數食客和力挺者。經過多次考察，我才發現瀏陽蒸菜不是瀏陽最高貴的菜種，瀏陽名菜應該是羊肉粉皮等。蒸菜是普通老百姓的美食，被列為下賤菜之一。

我去過瀏陽的幾個鄉鎮，發現比較貧窮的地方蒸菜特別流行，稍微富裕點的鄉鎮不太愛吃蒸菜。根據這一現象，我詢問過當地很多德高望重的長者，一種說法是偷懶或節省時間，瀏陽山多地多，土地比較貧瘠，要用很多的勞作時間才能養活自己，地主家給長工做飯菜，為了減少時間，把飯菜一切放在蒸籠上，隨時吃都是熱的。另外一種說法是逃避戰爭，解放前，瀏陽東鄉的老百姓為了避免官府發現自家的哥老會兄弟，方便家人回家吃飯，把飯菜蒸在鍋裡；民國時期抓壯丁頻繁，婦女晚上蒸好一天的飯菜，讓男丁帶到山洞去吃，鹹辣口味是為了攜帶和下飯。

瀏陽蒸菜，有很多與魚有關的菜，我最喜歡吃的是手撕魚。手撕魚與其他魚蒸法不同，吃起來口味也特別，那誘人的魚香味和薰香味，特別刺激人。一碗手撕魚上桌，香味可以慢慢飄逸十多分鐘，足夠鉤起在座的食慾。

手撕魚經過蒸熟後，半乾的魚肉比全濕或全乾的魚肉更容易入味，肉質更緊促。吃著手撕魚，可以慢慢回味和細嚼品味，感受魚肉的韌性和彈力，充分滿足牙齒的嚼碎功能。細小的魚肉絲，也可以嚼上好一陣子。舌尖可以舔到鹹鹹的味道，嚼碎的魚肉絲通過喉嚨，感覺到明顯的滑膩和質地。還有那辣椒粉的辣味，完全浸泡在魚肉裡，你想多吃都不行，只能每次吃一丁點，細細品味，嘴巴被辣得唆唆作響。吃塊小小的手撕魚塊，完全可以調動所有的味覺系統，吃完後還要回味不已。

手撕魚起源清代，嘉慶年間，湖南益陽有位名士在洞庭湖邊吃到手撕魚後，大發詩性，寫下「煙波浩渺洞庭水，十里飄香手撕魚」的詩句，手撕魚從此美名流傳。

手撕魚是湖南湘資沅澧四水及洞庭湖區的一種野生魚，隨處可見，每個地方叫法不一，有摸沙機、滯夾腦、麻嫩子、紅鬚骨、千年嫩、麻嫩公等名，普通叫法是魚嫩子或嫩子魚。嫩子魚經過焙烘，就成為火焙魚，火焙魚經溫水浸泡，撕碎成魚肉絲，就叫手撕魚，其實是一種魚，只是在不同時期有一個特殊的名字。

嫩子魚的嘴臉、鱗色、形態各異，卻有個特點：長不過數寸，大不過兩指，肉多刺少，膚色青嫩，腸肚不苦，難於長大，繁殖迅速、捕殺不盡，多留滯於水灣河灘，好跳躍。

瀏陽資源豐富，景色靈秀，境內溪河交錯，山塘密佈，繁衍了無窮無盡的嫩子魚，在清澈的泉水裡自由自在地遊蕩。

瀏陽焙烘火焙魚歷史悠久，肉質鮮美細嫩，甘甜可口，色澤鮮豔，成色自然，香味撲鼻，撕成條塊，剔去脊骨，加豆豉香油，味道鮮美，柔嫩無骨，臘香濃郁。

品味瀏陽手撕魚，不像乾硬的魚塊、鹽漬的鹹魚。焙得半乾半濕的火焙魚外黃內鮮，兼備活魚的鮮美和乾魚的清爽及鹹魚的鹹辣，味道複雜，非常適宜湖南人的口味，吃起來也別有一番風味。

毛主席從小喜歡吃火焙魚，進了中南海，還愛吃家鄉的火焙魚。毛主席也喜歡做手撕魚吃，或炸或蒸，都要辣辣的，就這樣，手撕魚更是名揚四海，還在美國的中餐館裡流行。在長沙，很多賓館、酒店都把火焙魚、手撕魚列為鎮店佳餚，招徠四方來客。

湖南最愛吃魚，有句俗話說：魚吃跳、魚吃小。湖南人又說吃小魚比大魚有營養。還有，長沙人認為吃魚聰明，所以長沙人的生活裡離不開魚，做生意的就說年年有魚，養家糊口的也要年年有餘（魚），大家都爭著吃魚。在一個家庭，過年過節的時候，大人要求小孩吃魚；在日常生活裡，火焙魚成了家常菜，普遍受民眾歡迎。

火焙魚的原料必須是河塘的野生嫩子魚，其他魚不行。嫩子魚容易撈捕，可以撒網、可以戽氹、可以安鑽籟、可以刮撈子、可以沉魚罾。最有用的是沉魚罾，在魚罾裡放一坨糠飯，既米飯和粗糠捏成的誘餌。再在魚罾上壓幾塊石頭，在河灣或水塘裡沉一晚，嫩子魚就會擠到魚罾裡去吃食，再也跑不出來，第二天早上就可以去取，提起魚罾，看到白花花的嫩子魚在魚罾裡跳。很多河沿人家，到了夏天，家裡的男孩最愛乾的就是沉魚罾、起魚罾，有很高的成就感。

焙烘嫩子魚，非常講究技巧，腸肚不要擠，否則焙烘出來的火焙魚就會「破相」。焙魚是細活兒，需要十足的細心，將平鍋洗淨，燒熱鍋底，塗上一層薄薄的茶油，將嫩子魚倒進鍋裡，勻勻攤開。鍋熱油溫，魚翻彈幾次，周身都沾滿茶油，不再粘鍋。熄滅明火，鍋紅灶熱，熱氣蒸騰，待水氣漸漸散去，只聞到魚香撲鼻，就成功了一半。趁著鍋灶餘溫，再焙一陣，也間隔翻轉幾次。鍋涼後，魚也焙出來了。每條魚完整如初，不粘不爛、不焦不枯，油亮光滑、金光燦燦，魚香濃郁、腥香誘人。

嫩子魚經過焙烘，還只完成工作的一半，魚還只焙了半乾。冷卻後還要薰烤，常以穀殼、花生殼、桔子皮、木屑等物做燃料，用鋼絲篩蓋於桶筒之上，燃燒的煙霧慢慢薰烤，薰得魚冒油脂，魚鱗光色亮麗。薰烤後，火焙魚有七成乾，便於攜帶和收藏。

農民常提著火焙魚到城裡來賣，常在地上攤張乾荷葉或報紙，把火焙魚堆成一堆，喊個三五元錢一堆，從不用稱。也有挑著魚擔來回走動賣的，一般在菜市場或住宅區門口出現，很多火焙魚都被那些收購的老闆集中到一起，抬高市價，供給酒店賓館。

瀏陽蒸菜一般使用白色瓷碗，防止在高溫蒸煮下釉上彩花顏料裡的鉛會溶在菜裡或湯裡。那薄薄攤開的白瓷碗，手撕魚散在碗裡，看上去有些分量，其實比較少，就十幾塊，卻夠下一餐飯。

長沙有幾條美食街，以經營瀏陽蒸菜聞名，我喜歡去的是天心閣旁的福壽街，瀏陽蒸菜味道做得不錯，最拿手的是手撕魚，我到那裡吃飯，一定會點手撕魚。在長沙河西，我就喜歡去望月湖旁的白沙液街，每到中午十二點或晚上六點，滿街都飄蕩著手撕魚的香味。我與妻子認識，就是在那條白沙液街吃瀏陽手撕魚。我在十里香吃過幾次，覺得味道不錯，帶妻子吃了一次，她覺得味道非常稀罕，婚後還常常懷念。我們結婚後幾年，結婚紀念日都要到那裡去吃手撕魚紀念魚絲愛情。

做瀏陽蒸菜，無一例外都要在餐館門口擺上幾個大煤爐，架著大鐵鍋，鍋上馬著五六層竹篾蒸籠或鋁蒸籠，切好的菜用碗盛好，加鹽、油、味精、辣椒粉、豆豉，整齊的排列在蒸籠裡，鍋裡的水燒開後，利用蒸汽蒸菜，菜蒸熟要兩個多小時，且從上面往下面熟。到吃飯時間，客人到蒸籠邊點菜，服務員送來。蒸菜的臘味比較多，手撕魚是其主打。

做手撕魚，要把火焙魚用溫水浸泡兩個半小時，就容易撕開撕碎，先撕成兩塊，再慢慢撕成小塊，要是蒸就上鍋。要炒可以切些辣椒，乾紅辣椒切段，鮮紅辣椒切片，油熟後爆香薑、蒜米，再炒鮮紅辣椒，手撕魚用油稍炸，加水燜一會既可出鍋。

手撕魚蒸臘肉是一道名菜，非常受食客的喜歡，臘肉切片煸乾後，與手撕魚一起上蒸籠蒸，油浸入魚肉，魚肉的薰香混合在臘肉香裡，香味更純，臘肉糯柔，兩者既不油膩也不乾硬。加上辣椒粉的調劑，辣香濃郁、食慾大開。

吃手撕魚，對於我，是一種揮之不去的記憶，也是吃不足的美食。

南方烤魚

南方水資源豐富，淡水魚類比較多，除了垂釣，還有很多其他的樂趣。品味魚美食也是一種非常快樂的事情，同一種魚在不同的地方吃法各異，更能從吃上探索到當地的文化。

烤魚這種時新的吃法，已經被南方的青春白領熱情追捧，逐漸成為一種南方時尚美食，受食客的廣泛關注。

我作為一個民間食客，游走各地，曾多次吃到烤魚，卻在每個地方吃的味道和做法都不一樣。曾經有段時間進行過研究比較，才知道烤魚出自重慶，並且都把三國和諸葛亮聯繫在一起，打起了歷史文化牌，唯有洞庭湖邊的岳陽，成立了一個自己的粥魚系統，讓烤魚更營養。

追溯烤魚的歷史淵源，廚師和餐飲企業對它大概有兩種解釋：一種是劉備、關羽、張飛結義桃園時，張廚的絕活是炭火烤魚，能做到醇和味美、鮮上加鮮。劉備吃後大加誇獎：汝等烹飪有佳，當記頭功。劉備登基後，把他吃過的烤魚定為蜀國國菜，得以傳播。一種是諸葛亮在隆中隱居時最愛吃烤魚，他有位名廚常在家宴時為他做烤魚宴客，非常受朋友歡迎，劉備登基後，諸葛亮把廚師推薦給劉備做御廚。劉備也喜歡上了烤魚，百吃不厭，並提高到皇家御宴上，作為一道不可缺少的御宴美食。諸葛亮去世後，民間把這種絕色烤魚稱為「諸葛烤魚」。名廚的烤魚絕技從不外傳，只允許子孫世代相傳，在唐宋明清四朝先後出了十三位御廚，專為皇帝主理烤魚。

烤魚源於重慶市萬州縣，是劉備向諸葛亮托孤的白帝城附近。

諸葛烤魚曾經局限於夜宵攤點和路邊小吃店，是一種上不了廳堂的菜品，也沒有任何包裝與品牌意識，大的飯店賓館更難尋覓，像個露宿街頭的孩子。

二十世紀九十年代，改革開放後經濟得到了繁榮，飲食行業隨之發展起來，地方小吃和名小吃被重新端上餐桌。諸葛烤魚就在這個時候被一位酒店大廚看中，帶回酒店，成為高檔美食。大廚將烤魚的祖傳絕技與現代烹魚技法結合起來，脫離「圍爐聚飲歡呼處，百味消融小釜中」的燙火鍋方式，在製作工藝上融合醃、烤、燉的精華，結合傳統火鍋、燒烤、中餐的特長，加入新鮮蔬菜、豆皮、粉條、豆芽等，味料加入泡椒、蠔汁、酸菜、豆鼓、蔥、蠔油、醬、鮑汁等，做成複合型香味，充滿邊燙邊吃的獨特風格和特色，脫離普通烤魚的口味。這種烤魚看上去外皮香脆、色澤金黃，吃起來肉質軟嫩、味道鮮美，具有營養豐富，達到美容健身、健腦、強筋健骨的功效。

當整盆烤魚擺在餐桌面前，香味濃郁，湯汁紅亮，吃時辣而不燥，口不乾、不上火、回味幽香、油而不膩，有種獨特的焦香味和濃郁的料香味。

行走多年，在武漢、重慶、常德、北京都吃過烤魚，卻各有味道。

在武昌聚義園，是第一次吃烤魚，那是二〇〇六年夏天。有朱輝、湯淼、路勇等武漢文友在場，他們是聚義園的常客，帶我吃漢味的小張情侶烤魚。我是愛吃魚的洞庭之子，常搜集各種魚的做法和吃法，對他們的推薦非常滿意。

端來兩個長條型不銹鋼盆子，盆底燒著酒精，每個盆裡臥著一條魚，魚的顏色漆黑，卻翻騰騰的冒著熱氣。我納悶烤魚怎麼還用水煮吃呢？我嘗試性的夾了點，是燒焦的魚皮，黑糊糊的，有些軟塌塌的，筷子顫一顫，魚皮就有收縮地上下擺動，塞進嘴裡，嚼著有些糯性、韌性，烤脆的表面帶著濃濃的咖喱味，細品覺得比紅燒魚、水煮魚、酸菜魚、清蒸魚要有味得多。夾開的魚肉可以聞到血腥味，卻已經熟透，魚肉綿綿的，有著一股甘甜和清鮮。我仔細看了一下，才發現是兩種魚，一種是鱅魚，一種是草魚，剛吃的是鱅魚，品嚐烤草魚才知道肉的味道有所區別，草魚肉細嫩，帶著煨後的清香和血味的淡涼。吃完魚，盆底露出一盤雜菜，有豆腐、魔芋、豆皮、豆芽等。豆腐裡充滿魚的味道和咖喱，像久煮的麻辣燙，味道十足，魔芋、豆皮既嫩又麻香，我才發現烤魚的精華是久煮的豆腐、魔芋、豆皮。

第二次吃烤魚是在北京，二〇〇七年四月，我與古清生、韓皓月在通州魚莊。古清生說他常與朋友來這裡吃魚，也許北京的魚沒有南方的魚那麼好吃，或者是在配料上沒有南方講究，我覺得味道與我第一次吃烤魚相差一段距離。主要是缺少一些咖喱味，烤得也不夠熟，煮了很久，邊吃邊聊，後來發現配料很多，特別是魔芋和豆腐，味道很清淡，還配了一些鴨血和牛黃喉，可以隨便涮著吃，這樣才感覺到烤魚的清淡，味道鮮美。

二〇〇七年八月，我到重慶，才吃到原產地的烤魚，也就是諸葛烤魚。讓我吃到了原味，才知道烤魚非常的講究，一般選擇兩斤左右的魚，殺後去鱗，從背部剖開，去除內臟，洗去血水和撕掉黑膜，體表打一字花刀，加料酒、鹽、味精醃十分鐘左右後上架烤。這種醃製與地攤上的烤魚有完全的區別，地攤的是醃製後在小火上烘乾，用油炸半熟；諸葛烤魚卻是鮮醃，醃後不再烘乾，還是直接上架烤。

烤魚要在烤架上不停的翻動，讓魚體均勻受熱，火不要太旺，火苗保持微微發黃光即可，否則會把魚烤糊、烤焦。烤架是鐵絲網，不要選擇鍍層，容易粘在烤魚體表。烤十分鐘左右，烤魚達到九成熟，香味飄逸，魚體橙黃。再刷一層老油，保證老油的香味充分進入魚肉，撒上孜然粉，再烤一分鐘左右，把烤魚裝入墊有洋蔥絲的不銹鋼盆裡祛除煙火味。

準備炒鍋一個，放豬油與植物油做的混合油，下薑、蒜、豆瓣醬、永川豆，炒香後加老油、鮮香雞膏、鮮湯，再放雞精、白糖調味，後下芹菜、黃瓜等時蔬，燒開倒入裝魚的盆中。

再起鍋，混合油燒至五成熱，入乾辣椒、乾花椒炒香，淋在魚上，加蔥絲、香菜、紅椒片點綴，就成一盆地道的諸葛烤魚。

我一吃才知道，地道的諸葛烤魚味道與各地的烤魚味道完全不同，飄逸的香味不是單純的魚香或者香料香，還是魚香和香料香混合在一起，並且有火燒後的熟味，沒有生香料味。魚肉表面焦黃，也沒有黑漆漆的，只是有點焦硬，經過煮後，烤焦了的部分反而香味異常，肉質非常有韌性和彈力，肉絲間的湯汁滲透也非常豐滿，沒有乾澀或苦味。裡面的魚肉已經完全沒有血腥味，肉質成薄片狀分離，鮮嫩爽口，如果是怕辣的食客，可以吃裡面清淡些的魚肉，如果是吃辣椒的食客或者是品味的食客，可以把肉片放湯裡浸泡一下，吃的時候味道奇特，味蕾興奮。最難想像的是咖喱味已經融入了魚肉裡，沒有刺激的味道，把魚腥味掩蓋得非常到位。

二〇〇八年十一月，我參與調查湖南省飲食資源，在常德吃到了岳陽烤魚，讓我對烤魚有新的理解。常德是個美食之鄉，又靠近洞庭湖，吃到什麼魚都不為怪。據瞭解，近年來常德開始流行吃長江淡水魚，吃法各異，烤魚只是吃法之一。走完洞庭湖區，才知道岳陽烤魚在洞庭湖區的岳陽、常德、益陽等地很受食客歡迎，岳陽燒烤在湖南有廣為流行的趨勢。

岳陽燒烤的主產品是烤魚和粥，還兼顧烤洞庭湖各類淡水產品。岳陽燒烤分兩類，一類是純粹用炭火烤熟當小吃的，一類是有烤魚也有粥的。前者流行於街頭巷尾，滿足小孩與女性好吃者，後者是以店面為經營，主要為食客及男性好吃者提供美食，主烤鯽魚，還可以上桌。我們要的是烤草魚，烤好後，在桌上再用木炭火加熱，雖然沒有諸葛烤魚那麼有特色，但是味道上卻比諸葛烤魚稍勝一籌，特別是它的鮮味非常罕見，讓人嘆服。岳陽烤魚，味道集中在湯上，喝上一口，鮮美異常，回味無窮。

南方烤魚的魚原料很多，主要以每個地方的資源和當地人的喜好來調劑，有鯉魚、鯽魚、草魚、鱅魚、羅非魚等。

赤壁長江魚

一個人長期在外奔忙，也只好以吃喝玩樂來品覓人生，到各地瞭解風土人情，隨鄉入俗旅食天下。進入湖北，就有同事說帶我們去桑城靚魚。我長期以來在長江以南活動，這次越過長江，到黃岡（蘇東坡時代的黃州）。一來看了長江的宏大；二來感受了北方飲食風味，這次出差也算有點情調。

黃州地廣山平，就在長江邊，靚魚的地方很多。據說：桑城的魚做得特別好，是黃州的品牌，魚都來自長江。

我們打的來到桑城，馬路兩邊都是靚魚的大排檔，一條街燈火輝煌，人聲複雜。我還從來沒有去過這麼熱鬧的地方吃過飯，要去也是找一個安靜一點的館子。同事帶我們徑直走到一家重慶火鍋長江靚魚，店主忙請我們進店。

開始，我們要坐包廂。因為我們都是斯文人，吃東西也不能在外地出洋相，二來也好有點氣氛，舒散旅途的疲勞。可是等了十幾分鐘都沒有空地方，老闆只好請我們去後廳。後廳的氣氛果然不同，各家的後廳是相通的，中間也沒有隔欄，就如農村辦喜事擺酒宴——一片一片的，只是頭頂避雨的布罩不同而已。大家吆喝著，講著酒話，人聲嘈雜，像到了菜市場。我們選了一個角落安頓下來，店主就來敬煙、上茶。

第一道菜——撲克（是送的）。同事玩的玩牌，聊的聊天，我倒有空閒來瞭解這方水土的風土人情了。注意一看，一片一片的是中老年人，也少有女性，年輕小夥子都少。要是在長沙的排檔、酒樓，年輕小夥子居半，男女參差。再看桌上的酒，多是五斤一桶的枝江大麴，四五人一桌一般擺了兩桶，啤酒也多是五百毫升的行吟閣。看樣子，就知道是市民消費。再看食客，大多穿著平平，一幅老農民的模樣。一個拿著洋號的年青小夥子走來，問我點歌嗎？我曾沒遇到過吃飯點歌的事，搖了搖頭。我又想，這是賣唱的吧。我就胡猜，蘇東坡是一個好聲色之人，黃州還有買唱的習慣也許是他的優良傳統吧！

我再仔細觀察每張酒桌前都站著一位手抱吉它的女孩。我就想起唐宋歌伎，猶抱琵琶半遮面。這群以唱兼職的小姑娘是為了賺點外快吧！也許就是黃州的風土人情了。

我們的魚上了桌，大家要了幾瓶行吟閣，酒雖不是很有檔次，但也有爽啤的風味。來來往往的歌女，總要我們點首歌，邊喝邊樂。但從沒有打著蘇老也邊唱邊樂的牌子，都被我們拒絕了。

鄰桌是湖北人，幾個中年人圍成一桌，已經喝完兩桶枝江大麴，又要了幾瓶行吟閣，喝得酒酣時分，歌女請他們點歌，每來一位都要點一兩首，不是羅大佑就是鄧麗君的歌。

我以為羅兄鄧姐只是三四十歲人的知己，後來才悟出：一個年代帶給他們的不只是食慾，還有同時代的文化，他們的生命與那個時代以及那個時代的文化同在。

我們為了活躍活躍氣氛，也點了一首鄧麗君的《甜蜜蜜》，等那纏綿的歌聲響起，我們再也沒有吃東西的興趣了，全都懷念起自己的家人。

等我們站起來準備離開的時刻，周圍一片一片的人早就不見了。我們擦擦嘴巴，也消失在流汁的黑夜。

魚片飄香

長沙人喜歡吃魚，是因為長沙有句話說吃魚的人聰明，所以愛吃魚的越來越多了，就出現了專門做魚的飲食店。

我也是愛吃魚的人群，吃過很多的魚，也吃了許多不同的做法的魚。在魚片裡，我還是喜歡吃飄香魚片，特別是師大與湖大之間的墮落街，有一家叫三重門的飯店，那裡的飄香魚片做得很有特色。

吃魚要吃活魚，還要吃辣魚，這樣才能吃出魚的味道來。

我去墮落街吃飄香魚片不喜歡一個人去，也不喜歡很多人去，一般是約兩三個朋友或者只帶著自己的愛人去。墮落街在兩所大學之間，三重門又在墮落街的中央，來那裡吃飯的年輕男女特別多，而且大部分是情侶，吃飯講究情調，所以人多就會破壞吃飯的環境和氣氛。三四個人坐在一桌可以討論些「吃經」，也可以談些「題外話」。

年輕人吃飯很講究氣氛，進店就要先選個中間點的位子坐下，點好飄香魚片再看看周圍的美女和帥哥等老闆上菜。那麼多人在努力的吃著飄香魚片，很容易激起我的食慾，也容易提高我對美食享受的興趣。

飄香魚片一般是用一個直徑十四寸的合金鋼盆盛著，放在桌上要占一個好大的地盤。魚片幾乎全部泡在湯裡，只見湯成暗紅色，湯上漂著整個的紅辣椒，尖尖的紅辣椒不足一寸長，卻是紅得非常的鮮豔，還發著油光。也許很多人都認為分量很少，其實不然，一是因為盆子很大，二是因為魚片堆得很緊。剛上桌的魚片會飄起一絲魚肉香味，不是很濃厚。

吃魚片先不要急著吃，如果還點了別的菜，可以先吃一點其他的菜嚐鮮。因為湖南菜都是很重油的，飄香魚片也不例外，魚湯出鍋時是開滾了的，倒在鍋裡，那油就馬上浮出水面，形成了一層很厚的油膜，油膜又是很保溫的。吃飄香魚片最好的辦法就是先把魚片夾在碗裡，讓它涼一下再吃。當你在盆裡夾魚片的時候，就會把湯攪動，盆裡就會飄起一股魚肉香，慢慢的散去，還有點甜味，也有一股濃濃的辣椒味，卻有湯的甜和爆炒的香，讓人醉又讓人怕。涼過的魚片吃起來再也不是辣味，還是甜味，甜得是那麼的清淡而又不泛味。

飄香魚片是一味很精緻的菜，功夫全在魚片上。飄香魚片的魚是用鱅魚做的，鱅魚的刺很多，在製作中就更加要注意魚刺了。一般的新手做魚片是把魚刺給削斷了，而不成十五度角斜著削，就會生出許多小刺。真正的高手是不會削斷一根刺的。再就是吃的技巧，在吃飄香魚片時是非常高的。把魚片夾在碗裡涼一會兒，吃前先用筷子夾魚片的兩邊，必須與魚刺垂直，輕輕的夾幾下，那魚肉就從魚刺裡脫落，幾根魚刺可以用左手一次性全部拔掉，剩下的全部是魚肉，吃起來就安全了。

吃飄香魚片還要有很好的心情，就是要有去鑽研吃的想法。吃飄香魚片時要不吃飯，先一碗一碗的吃魚，吃到飄香魚片有一股泥巴味了，你才是真正的吃到了飄香魚片的味道。這主要是因為菜的溫度越來越低，鹽就慢慢的晰出，口味就越來越淡。也許有很多的人不習慣吃最後的魚片，但是如果想要吃到飄香魚片的風味，就必須吃到最後。

吃完魚片再吃點飯，就覺米飯是香的、甜的，因為吃飄香魚片的香、甜全留在口裡。

翠玉魚皮

海鮮也許不是內地的特色，但做海鮮不一定比沿海遜色。行走中華大地上十年，吃遍大江南北美食無數，各式各樣的食物都見過，也感受過各地的風情野味，記憶最深的是鑫都的那道翠玉魚皮，現在都記憶常新。

中國菜按冷熱分，可以說有兩種：一種是熱菜，作為餐桌上的主菜，也是大家所說的上得了臺面的菜；一種是涼菜，在開餐前上桌，用來調起食客慾望或者輔助下飯的菜，起到刺激味覺的作用。

西北大地上，非常盛行涼菜，每個小店都可以拿出幾樣像樣的涼菜。而湖湘大地，涼菜成了泡菜，一般在家庭中使用，小店是沒有。大酒店、賓館為了提高服務質量與服務意識，都做了些自己的特色涼菜，在飯前招待客人。鑫都的翠玉魚皮就是他們店的特色涼菜，也是顧客們最喜歡的首碼。

我是一個愛吃魚皮的人，在家裡做紅燒鯽魚、水煮活魚等，吃的時候都喜歡把魚皮撕下，據為己有。做熟的魚皮，不管紅燒還是水煮，它的質地都差不多，糯性特別強，吃起來粘牙，咬起來有味。

我吃魚皮，是喜歡它的糯性。水煮活魚，熟後魚皮都會脫落，並且非常的糯，也非常的粘牙，慢慢的細嚼，會嚼出裡面的甜味和糍粑的粘膩。紅燒鯽魚，魚皮被煎得半焦，糯性更強，像泡發的糯米經過蒸煮之後，糯性和韌性兩全。而且魚皮非常的香，很刺激食客的味覺。我除了這些元素，還喜歡魚皮的韌性，讓牙齒飽受嚼功。

鑫都的翠玉魚皮，用特殊方法做成。魚皮的原料來自鯉魚，先把鯉魚洗乾淨，打掉魚鱗，上點鹽和醬油，晾一小會。用開水燙魚身，再把皮剝開，魚皮半熟，撕扯非常容易，輕輕的撕，可以刮下一張整皮。魚皮去掉血水，兩面上鹽和醬油，稍微晾乾，切成一釐米寬的一片，長約三四釐米，加紅剁辣椒等配料，去腥味，醃上幾天，魚皮就可以吃了。

醃好的魚皮成翡翠色，非常的有視覺吸引力。裝在小碟裡，錯根盤結，加上那些點綴的紅剁辣椒，非常耀眼，食客就不自覺的動起筷子。

翠玉魚皮看上去非常透亮，有光澤。夾起翡翠綠的薄皮，聞到一股鹹香，仔細辨認，那是醬香伴著魚香，這是醃熟的表現。放進嘴裡，先感到微酸，牙齒輕輕的咬，就聽得到一陣脆響，響得很有節奏，喀嚓喀嚓，非常的脆硬。翠玉魚皮沒有醒味，稍微帶點滑膩。集中精神，仔細去嚼味，嚼得越碎，越能感覺到魚皮的味道，魚香味也就從嚼的唾液裡冒出來，還有點甜，卻淡淡的。

吃翠玉魚皮，先要仔細、認真品味，再是吃得多，才知道魚皮的美味和價值。我開始不習慣魚皮的滑膩，吃過幾片，習慣了滑膩，就喜歡上魚皮的醬香和魚香，能夠細細品味到魚皮的味道。

以後，每到鑫都吃飯，我都要一小碟翠玉魚皮，一是提味，二是準備品味大餐的感覺，等到熱菜上來，我就不那麼匆忙，慢慢的嚼味。

魚嘴巴的冬天

冬天的吃是個大問題。在寒冷的日子裡，吃暖吃好很難如願。冬天沒有東西吃，那也不對，除了夏令小菜沒有，冬天的葷菜可多。但是，在這種儲藏油脂的日子，吃多了油膩的食物，就想吃點蔬菜或者清淡點的東西。

長沙，一個美食之城，有著吃不盡的花樣。冬天，吃照樣困擾長沙的美食。長沙的美食，除了正統的酒店、賓館，多集中在市井的夜宵中。長沙的夜宵，是集聚著長沙青年人和中年人的陣地，在寂寞的夜晚，很多人守著一個夜宵攤不肯回家。長沙人有著非常小資的個性，喜歡在風寒中品味美食，尋找寒風的情調。

這一年，已經很少去館子了。幾年積聚的寫字朋友，今年都東奔西散，想聚在一起吃個飯都難。長沙只剩下兩三個像我一樣的死腦筋，不願意離去。他們找我聚聚，總被我拉到家裡，自己下廚做幾個小菜，大家圍著桌子議論一番。這樣多次，我的手藝鍛煉出來了，還可以炮製幾個像樣的桌面菜。

長沙的冬天，夜宵繼續流行，三三兩兩的人聚在一起吃喝，培養兄弟感情。魚嘴巴，我有所瞭解，也吃過幾次，但沒有找到我愛吃的地方和對口的味道。也許是因為那些品味的朋友都不在，我吃起來沒有味，不來勁。前幾天，分別多年的劍釗兄從蘇州回來，找到我，雖是年末，幾個以前的兄弟兼熱愛文字的朋友聚在一起，和以前一樣，隨便的說著話。我們的口味相近，品位相同，對魚嘴巴的感覺也相似，就選擇在我住的銀盆嶺吃魚嘴巴。

魚嘴巴也許是一種選擇的吃法。魚嘴巴指的是特定的鯉魚嘴巴，而且是新鮮剛殺的鯉魚，齊眼睛砍下。有些老闆為了節約成本，搞整個的魚頭來冒充，在製作中把魚頭砍成三四塊，做好也就可以充魚嘴巴了。作為我這樣的食客，吃一塊就知道有假。

吃鯉魚的嘴巴，並非是要吃魚肉，也非要填飽肚子，還是要吃魚嘴巴的味道。在吃之前就不要抱吃很多食物的心理，只要準備了足夠的味蕾就行。鯉魚的嘴巴肉不多，骨頭比較零碎，久燉後的魚嘴巴，吃時有些講究。吃魚嘴巴不用啃和咬，燉久了的魚骨頭容易咬爛，卻是一口渣，又品不到味道，還可能傷到口腔和喉嚨。最好的辦法是吸，把魚嘴巴整塊放進嘴裡，用足底氣一吸，魚骨頭自然散開，骨頭上的主要肉塊全落入口裡，只要再選擇那些沒有吸乾淨的重複吸或者小心刨刮就可以了。真正的裡手和食客，不會等到它燉爛就下手吃了。剛出鍋的鯉魚嘴巴，是經過油煎、油炸，香味還留在上面，皮又脆又香，吃起來更有嚼勁，吃後也更有回味的餘地。

做魚嘴巴最難的是煎，把魚皮煎到焦黃或者用油炸到嫩黃。這一過程主要是為了清除醒味，提高香味，增加嚼勁和韌性。再用水煮，少放薑、蒜等調味品，保持湯汁的原汁原味。湯汁沸騰乳黃，即可出鍋上桌。上桌用火鍋，鍋底加生蘿蔔條、青辣椒筒，先入湯，魚嘴巴覆蓋於上，慢慢燃起酒精爐，魚嘴巴的香味就飄逸出來。

火鍋沸騰，魚湯味飄起。食客再烤個熊熊的煤火爐，驅走身上的寒氣，食慾就蒸騰上來。

魚嘴巴的皮被煎焦，脆香的味道隨著升騰的熱汽冒出。吃著魚嘴巴，骨頭不太光滑，有點糙糙的，那是油煎油炸糙的效果。慢慢用牙磨，煎糙的骨頭開始脫落分離。邊吃魚嘴巴邊吃煮軟的豆腐，可以減少油膩，豆腐需先涼，順便夾點蘿蔔條摻合。蘿蔔條吃油水，煮久點才入味，魚嘴巴的鮮味都進了蘿蔔條。

吃魚嘴巴，還要喝點湯，感受魚嘴巴的全部味道，自然，也就品到了美味的精華。

魚嘴巴，一股香醇的味道，需要香醇的食客和很好的耐心，也需要品味的心靈，不要嫌麻煩，細心感覺，將找到味覺的真源。

甜酒澇魚

很多家常美食，怎麼吃也吃不膩，如果過一段時間沒吃，還非常想念。甜酒澇魚對妻子來說，那是她的最愛，也是她的想念。妻子生長在西部，很少吃到淡水魚，對湖南的淡水魚有幾分熱愛，也有幾分依戀。

去年，妻子去了一次郴州，她同學的母親做了一味魚給她吃，她覺得非常好吃，常常懷念。有時候，妻子與我講當時的情景，講得口水直流，做著很貪婪的樣子。我就開玩笑，只要她把方法問到，我一定做得很好吃。妻子打了很多電話，轉了幾個人才問到她同學的手機，磨了好幾天才把做魚的方法問到，馬上電話告訴我做法，要我回家就做給她吃。

回家問妻子，才知道那魚叫甜酒澇魚，一個很詩意的名字。我去過幾次郴州，吃過不少種類的魚，卻沒有吃過甜酒澇魚。後來我想，甜酒澇魚應該不是一個大眾菜，也許是她同學家的私房菜，我就心裡沒有了底。大凡私房菜，都是一些秘傳的手藝，我只聽妻子講過製作過程，那些秘制和配料是我所沒有的；但是，我還是下決心做一次。作為菜，都是在很多次嘗試後才成功與完善的，我不試著做怎麼知道呢？

妻子熱衷於吃，只要為了吃，她願意花時間和精力。我對生活要求比較底，只要吃飽就可以，當然，有好吃的也會品味，滿足味覺的快感。

妻子選了一條大鯉魚，我重溫了做法，把魚切成小方塊，碼上鹽，醃上半天，在小火上焙乾，用油炸，到水氣淨撈出，盛於碗中。剩餘的油留少許加辣椒粉、五香粉、豆豉、鹽，拌均倒入原汁甜酒中，淋在炸好的魚塊上，候兩天即入味食用。

甜酒澇魚做得很成功，妻子說比她同學的母親做得還好吃。每次都做得少，幾個人吃，一餐吃完。妻子總是吃不膩，吃完了還要對著碗發一陣呆。

今年下半年，我與妻子搬到河西新居，父母住在舊居，我們時不時去父母那裡混飯吃。這兩個月，妻子復習功課考研，時間很緊，就由我做飯。她又提到要吃甜酒澇魚，我才把魚炸好，她就情不自禁的抓了塊放在嘴裡，笑眯眯的走了。

我早就知道妻子喜歡偷吃東西，並不是她私底下一個人吃，而是在吃了飯之外，偶爾抓點剩菜吃，吃得津津有味。她還有點任性，別人說不准她吃的，她就想吃點。炸好甜酒澇魚，我怕她吃了剛炸的上火，要她等兩天再吃，她就偏偏在我限制的時間裡吃，把甜酒澇魚當零食，走過一次就要抓一塊吃。

那幾天，妻子去衛生間的次數比較多。一次，我走在她後面，她沒有發現我，就在客廳的桌子邊偷吃甜酒澇魚，剛好吃到嘴裡，發現我來了，她嘿嘿一笑就跑了。幾天後，我吃甜酒澇魚，去發現她不太吃了。我想，可能是與人少和吃多了有關。

以後，每次做甜酒澇魚，當做得多的時候，我就會跟妻子說，過幾天以後再吃，或者說我要用甜酒澇魚煮白辣椒吃。她就不說話，一有機會就去客廳偷吃甜酒澇魚，等到可以吃了，就只剩下小部分了，我們一兩餐就吃完了。用這種方法，我騙妻子吃了不少的甜酒澇魚。到昨天，我才把欺騙她吃甜酒澇魚的事情說出來，她就大叫上當了。

梧州石鼓魚

從江永縣城出發，到廣西與湖南邊界不要半個小時。到江永粗石鎮再往前行，不遠就進入了廣西境內。路上山色青綠，溪流縱橫，汽車飛馳而過，窗外的綠色劃過。進入廣西，山色更加清澈。公路就開始在青山綠水中遊蕩，汽車就像在山水裡的昆蟲翱翔。大約十幾分鐘後，山體突然開闊，地勢平坦，有些民居。車就在路旁的一棟民宅邊停下。

蔣平給我介紹，這裡曾經是桂系軍閥白崇禧的一個軍事要塞，紅軍長征經過時被桂軍圍追堵截，就夾在這個細小的地方進退兩難，紅軍沒有糧食補給，工兵連搭橋時在這條河裡發現了石頭底下有一種沒骨頭的魚，他們抓回去燉著吃覺得味道很好，就把這個消息告訴了其他連的戰士，紅軍就這樣解決了饑荒。離開時告訴了當地的老百姓，並給魚起了個漂亮的名字叫做石鼓魚。

紅軍進入湖南甩掉桂軍，老百姓繼承了紅軍燉石鼓魚的方法，石鼓魚成了當地的一道名菜。三年災難期間，老百姓用石鼓魚救了自己的命。

我是個愛吃魚的人，到全國各地吃過不少魚，卻沒有到廣西吃過魚。心想今天來到梧州吃石鼓魚，一定要好好的品味一翻，與其他地方的魚比較一下到底有什麼不同的味道。

老闆請我們到二樓的一個包間坐，房子挺大，有一窗對著青山。房中有一個大圓桌，中間被挖了個圓孔，孔下有液化氣灶備用。心想：廣西會吃，五六月份吃火鍋，很有特色。坐了一會，卻不見上菜，我就去找他們的廚房，想見識一下石鼓魚的做法。在樓上樓下轉了一圈，沒有找到廚房，肚子卻越來越餓。

回到包間，站在窗口，看著外面的山色，山不太高，峰巒挺拔，峰峰相連，環環相抱，把這個開闊地緊緊的抱成豬肚子形。一河娓娓流過，河源可見，水從我們來的山巒流出。這時，蔣平告訴我，那條河就是產石鼓魚的河，我們要吃的石鼓魚是這條河裡撈來的。

我們回到座位上沒多久，菜就上來了。是我想吃的石鼓魚。魚用一個斗笠大的鋁盆盛著，下面點著酒精。一看這種架勢就知道是土菜搞法，我心裡在想：這種做法的魚絕對是他們這個地方的本色做法，沒有摻進去任何的包裝氣息的，也是現在所謂的標準原生態吃法了。

鍋裡是一鍋乳白色的湯，泛起點淺黃色的沫液。如果沒有仔細看，那也不會發現，我的經驗告訴我那是油沫，因為真正的植物油煮湯會有一點黃色。除了能看到的湯液，湯裡還浮著幾根蒜段，稀稀落落的飄蕩。酒精的火焰馬上把湯燒得沸騰起來，湯就帶著滾動的波浪起伏，湯就有著沉沉的渾濁。湯煮了一陣，蔣平就告訴我可以吃魚了。他還說：吃石鼓魚有兩點是必須注意的，一是要先喝湯，品嚐魚湯的鮮味；二是石鼓魚是一種野生的魚，沒有魚骨頭，就是那些骨頭吃起來也是軟的，所以要在吃前要久煮一陣子，其實，石鼓魚越煮得久就越嫩、越鮮。我舀了小半碗湯，用勺子抿著小口小口的喝。勺子舀動湯液，一股純正的魚香味撲面而來，還帶著點甜腥味。憑我吃過這麼多魚的經驗，就認定那是正宗的野生河魚。再夾起一塊魚肉，魚皮很薄，有點糯性，卻不很強，成黑色，透亮；魚肉挺嫩，帶著綿性和彈力，魚肉裡偶爾飄出甜醒味。

陪行的人告訴我，吃石鼓魚喝桂林三環酒非常有味。三環酒是廣西的名酒，只是包裝得不很出色，酒度卻有五十六度，是非常烈性的酒。我瞭解到這種魚是涼性，酒是烈性，正好匹配，所以喝酒沒有多大的反應。我們就要了四瓶一斤裝的桂林三環酒，邊品酒邊吃魚，魚肉就像肥肉一樣一砣一砣的塞進我們的嘴裡，沒多久，一盆那麼大的魚很快就消滅完了。我們正準備要老闆加菜，老闆又給我們端了一盆小一點的石鼓魚上來，說是為了我這位遠道而來的食客特意加的菜，讓我美美的吃一頓。

我在這種氣氛下吃得很來勁，也來了點酒興，跟大家乾了好幾杯白酒，吃得我們眉開眼笑，都誇梧州的石鼓魚好吃。

吃完，蔣平告訴我，下午還有一個節目——去大泊水賞瀑布。

鳳凰苗魚

到鳳凰，最吸引我的有兩件事：一是沱江的早晨，在剛天亮的那刻，鄉村化的河民在靜悄悄勞作，不願驚醒晨神；二是鳳凰古城的美食，非常有特色，也非常有鳳凰的地方味，地道得讓我無法忘記。

二〇〇四年的冬天，陽光還很兇狠，我卻住進了鳳凰古城，而且一待就是十天，天天奔波在古城的大街小巷，清早在沱江邊偷賞太陽，晚上在老街串走尋找寧靜。那十天的日子，喝著沱江的水，吃著鳳凰的美食，過得是那麼的滋潤。

我是一個好吃之人，每天都帶著品味的嘴巴欣賞著那些美食，也帶著尋覓的目光和靈敏的嗅覺在鳳凰城裡搜集莫曾發現的美食，終於功夫不負有心人，讓我找到了一個好館子，那裡的血粑鴨和苗魚吸引了我的胃口。

說起苗魚，首先要瞭解鳳凰的文化。鳳凰是個千年古城，也是個苗族之城，有著它特有的傳承和固定的文化。在苗族的飲食裡，流傳著一種吃酸食的習慣，因為他們與漢族隔離，生活在偏遠的山區，過著少鹽的日子。為了生活，苗人只好用發酸食物來替代鹽。鳳凰有著千年苗疆的歷史，在那些戰爭年代，他們的敵人為了打跨他們，嚴格控制了鹽巴這種軍用物資，苗人為了自己的疆域，不屈不饒，沒有鹽巴的情況下只吃點酸菜來提味。在往後的生活裡，苗人的飲食裡都要放點酸菜。鳳凰苗魚也是一道酸菜，在煮魚的時候在湯裡就加了酸菜。

苗魚大都用個大臉盆般的合金鋼盆盛著，放在火上燒，渾濁的湯汁在盆裡翻騰。本來煮魚的湯汁應該是乳白色的，但是，加入酸菜後，湯就變成渾濁的了，並且越煮越渾濁。而我喜歡在湯汁剛開始沸騰的時候吃，那樣的魚塊比較硬，有韌性、有彈性，咬開魚塊可以看見亮晶晶的肉絲，要是想把肉絲橫著咬斷就要費很大的勁，順著紋理咬則容易撕成肉絲，這樣吃來耐人尋味。

苗魚的魚塊首先要經過罈子醃製一段時間，這樣的魚肉就接板。聽老闆說：他做的苗魚要在一年前就把魚炸了，用特好的罈子醃製一年，再拿來做給客人吃，這樣香味更純。

但是，很多人都喜歡吃煮得越久的魚塊，這也是有道理的。煮得久的魚塊上的魚皮就完全泡發，吃起來既滑膩又柔軟，那帶魚鱗的皮裡有很多的湯汁，咬著汁水溢出，別有一翻風味。魚肉久煮後，湯汁就煮進魚肉裡，湯汁裡的酸菜、辣椒的味道都出來了。因為酸菜的味道要久煮之後才能煮出，辣椒是乾紅辣椒，要經過湯汁的熬煎，越煎越辣，越辣越口味重，吃的時候才過癮。煮得久還有另外一個好處，就是湯汁進入魚肉塊裡。

我還要說一說苗魚的原料，苗魚首先是草魚，把活魚宰殺後切成一寸大小的方塊，用植物油炸熟。魚肉經過油炸後會變空、變輕，變輕是因為炸掉了水份，變空是因為魚肉是紋理結構，經油一炸紋理之間就有些地方裂開，形成氣孔。再把炸好的魚塊放在罈子裡密封，過一段時間之後，魚塊減少，魚肉塊的氣孔縮小了，有的甚至又重合了。所以苗魚可以把湯汁煮到肉裡面去，就是以這些空隙滲透進去，再把魚塊泡發。苗魚越吃越覺得辣，越吃就越覺得有味，食客不知不覺的流汗，吃到完全忘我的境界。

吃苗魚還有一種好處，就是任何小孩都可以吃，因為魚刺都已經被油炸透、炸熟，再經過醃製，魚刺已經鈣化，就是還有一些很頑強的魚刺存在，吃的時候也很容易與肉分離。如果是吃家，就可以感覺到兩種不同的質感，很容易區分魚肉和魚刺。

我在那裡吃了好幾次，回到長沙都還在夢裡記起吃苗魚，吃得口水直流。

魚刺憂傷

魚是我的最愛，魚刺卻是我的大忌。每當看到餐桌上的魚又抵擋不住它的誘惑要吃幾塊時，不管還怎樣小心翼翼吃，到最後又會給喉嚨留下一道痛苦。

從小吃魚沒有出現這種現象。在我的記憶裡，小時候不是很愛吃魚，隨著我家生活條件的提高，就開始喜歡上了吃魚。那是一九九一年，我的父親在家鄉開始做木材生意。父親天生不是個做生意的料，怎麼都不像個生意人——老實巴交的樣子，可是別人都喜歡跟他做木材生意，他就這樣把生意給做起來了。

那年冬天，父親說要過一個熱鬧年。那時家鄉的肉品很少，連牛肉、羊肉都沒有，只有魚，並且還是死鰱魚，父親買了三十多斤。別人都說他傻，我卻不知道他傻在那裡。回家才知道，母親打開袋子說怎麼是死魚，一股魚臭味馬上就把我薰倒了。父親說臭魚有臭味嗎？可以當魚吃就是了。母親就把魚給全剖了，散上食鹽，再用油炸熟，裝在罎子裡，想吃的時候就夾些出來吃乾的或者煮白辣椒吃。而我卻喜歡吃乾的，每天放學回家或者放牛回家就端碗飯去夾幾塊炸魚埋在熱飯裡。炸魚的肉很緊，也很有韌性，加上魚刺給炸透了，隨便咬一口，魚刺與魚肉就會分離。我就開始喜歡上了這種炸魚。

不久，我因為感冒引發扁桃體炎，喉嚨時時不舒服。可是我喜歡吃魚的習慣還是無法改變，只好自己克制——多吃其他菜。

這幾年在外，很想把飲食愛好轉移到其他食物上去，可是我無法改變多年來養成的習慣，只好自己學習做魚。我做魚沒有其他的要求，就是怎樣減少魚刺。我就買鯉魚做，可是鯉魚畢竟是鯉魚，只能做出鯉魚的味道，不得不放棄做魚的理想。

魚吃得多了，開始懷念起母親的炸魚，就去嘗試用鰱魚做炸魚。在城裡，已經沒有多少人再吃鰱魚了，只有找與鰱魚相像的鳙魚。學著母親的樣子把鳙魚炸熟，再用一個盆子盛好，放段時間，吃時還是沒有那個口味，就不想做魚了。

那時，長沙已經開始流行起吃魚。酒店裡的什麼魚頭火鍋、醬辣椒魚頭都成了推薦菜。我是個普通消費者，沒有足夠的錢去吃館子，就在小店裡吃。老闆怕魚變味或者臭掉，就把魚切成小塊用油炸熟，再做紅燒豆腐炒魚。吃過一兩次，覺得很好，好像有點母親做菜的風格，就開始愛上了這道菜。可是必盡吃多了不是一件好事，我就吃了一根魚刺在喉嚨裡。去了學校醫院，找不到，又去了長沙市第四醫院，也沒有找到。

可是，魚刺留在喉嚨不停的擾亂我的注意力。很想把手伸進去撓，卻摸不著，回家就用棉簽撥，胃裡的東西都倒出來，我還沒有搞掉，直到喉嚨出血，魚刺才搞出來。從此，喉嚨留下了終身的隱患——只要吃魚，就會承受一兩根魚刺的刺扎。

後來，魚刺中標的紀錄越來越多，我再也無法以跑醫院動手術來解決它們，只好放任自流，它願意留在喉嚨上就讓它在喉嚨上逍遙。這樣的日子過了幾年，喉嚨開始憂傷魚刺的旅程，魚刺也在憂傷喉嚨的厚愛，他們都疲倦與相互的刺扎，很想要我妥協吃魚的理想。

魚躍岳陽樓

魚肴文化源遠流長，古人食魚稱為屠龍之技，三國已有全魚炙。湖區河畔居民以魚待客，亦成風俗，講究桌面（綽綽）有魚（餘）、年年有魚（餘），在杜甫詩歌中就有「青青竹筍迎船出，日日江魚人饌來」。

洞庭湖是我國第二大淡水湖，跨湖南湖北兩省。洞庭素有魚米之鄉的美譽，古語云：湖廣熟，天下足。洞庭湖的魚類有鮰魚、銀魚、鱖魚、鯿魚、草魚、青魚、鯽魚、水魚、金魚、鱔魚、泥鰍、河鮮等，種類豐富，產量充沛，滿足湖區人們的生活需要。

洞庭湖是湖外有湖、湖中有山，著名的是君山，是八百里洞庭湖的一個小島，與岳陽樓遙遙相對，當地人稱愛情島，外國遊客比喻東方伊甸園。島上風景秀麗，氣候溫和，水面寬闊，盛產三絕：會流淚的竹子（斑竹）、會跳舞的茶葉（君山銀針）、特色金龜。這些特產都有著洞庭湖的特色和文化底蘊，斑竹相傳是舜帝二妃哭時留下的痕跡；君山自古是個茶島，銀針茶芽尖白如玉，芽身黃似金，被稱為金鑲玉；金黃色烏龜民間傳說可以帶來福氣，君山民謠：摸摸金龜背，長命又百歲，摸摸金龜頭，一輩子不用愁。君山名勝古跡甚多，有五井四台三十六亭四十八廟，每個古跡都有段歷史傳說，每個傳說的故事都淒美動人，吸引不少遊客。

岳陽古諺云：洞庭鯽鱖鯉魴，美如牛羊。有著這樣豐富的魚類，靠山吃山靠水吃水的岳陽人們慢慢形成了自己吃魚的習慣，也總結了他們品味魚肴的經驗：鱅魚頭鯉魚尾，鰱魚肚皮草魚嘴，青魚中段肉最美。洞庭魚席成為岳陽人款待嘉賓貴客的菜肴，除整魚，還將魚頭、魚尾、魚身、魚內臟、魚嘴、魚鰾分別烹製，無論是燴魚頭、醬椒魚頭、剁椒魚頭、水煮魚頭、砂鍋魚頭、鐵板魚頭，每味都生鮮無比。上千年的吃魚文化，形成岳陽的地方特色，剁椒魚頭叫鴻運當頭，紅燒魚尾叫一帆風順，來祈禱湖區生活的平安美滿。

湘菜裡，洞庭湖魚肴佔有重要地位。岳陽菜肴分米粉菜肴、粉蒸菜肴、罎子泡菜、湖區野味、魚味菜肴等系列，最有名的是湖區野味（野鴨、堤蒿、湖藕、野芹、蘆筍、蒿尖、地米菜、野菱米）和魚肴，以魚為原料的魚味佳餚數以百計，有清蒸水魚、糖醋松子魚、竹筒蒸魚、鯰魚豆腐煲、魚丸、乾燒邊魚、銀魚肉絲、溜生魚片、爆炒鱔片、乾烹鰍魚、紅燒龜肉、豆鼓辣椒蒸魚、清蒸鯽魚、銀魚紅棗湯、酸辣蝦米湯、魚頭豆腐湯、火焙魚、酸辣鳳尾湯、粉渣鮮蝦、酒糟魚塊等，都是岳陽的名菜。唐代詩人李商隱有詩曰：「洞庭魚可拾，不假更垂罾。鬧若雨前蟻，多於秋後蠅。」岳陽魚肴久負盛名，被譽為「洞庭天下水，巴陵天下魚」，聞名遐邇的是「巴陵全魚席」。相傳，乾隆皇帝游江南時，路經巴陵，品嚐全魚席後，讚不絕口，賜名「巴陵全魚席」。

巴陵全魚席由十二盤至二十盤洞庭湖產的鮰魚、銀魚、鱖魚、鯿魚、草魚、青魚、鯽魚、水魚、金魚、鱔魚、泥鰍、河鮮等為主料，配以洞庭湖優質特色蔬菜和珍貴茶葉，如藜蒿、藕、荷葉、蘑菇、蘆葦、君山銀針等，加工刀法各有變化，有片、丁、絲、條、塊、茸、球等十三種，烹調方法有煎、炒、爆、熄、炸、燜、酥、蒸、煨、燴、烤、薰、炕、凍、拔、絲、蜜汁等二十餘種，佐以蔥、薑、蒜、乾椒、胡椒、醬油等二十餘種，口味有酸、甜、魚香、糟香、麻香、怪味等多種，在色彩方面注意紅、綠、藍、白、青和諧統一，菜品達兩千多個。每桌全魚席一般由一花拼、八圍碟、四熱炒、八大菜、一座湯、四點心、四隨菜等三十個菜點組成，一菜一格，多菜多法，加工精細，講究滋味，注重營養，使人食魚不見魚，知其味不見其形，一魚一形，一形一味。最有名的是竹筒魚、松鼠鱖魚、醬蒸鮰魚、紅煨烏龜、藕絲銀魚、冰凍魚膠、清蒸全水魚、蝴蝶過海、松籽鱔魚等，鮮嫩適口，別有風味。其中竹筒魚主鮮、醬蒸鮰魚主味、松鼠鱖魚主形、清蒸全水魚以形見精。

一九八八年巴陵全魚席十六個菜品入選《中國名菜譜》；一九八九年巴陵全魚席被評為湖南省「金牌菜」；一九九一年編入湖南《名菜名點》；一九九三年巴陵全魚席被納入《世界旅遊菜譜》。

君山人吃魚花樣多，同一種魚用刀法不同，製作方法不同，頃刻間變成不同花色不同風味的魚肴。一條草魚去掉頭、尾、骨，分成兩片，在肉片上切成許多菱形，放油鍋裡炸焦，捲成麥穗，澆上茄醬，即又香又甜的麥穗魚；一條紅鯉魚去鱗後，在皮上割些小口，嵌以魚丸，油炸後撈出，再在肚內塞火腿、香腸、香菇、肉丁，放蒸籠蒸熟，便成八寶珍珠魚；一條鰱魚分頭、肉、骨、臟烹製，燒溜炊燉一組，蒸煎燴一組，做成色、香、味不同的四種菜叫君山四絕，真妙不可言。有詩云：未嚐巴陵全魚席，不算真正到岳陽；登上君山不食魚，人生少得三分意。

第二輯

雞鴨成群

漣源珠梅雞

漣源地處湖南中部，漣水源頭，雪峰山東南麓，多丘陵山地。漣源北部湄江風景秀麗，堪稱三湘一秀，珠梅就在其中。漣源原名藍田，飲食注重香辣，口味刁鑽，屬湖南典型重辣厚油之習俗。

漣源在明清時代是連結湘中湘西的重要商埠，抗戰時期國立湖南師範學院等校遷入藍田，幽靜的小鎮被開發，贏得「小南京」的美譽，錢鍾書的《圍城》即寫於此。

珠梅是漣源北部一座小鎮，與湄江風景區臨近，以產三黃雞聞名。根據珠梅人自己的飲食習慣，創造了一套吃三黃雞的獨特方法，經過一代又一代餐飲人的努力，做成現有的珠梅土雞，備受食客喜好和遊人品嚐。

珠梅雞與其他雞的做法完全不同，雞需要漣源珠梅的正宗三黃土雞，多以吃天然的青草和山野的蟲子長大，還吃點五穀雜糧。選毛重四斤左右沒有下過蛋的仔母雞，吃時味道純正，營養價值高。帶皮五花肉需要餵純草的花豬肉，飼料養大的花豬或者其他豬肉都不行，並且要精肥分明，成行成格的特級五花肉。辣椒需選香甜超辣的漣源朝天尖椒，不能用其他辣椒替代，切一釐米長的筒。在製作時，三黃雞需現殺，雞肉砍成大塊，加雞腸子、雞雜、雞血，五花肉切大片，一隻雞加七八片即可。

珠梅雞以紅燜為主，下鍋前，先爆炒五花肉，精肉呈黃色，肥肉出油，再放雞塊翻炒泛白，加料酒，煸乾水分加薄薑片和雞雜等物，繼續翻炒，雞肉呈黃色後加清水，添青辣椒、紅辣椒、鹽、雞精紅燜，直到香氣四溢，湯汁收乾出鍋。

正宗漣源珠梅土雞有種秘方，是煮雞時的湯汁，從不外傳。現在婁底、長沙的珠梅土雞專店，秘方湯汁均由老店配送。地道珠梅土雞煮菜的時間和下配料的先後順序都非常講究，不然味道截然不同。很多食客到漣源，都要去吃珠梅土雞，品味漣源特色。

珠梅土雞不加溫熱裝置，用臉盆大的不銹鋼盆盛裝，滿滿一盆，看上去全是辣椒。辣椒有青色和紅色相雜，在盆裡比較起眼。掃開一層厚厚的辣椒，雞肉、五花肉相間其中，雞肉色澤鮮豔、香濃氣醇。馬上聞到一股油炸的雞香味，飄散的味道非常鮮美，有別於燉、煮的味道。五花肉有一釐米厚，一塊有半小碗，顏色像油渣經過水煮一樣泛白，起伏有致。五花肉不再油膩，且香純可口，精肉富含湯汁，沒有粗條感，柔軟細嫩。珠梅雞皮純黃，古銅感強，雞肉微白。雞肉咬在嘴裡，雞皮性糯，很濃很粘，雞肉細膩，沒有半點粗糙感，隨便怎麼嚼，嚼不出一絲一線的雞肉，細嫩爽口、辣而不澀。慢慢品味，雞肉非常甜美，自然甘甜純正，加上辣椒汁的辣味，雞肉香完全改變，成一種辣香。雞肋肉沒有完全脫骨，吃時需要慢嚼細啃，找到吃的感覺和滋味。雞腸每節不長，綿軟耐嚼，帶著辣椒汁，吃時味道香辣。雞血小塊，辣椒湯全部煮進雞血氣孔，吃起來有湯辣和雞血的脆嫩。雞雜小片，既脆又香，另有一番風味。如果有微甜的新化水酒同食，即緩減朝天椒的辣味，也增加了把酒話食的情趣，雞肉與五花肉味道更純。

珠梅雞曾是抗金名臣李綱的最愛，現代珠梅土雞創辦於一九九八年，在珠梅雲霄村。

東安雞

多次去永州，吃了無數次東安雞，都意猶未盡。前不久，與永州的朋友到東安縣蘆洪市鎮採風，吃了非常地道的東安雞，感覺極爽，不僅滿足了我的口福，也加深我對東安雞的瞭解。

東安縣屬於湘南六縣之一，地處丘陵地帶。當地農民喜歡餵養一種小腿土雞，毛色純黃純黑，胸大肥碩，肉質細嫩鮮美，屬湖南四大地方雞種之一。東安雞按種群分黃羽、黑羽兩類，雞冠鮮紅，雞腳呈灰色或淺灰色，毛色光亮雄健，善於奔跑覓食，活躍在房屋四周。

東安雞是湖南一道傳統名菜，不僅造型美觀，色澤鮮豔，營養豐富，香甜酸辣嫩脆六味兼俱，久食不厭，一聞生津。曾經是湘軍悍將席寶田和民國政要唐生智的奢吃之物，因毛澤東用「東安雞」宴請美國總統尼克森，聲名如日中天，遠播世界各地。

據記載，東安雞始於唐代開元年間，有一千兩百多年的歷史。

《南方飲食掌故》說，開元年間，三姊妹在東安縣城開家小飯館。一天幾位商旅投宿，店裡只剩兩隻宰殺的子雞，客人急等下酒菜，一位老姐斬雞烹飪，一位老姐摸弄涼菜。兩姊妹都是頭次做雞，不知烹飪技巧，加了多種佐料，又反覆烹飪，客人吃後拍手叫絕。第二天，三姊妹仿做此菜，大受客旅青睞，此菜傳播開來。

《中國民間故事集成．東安卷》說，東安雞是唐明皇李隆基的發現。安史之亂，李隆基和楊玉環逃難出京，在一個鎮上吃到一道雞，非常好吃，問店主籍貫和菜名，店主如實相告：南楚東安人，暫無菜名。李隆基隨口說：「那叫東安雞吧！」。

郭沫若在《洪波曲》載：抗日戰爭時期，唐生智在橘子洲公館設宴招待他，數菜中東安雞特佳。據考證，東安縣是宋雍熙元年（西元九八四年）從應陽縣分離出來，取東方安寧之意，縣名一直沿用至今。

《東安縣誌》載：東安雞經歷三個階段。第一個階段是西晉的「陳醋雞」，西晉惠帝永熙元年，應陽縣令新設縣衙掛匾，舉行隆重慶典，大擺宴席召集各鄉父老，廚師在做第五道菜時，錯把陳醋當料酒，雞肉不僅酸辣可口，還受到縣令嘉獎。第二個階段是清代的「宮保雞」，清末湘軍將領席寶田請曾國藩、左宗棠、劉坤一等來家做客，家廚為了增加鮮味，在「陳醋雞」上加陳年乳豆腐汁，雞肉香脆有餘，曾國藩吃後讚不絕口，左宗棠問及菜名，席寶田覺得「陳醋雞」名字太土，吱吱唔唔不肯說，曾國藩說：「這是席宮保家的特產，叫宮保雞吧！」從此，這道菜傳入宮廷，成為宮廷大菜。第三個階段是北伐時期的「東安雞」，唐生智慶祝北伐勝利，設宴犒勞部下，「宮保雞」火功恰好，酸辣爽口，香氣四溢，來祝賀的同僚問及菜名，唐生智欲說「宮保雞」，顧伯敘在旁提醒：「家鄉風味家鄉菜」，唐生智便說：「我們東安的特色菜，東安雞。」這樣，東安雞才趨於完美，一直流傳至今。

做東安雞非常講究，必須用一斤半左右的子雞。宰殺後，除了去除內臟，一共切成十六塊，擺在盤中，又能合成一隻完整的雞。

東安雞烹飪時，陳醋、花椒、蔥、薑、辣椒等佐料必不可少。在旺火熱鍋後，下油燒開，略炒一會，加鹽、料酒、陳醋燜燒，直到肉酥嫩軟，才可出鍋，上桌時淋上麻油，確保香鮮可口。東安雞非常注意火候，一要雞肉細嫩酸軟，二要保持雞骨頭裡的血呈鮮紅色，太老或不爛都無法展示東安雞的韻味。東安雞上桌時，因造型美觀，色澤鮮豔，肉質鮮嫩，酸辣爽口，肥而不膩，食多不厭，香氣四溢，營養豐富，備受食客歡迎。

在東安縣城採訪時，有朋友告訴我，要吃原汁原味的東安雞，要去東安縣蘆洪市鎮，用哪裡的放養子雞和溪水烹飪，才有地道的東安雞味道。

第二天，我們到蘆洪市鎮採風，中午我點名吃東安雞，第一次吃到地道的東安雞，味覺為之大震。雞肉端上桌，香濃氣醇，黃紅綠白四色相映，我胃口大開、食慾大振，吃著肉嫩骨脆的雞肉，頓時麻辣酸甜脆五味俱全，微麻中帶辣，微甜中帶香，口感甚好，不得不感歎此菜絕了。

永州血鴨

永州血鴨也叫寧遠血鴨，是道非常有名的傳統地方菜，深受當地人喜愛，且在長沙飲食業蔓延開來。我到永州遊玩，在大小餐館都會遇到永州血鴨這道菜，卻口感不一，味道相去甚遠，在一些傳統老店，才能吃到正宗的味道。

永州，地處零祁盆地，湖南四大歷史文化名城之一，文化影響源遠流長。永州境內奇峰秀嶺逶迤蜿蜒，河川溪澗縱橫交錯，山崗盆地相間分佈，屬轄寧遠風光秀麗，舜帝南巡至此，葬於九嶷山，帶來中原文化。

據我多年在湖南境內對湘菜進行的調查，湖南這個古老的南蠻之地，有很多血、肉相拌或者血肉合吃的習慣，永州血鴨屬於南蠻茹毛飲血時代的代表作之一，也是南蠻人粗獷吃法的老方式。

血鴨起源於永州還是寧遠，一直存在爭議。迄今為止，永州血鴨有資料可考的流傳時期是《寧遠縣誌》載的太平天國初期。廣西太平軍首領洪秀全攻下永州城後，老百姓慰勞起義軍，派廚子到軍中做飯。下廚殺鴨，正值鴨子換毛之時，細毛甚多，很難拔乾淨，又怕被軍士責怪。臨開宴時，鴨肉還沒有下鍋，老廚子急中生智，把鴨肉砍成小塊，下鍋炒好後，將生鴨血倒進鴨肉裡繼續炒，拌成糊狀，鴨肉上的細毛看不見了。開宴後，軍士覺得血鴨口味不錯，問廚子菜名，廚子結結巴巴答不上。洪秀全之妹洪宣嬌說：叫它永州血鴨吧。永州血鴨之名便一直流傳至今。按現在的農家做法，寧遠的血鴨要比永州的正宗些，味道也醇厚。

做永州血鴨有些講究，鴨子選農家放養一年左右的仔鴨，約兩三斤，正是肉肥骨嫩之時。血鴨中還有一樣東西非常特別，那就是仔薑，這種薑是永州特產——竹枝薑，支長根小，生脆鮮嫩，切成長條形薄片，炒熟後既脆又嫩，薑汁被吸入鴨血，氣孔甚少。

仔鴨宰殺時，需要收集新鮮鴨血，以備後用，鴨肉切成指頭大小塊狀。鴨肉有醒膻之味，必先去其水分，用老薑和花椒乾炒，水分乾涸後盛出。鍋清洗，熱後放新鮮豬油，油開後爆薑、蒜，加辣椒粉做成辣椒油，倒進鴨肉繼續炒，加數顆乾紅辣椒提味，補泉水文火燜煮，鴨肉熟後，加仔薑片、香粉、甜酒繼續炒，加蔥花、鴨血拌炒，寧遠人還喜歡加點黃豆、花生米，鴨血成黑紫色或醬紅色既可出鍋。久炒鴨血變老，氣孔繁多，血味苦澀，肉質堅硬。出鍋時加香油、雞精，提鮮。

這樣的血鴨，麻辣爽滑，鮮香可口，肉質緊促，鴨皮糯軟，湯汁鮮醇，色相鮮嫩。毛澤東曾喜歡吃長沙火宮殿的永州血鴨，特別喜歡血鴨的辣味，覺得很對他口味，還說血鴨越辣越革命。吃鴨肉的同時，也不妨吃吃仔薑片，薄薄的仔薑片，已經沒有薑辣之味，還是滑脆清爽，細細嚼來，另有一番滋味。

鴨肉是清涼之物，最適盛夏品食，因為辣味過重，可以間飲冰飲，沖淡辛辣之味。冬春季節，湖南濕寒之地，可以拌紅薯酒同食，胃飽身暖。作為食客，在吃完鴨肉後，不妨用血鴨湯汁拌飯，撿去乾辣椒，吃上一碗米飯，胃口大開，味足食飽，那才真正體驗一回永州血鴨的滋味。

益陽黃燜雞

益陽乃古梅山的中下部，很多古老的梅山禮節和梅山飲食，一直流傳到現在。

我每次到益陽出差，都吃到一些很有特色的美食，感到非常新奇，還不得不讚歎他們的智慧和經驗，為美食做出了非常大的貢獻。我卻找不到讓我無法忘記的美食可寫，也就一直沒有一道益陽美食在我筆下形成。

行走全國各地，吃雞到處都有，好像是中國人的習慣。我曾經仔細品味、辨別過，做得都大同小異。沒有多少特色可言。只是每個地方的風俗習慣和飲食方法不同，在做雞時加了點地方風味，吃多了，也感覺不到新鮮。

我曾想：我要是沒有讀書，待在那偏遠的鄉下，遇到各地做的雞，一定會覺得好吃，吃得也會來勁。但是，我卻進城十多年了，習慣了城市的奢華生活，也在酒店賓館吃喝些日子，吃了不少山珍海味，見到美食就沒有多少激情了。

我為了讓自己遠離浪費的圈子，發狠要把生活過得平淡些，常回家享受些粗茶淡飯，用對付的形式解決肌體的溫飽，然後忙於工作。這也無法讓我返回美食激情的年代，生活卻更加逍遙自在。

湖南的山區、丘陵，村民多養雞餵鴨，屋前屋後及山野成了雞的天然選食場和活動地。村民的雞就有了自己的特色，與城市肉雞完全兩樣。最有名的是三黃雞，成了城市居民乞求的美食。農民為了發展生產，綜合利用自然資源，把三黃雞培養成一個龐大的雞家族，從農村到城郊向城市縱深發展，城市也名正言順的成了三黃雞的消費之所。湖南的中小城市，居民吃雞，言必三黃雞。

這次到益陽，我的主要任務是為了與益陽日報社劉春來先生談書稿修改之事。我們曾經是朋友，交往較多，他為我編發過一些稿件，知道我是個好食之人。在百竹園轉了一圈，沒有找到什麼有情趣的東西，時間去耽誤到了中午，準備去吃中飯。

我急著要回長沙，只想早點解決問題。劉春來先生卻安排到長春去吃黃燜雞。他給我介紹，益陽人都愛吃黃燜雞，在市內有很多的地方可以吃黃燜雞，卻不正宗，是這幾年跟風做起來的，很少有歷史成分。長春的黃燜雞，已經有二十來年的歷史，做得非常正宗，味道也是益陽市最好的，並且它只有一道菜，就是煤火煨黃燜雞。

我聽劉春來先生這麼一說，就來了品味的興趣。我吃雞喜歡品味細嚼，聽說黃燜雞有這麼久的歷史，我一定要好好的吃吃益陽黃燜雞的歷史文化，萌生些感想。

驅車半小時，停在一個坪邊，下車，水泥坪裡停滿了車輛。地方比較破舊，周邊環境看上去已經到了益陽市的郊外。一棟二十世紀八十年代的水泥洗刷房，撒滿了歷史的灰塵，水泥刷洗的牆面變成黃塵掛彩。

走進大門，裡面坐滿了客人，每桌三四人圍著一個煤火爐，吃得很熱乎。

我們穿過幾間房子，才找到一個角落裡有張桌子，五個人坐下來，老闆不問我們要什麼菜，上了幾杯茶就忙去了。我在酒店賓館去得多，感覺這裡的服務態度非常差，劉春來先生等人卻習以為常，又開始相互之間調侃起來。

沒過多久，我們的煤火爐架好，一位師傅端著一個大鋁盆放在煤火爐上，大小不亞於臉盆。盆裡滿滿的堆著雞肉，黃晶晶的顏色光亮，鮮香味飄蕩開來。兩三分鐘後，盆裡的湯汁沸騰起來，劉春來先生就喊大家趕快吃，先吃些熱食驅散一天的寒冷。

我下筷夾了一塊，才發現塊頭不小，有點分量，讓我感覺到鄉野的粗獷之風，也覺得村民的實惠之意。先吃雞皮，鮮爽柔嫩，咬下去湯汁直流，越嚼越有粘性，不糯也不軟塌。再吃雞肉，肉非常細嫩，帶著甜美的微酸，引起了我想細細嚼一嚼的念頭。嚼時雖有一把一把的粗纖維，卻越嚼越少，自然在嘴裡融化。肉很容易從骨頭上咬脫，卻很難把骨頭咬碎。我才想起：這是農村運來的三黃雞，它吃山野的活食長大，生長的時間比較長，骨頭不像城市裡的肉雞般酥鬆。

劉春來先生告訴我，所謂的黃燜雞，是把雞做好後，連湯帶雞放在煤火上慢慢的燜，所以我們吃的時候就要借助煤火，越吃越有味，越吃越甜香。還說，真正的黃燜雞，還要加蛋皮和青菜葉同煮，才會鮮味更濃。

我把老闆配的蛋皮和大白菜加了一些在鍋裡，蛋皮很快煮軟，吃起來非常滑爽，飄著雞蛋香。白菜就著雞肉的鮮香，湯汁進入菜葉，非常有味。白菜梗很甜，雞湯很鮮，兩味合在一起，味道就更加的甜美鮮嫩。

我吃完後，就不自然的讚歎，美食還是要到民間去吃，味道才很正宗。

安慶口水雞

旅食是我這幾年來形成的習慣，因為工作的原因讓我東奔西跑，也就沾上好吃、品吃的毛病，每到一個地方就想嚐嚐那裡的名菜。

到安徽，第一站是阜陽，我一個人在火車站附近的一個館子裡吃飯，也許是因為餓過了頭，吃到那帶鹹水味的菜和粗壯的米飯，真的讓我難咽了一陣。我就以為安徽的地理位置不適宜種水稻，所以米飯粗壯。可是，到了安慶，吃到了很香很酥嫩的米飯和美味的安慶菜，我才認識到想當然的錯誤。

安慶幾乎沒有本土的名菜，大部分的名菜、名吃是從外面引進來的，做著其他地方的名菜來滿足安慶人的食慾。安慶人也是愛吃、會吃的主，特別愛整吃的。而安慶人的口味又很特別，強調的東西不同，就把那些名菜篡改，不加糖的來點甜味等等，直到改得符合安慶人的口味為止。

雞在中國的鄉下很受歡迎，是每個地方的佳餚，安慶也不例外。整個中國愛吃雞可能還要從中國的傳統來談，出家人（和尚）和信佛教之人可以吃雞蛋；最容易做的是燒雞，只要把毛拔了就可以在火上烤著吃；還有乞丐也創造他們的美食——叫花雞。雞也就是一味眾所都知的佳餚了。另外，老百姓相信雞是最有營養的，所以全國都提倡吃雞，吃出一種有中國特色的雞文化和吃雞文化。

安慶口水雞與其他地方的口水雞有些不同，從烹飪來說，安慶口水雞是蒸熟的，把整個雞放在蒸籠裡蒸熟，白嫩嫩的看上去有點嚇人。特別是我這個湖南人，見到的多是五顏六色的湘菜，還有很多是深色的湘菜，突然見到那白嫩嫩的整雞，心中就有點冷漠的感覺。而安慶人好像不喜歡吃熱食，把它做成一種涼菜的式樣，就更加帶點涼味了。

但是，安慶口水雞卻不是真的涼菜，還是一種內熱菜，是把鹽散在雞上蒸熟的，再配上一盤紅辣椒汁，汁水是由醋、食用油、香油、味精、豆豉等組成。其實，紅辣椒汁是一種安慶特有的醋汁，有著非常濃的醋味；汁水也是熱湯所做，只是不冒熱氣而已，看著冷冷的，給菜定一種格調。

安慶口水雞的吃法很特別，並不是用刀把它切開一塊一塊的，而是用筷子夾，本身雞肉已經蒸得很爛，用筷子輕輕插進一挑，肉就夾出來了。再放到紅辣椒汁中一泡或者蘸點汁，放進口裡，先是酸味，才是甜，後才有雞肉的香味，當品嚐時，也需要仔細的去體會。但是不蘸紅辣椒汁也可以吃，那先聞到的是雞肉的味道，吃時卻是甜的，還可以感覺雞肉根本不用嚼，只要吸就可以把雞肉在口裡化掉，雞皮有黏性，也很有嚼味。如果是一個吃雞皮之人，那就要品嚐安慶口水雞的雞皮，可以更好的去比較別的雞皮的味道。口水雞最好吃的部位是雞脯，胸口除了肋骨就是一層薄肉，骨頭容易清除，肉也容易夾爛，又加上雞脯是殺雞時已經剖開了的，蒸時就進了鹽味，配料是上得最好的地方。

吃了安慶口水雞，我不得不感歎勞動人民對美食的貢獻，多少東西需要嘗試，美食也不例外。

黃州水煮鴨

車過黃州，已經十二點了，同事的瞌睡也被饑餓吵醒。

我們一路的找飯店，未見湖南人開的飯店，都不敢輕意下店。其實，我們不是怕什麼，而是怕沒有辣椒吃。在湖南，我們吃飯就要青辣椒炒紅辣椒粉才吃得下飯的角色，而在湖北，是個不吃辣椒的地方，想吃點辣椒也就不那麼方便了。

有老張告訴我們：黃岡（蘇東坡時代的黃州，現在的文赤壁）有一個飯店的水煮鴨做得很好，又很辣，不如我們到那裡去吃飯好了。出門在外，能有這麼好的地方等著我們，大家那有不高興的，吆喝著疾駛而去。

我到湖北待過幾個月，對湖北菜也有所瞭解。湖北人吃得比較清淡，一般很少吃辣椒，要放也是配色配味的原料而已。還喜歡在每道菜裡加上胡蘿蔔片、洋蔥塊，就是辣椒炒肉也要勾芡，沒有一點油膩、辛辣的感覺，真的像吃蘿蔔。

我們吃慣了湘菜的辛辣、油膩，吃起湖北菜來就覺得沒有什麼味了，早就想找個地方辣一辣了。

到門口，才知道是一個大排檔之類的吃所，地方很不起眼，門口有個小園，不如長沙大排檔闊綽，卻食客暴滿，比周邊十幾家排檔的任何三四家的人加起來還要多。

我們是來吃水煮鴨的，當然首選就是水煮鴨了，也按著我們的習慣，少不了還要加幾個當地有特色的菜。老闆給每人倒了茶就忙自己的事去了。來吃飯的人來了一批又一批，點的都是水煮鴨。看他們的情形就知道是本地人。

不久，黃州水煮鴨就端上來了，鍋大如臉盆，放在火爐上燒得滋滋作響，飄著濃厚的醬油香味。我站起來一看，鍋裡散了一層乾紅辣椒，那烏黑的湯裡油星閃爍。從這油膩的湯裡可以看出男人的慾望和飲食的追求。我夾起一坨，油膩膩的，看了就有一種滿足的感覺，看皮好像炒老了，有點焦的感覺。吃了一口，肉很鮮嫩，又很鬆，吃起來特別爽口，也不是很油膩，也許是勾芡的原因。

老張說：他跑遍全國各地，每到一處都要找鴨吃，吃過無數的鴨子，最好的要數洪江青媽飯店的洪江仔鴨，第二是黃州水煮鴨，第三是北京烤鴨。老龍也說：到黃州出差，三個地方吃飯冇空話講，滙豐的價錢便宜，黃州水煮鴨口味好，桑城的魚有氣氛。老龍又說：自從一九九九年到現在，他每次來黃州，都要找機會來吃黃州水煮鴨。

接著是牛排。並非西餐的牛排，還是用牛排骨做的口味牛排，飄散著牛肉香味。我吃了一塊，勾著芡，肉嫩味鮮，那骨頭卻邦硬硬的，乾紅辣椒辣得我直冒汗。

每人要了兩瓶金龍泉爽啤，借著啤酒的清爽，在異地吃著辛辣的湖南口味菜，那別有一番滋味。

風味鴨寸骨

熟悉長沙的人，都知道長沙人的生活喜歡講點情調。不管是家庭生活還是室外活動，都要來點夜的情趣，如吃吃宵夜，把酒做樂，以度光陰。

在長沙人的夜宵裡，一樣東西是不能少的——那就是長沙特有的風味鴨寸骨。鴨寸骨本來是長沙的一種小吃，用於下酒的口味菜。因為長沙人的熱愛，鴨寸骨在每一個夜宵店、攤都有，也是飲食男女的保留菜單。

鴨寸骨是水鴨的胸部骨架，本來沒有什麼好吃的。而長沙人把它做成滷菜，有那麼一點滷味，吃起來就不同了。先把鴨架子骨用鹽水醃好，再煮熟，吃的時候加熱，放上辣椒等配料，再端上餐桌，就是另外一翻風味了，所以又有人把鴨寸骨叫成風味鴨寸骨。湖南人喜歡吃辣椒，喝酒也少不了帶辣味的下酒菜。鹹鹹的鴨寸骨，正好下酒。長沙人就更愛吃口味，對骨頭也興趣不淺，有名的有糖醋排骨、清煮童子骨、鴨寸骨、鴨脖子等。

俗話說：吃下去是塊骨頭，吐掉是塊肉。鴨寸骨大概就是這個情況。我懂長沙人的心裡，他們吃鴨寸骨並不是完全為了吃肉，還是要吃啃骨頭的那種味道。在長沙這種好吃的風土人情下，再去啃鴨寸骨，那將是更有一翻風味。鴨寸骨也就自然成了長沙夜宵上的一道風景。

如果說現在是一個小資時代的話，那麼長沙人是最小資的。無論男女老少，對吃情有獨鍾，隨便哪個人都能品味美食。雖然有些家庭不是個性很張揚，也喜歡在家裡整個夜宵，跟自己的愛人寫點情調。夜宵裡就少不了一道鴨寸骨，啃鴨寸骨就成了加深夫妻的感情調味劑，也給家庭恩愛增添了許多浪漫。長沙孩子，從小就在有情趣的家庭中薰陶長大，小小年紀就染上了小資情調。說老實話：長沙可以評得上一個小資之城、一個小資之都。

鴨寸骨其實是一種很誘人的美食。當熱氣騰騰的鴨寸骨端上餐桌，首先飄來的是一股鴨肉香，帶點兒焦味（沒有水煮的騷味），又有一點點膩、一點點甜，拌著脆香的辣味。聞到這種香味就會激起食慾。如果從夜宵攤走過，就有點情不自禁的坐下來吃的想法。

鴨寸骨是一具整胸骨架，像個「U」字。這樣對於一個初吃者來說是絕對不理想的，就像俗話說的不知從什麼地方下口。如果吃得多了，就自然知道套路，在點菜的時候會特別囑咐老闆加以說明：鴨寸骨要先熱一下，要剁爛。夜宵裡有幾種剁法：一是把鴨寸骨剁成寸長的骨頭，這是對「鴨寸骨」的誤解，誤以為鴨寸骨就是把鴨架子骨剁成一寸長以後的骨頭。雖然吃起來方便，卻把啃骨頭的風味給全部抹掉了。一是把鴨寸骨剁成兩段，每一段有一個關節。雖然吃起來很有啃骨頭的感覺，卻要兩個手抓著才能啃關節的肉，這樣對於新手和女人來說就有傷大雅了。主要是新手吃起來不得法，女人認為吃法不斯文。一是先剁成兩段，再把關節處切開，這樣可以一個手拿著吃，關節處的肉也能夠吃乾淨，又有啃骨頭的感覺和南方人的斯文。所以，通常的吃法是第三種。

到外面吃鴨寸骨，要找一個寬敞的地方，邊吃邊歇氣，來杯扎啤，權且把它當作吃鴨寸骨時的茶水。找幾個三十歲左右的去吃，也許會更有情調。

北正街的啤酒鴨脖

北正街在我的記憶裡不知道去過多少次，我也數不清在北正街吃過多少美味的東西，只記得我愛去北正街，去那裡找我還沒有吃過的美味。

北正街是長沙的一條老街，據說以前很繁華——是長沙城的中心街。在那裡發生了多少歷史事件我卻沒有考證過，在長沙的發展史上有過多大的貢獻我也沒有查閱過文獻。自從記得有這條街開始，它就是這樣的古老和文明。

真正認識北正街是二〇〇五年，是從它的美味開始的。我在湘雅路的一家出版社上班，距北正街很近。每當沒有時間去其他地方找吃的時候，我就想起了北正街，暗自揣磨：也許北正街還有我沒有發現的美食。那裡還有我常愛去的幾家小吃店鋪，能數出它們的特色美食。

同事是幾個年輕的「傢伙」，雖然說不上個個都是美食家，卻也在江湖中覓食多年，煉就了一種走到那裡吃到那裡的本領。等我與他們共事，他們已經是北正街的「老江湖」了。我初來乍到，就由他們帶著去「熟悉環境」。

我雖然以前很少到北正街去吃東西，卻對長沙的美食有過「特殊的基本訓練」。不說大話，長沙的民間美食吃過的有八九成，所以常有人稱我是「民間美食的發現者」。

北正街白天看上去已經不是很洋氣了，破破爛爛的有點頹廢，像個七八十歲的老人披了一件破棉襖——到處是創口。晚上去卻是燈火輝煌、人流蠕動，真是漂亮非凡。

我是一個挺講情調的男人，特別追求氣氛和感覺，當然是喜歡晚上去走走，有機會就喝兩杯了。

太陽偏下，北正街的馬路上就擺滿了吃夜宵的桌椅，金黃的圓桌映著餘輝，飄散著誘人的食慾；天藍的靠背大椅，吸引著行人的眼球，獻出它那貪婪的菜香。

最愛去的還是要數長沙基督教聖公禮拜堂對面的啤酒屋，地方不大，只能擺下六張桌子。門口放著大桶大桶的扎啤。看到擠滿酒桶的門口，就喚起了我的野性，有痛喝幾杯的慾望。店雖小，它的爆炒腰花卻味道純正。蒜苗丁裡夾著小塊的腰花，用筷子夾的時候感覺有點硬，吃在口裡卻是嫩嫩的有點酥。

我喜歡吃點辣的。隔壁就有一家絕味鴨脖，並非只賣鴨脖，還有雞爪、鴨寸骨、鴨肝、麻雀等。我最喜歡那裡的鴨寸骨，因為它特別的辣，辣得我不停的喝啤酒。剛熱的鴨寸骨有股沖人的辣味，吃進口裡卻又麻又辣。吃辣椒的都可以辣出汗來，不吃辣椒的舔一下就會冒汗。絕味鴨脖是外賣，先點好東西，搞熱了就可以要他們送到隔壁。

啤酒屋還有三四個漂亮美妹，無論是美貌還是身段都不會亞於韓國美女。看著她們穿行於食客之間，無論那個男人都能喝下三扎悶酒。

板栗燉雞

湖南的很多山區，有一種樹會結長毛的果實——板栗，要把帶毛的皮剝掉，就是一瓣一瓣的板栗，當然是那種最好看的栗色。

中秋過後，板栗就來到城市，城市的每個角落擺滿了糖炒板栗的攤點。那誘人的香味吸引了許多孩子和女人。而湖南人真正愛吃的是板栗燉雞，那是一味很補的菜品。燉雞的板栗並不是剛成熟的板栗，是那種老板栗，也就是完全成熟的板栗。

陰曆十月，板栗熟透了，毛果就爆開，板栗一瓣一瓣的掉到地上。果農在地上撿起，再運往城市，板栗已經很便宜了，可以十塊錢買三斤。

農村已經秋收完了，忙碌了一年的農民才有時間來做點好吃的東西補補身體。

湖南人有一種典型的身體結實像，這只能從飲食上來解釋。湖南人吃菜的習慣是油重味濃。也愛吃肉，就是女人也能吃過半斤八兩。在長沙，愛吃已經成了一種潮流，連電視臺也做了一個專門的欄目，並推出大群的美食寶貝。

每年深秋，我都要買板栗來做板栗燉雞。板栗有很多種類，有小得只有玉米粒大小的毛栗子，有大得如雞蛋的良種板栗。其實，最有價值的還是那種毛栗子，特別是經過風乾一段時間之後，生吃都既甜又香。還有一種是野生板栗，農民叫做尖栗子，是燉雞的最好原料。

剝板栗皮是一件比較困難的事，但是只要有方法還是比較容易的。我最常用的方法是開水燙。先用菜刀在每顆板栗中央切一刀，再把他們放在一個盆子裡，倒入開水，泡上十分鐘左右，皮就全部脫開了，連裡面那層帶毛的薄皮也脫了，就是沒有脫乾淨的話，也很容易撕掉它。

雞要洗乾淨，切成塊。再切些精肉片，還要切幾塊肥肉。一寸見方，約一釐米厚。肥肉的主要作用是用來做油。最好用鐵鍋燉，如果沒有，就用砂罐。雖然高壓鍋是現代人的燉菜工具，可是用來做板栗燉雞不是很理想。因為壓力鍋的氣把香味帶走了。

先要用大火煮開，等白氣冒淨，就改用小火來文。再給它加一個蓋子。就開始有香味產生，開始是肉香，慢慢的就有板栗的甜味，然後是板栗的甜香，等到香味越來越濃，板栗的甜味和營養就全部進入了雞肉。特別是雞骨髓裡。這樣的板栗燉雞才叫板栗燉雞，吃板栗燉雞主要是吃它們的營養。再加上少許鹽就可以吃了。雞湯已經成淺黃色，上面飄著一層油，吃的時候就要注意，雞湯是很燙人的，不要隨便趁熱吃，先要涼一下再吃。

吃板栗燉雞也有些講究，板栗與肉用於下飯，還可以吃點紅辣椒之類的菜，就感覺肉是嫩的，板栗是甜的。也可以把湯攪動一下，這樣可以聞到香味。但是在吃雞的時候千萬別忘記了——要吸掉雞骨頭裡的湯水，最好是把雞骨頭啃爛，只吐掉純鈣骨。吃完飯後，再喝一兩碗湯。湯要慢慢的品，就能感覺到雞湯的味道，先是甜再是香。如果要把湯倒在飯菜上，那是另外一種吃法，有可能會被人說成是鄉下吃法。

湘式烤鴨

走南玩北，跑了大半個中國，吃了不少各地的美食，總結了一個經驗：南方愛吃雞，北方愛吃烤鴨。這與地理位置和氣候有著不可分的關聯：南方平坦的地方，水塘多，養鴨成群，山地卻養雞最多，漫山遍野。北方雞鴨少於南方，卻氣候乾燥，易於乾物和保存。鴨子易於運輸和保存成了北方飲食的首選，也慢慢形成北方的飲食風景名片。北方人還有一種喜歡吃涼菜的習慣，鴨子烤熟，放在乾燥的室內，幾天都不變味，隨時都可以用於下飯送酒，從此有了北方烤鴨的傳世和發展。

北方烤鴨以北京烤鴨最為有名，歷史悠久。南北朝時期已有炙鴨的記載。元朝天歷年間（西元一三三〇年），御膳醫忽思慧著《飲膳正要》列席上珍品燒鴨子，即今日之烤鴨。新中國成立後，北京烤鴨備受國外朋友喜歡，譽滿海外。毛澤東曾經還提倡大力發展烤鴨事業，把中國烤鴨做到全世界去。而古代烤鴨多用炭火，腹內常塞羊肚、香菜、蔥、鹽，稱為叉燒，現在，香港、臺灣還有此做法，內地已經很少見。

長沙，處在中國的內地，地接南北，是個雞鴨通吃的城市，各種各樣的雞種、雞肉都有，而各種各樣的水鴨、洋鴨也不少，主要以湖南的水鴨為主，在一些高檔的酒店、賓館，烤鴨也做得不錯。長沙的吃文化離不開鴨子，最市井化的是鴨寸骨，文化點的有吊燒乳鴨。水鴨有名的是洪江仔鴨、芷江鴨、錢糧湖鴨等，精加工的有鴨脖子、鴨霸王、板鴨，烤鴨卻沒有幾樣出名的。

我有個朋友叫劉國清，是金太陽的技術總監，在餐飲行業做了二十年，比較瞭解湖南的飲食文化。在一起吃飯，聊起我寫的幾個美食散文專欄，他就極力推薦我吃金太陽的一道菜——老北京烤鴨。我在全國各地吃過不少烤鴨，倒不在意，聽到長沙人做的烤鴨，我就來了精神，很想試試。

老北京烤鴨並不是北京烤鴨，而是一種很特別的烤鴨，鴨肉與一般的機器烤鴨不同，採用純手工烤製，吃時帶著水果清香和水果的甜蜜，不油不膩，不乾不澀，香脆鬆酥，質軟肉鮮，回味纏綿。這些是聽朋友說的。

老北京烤鴨從選料到製作，都講究一個精字。鴨子用蘆溝橋飼養的填鴨為原料，選五斤左右的仔鴨，切斷三管放血宰殺，用五十五到六十度的水燙毛三分鐘，退毛動作輕快，乾淨且不傷皮，在翅下開一小口，取出內臟，斷去腳和翅，把腔、頸、嘴洗涮乾淨，取出腔內軟組織和回頭腸，鴨皮無血污。用飴糖沸水澆燙掛色，後掛陰涼通風處，鴨皮乾燥。烤前用塞子將肛門堵住，將開水從頸部刀口灌湯，置入烤爐。

另外一個是烤鴨用圓木烤製，都使用水果木材，最好的為棗木，其次桃木、杏木、梨木，木材從遙遠的西安運來，不包括運費也要一千五百元一噸。水果木材少煙且冒香味，乾燥的木材火力文而不烈，正適宜烤鴨加工。

烤鴨採用最原始的製作方法——明火炙烤，追求技術和技藝，爐溫升至兩百度以上方可烤鴨，烤製時間為四十分鐘，有大師傅在爐前把關，烤製可以根據鴨子出爐時腔內湯汁顏色判斷，粉紅色為七八成熟，淺白色為九十成熟，乳白色為烤過了火，這都是經驗之談。出爐後要刷上一層香油，增加鴨皮光亮度，黃橙橙的鴨皮光滑而亮麗，比其他烤鴨的色氣要好看得多。

在劉國清的陪同下，我參觀了金太陽如意樓的廚房。

我作為食客，在酒店、賓館有很多朋友，吃過不少朋友推薦的美食，從沒進過廚房，我也不願意到廚房去，聽劉國清說鴨子用木材明火烤製，想起鄉下的柴火，我就來了興趣。火爐設在一個專門的地方，打掃得非常乾淨，火膛距離地面有一米來高，水果樹木有拳頭大小，爐門口熊熊的火焰吐著尺來長的火舌，火爐最裡面懸掛著一排乳白色鴨子，火焰根本烤不到。爐內的溫度卻有兩百多度，純粹用熱量來把鴨子炙熟，用高溫烤。

烤鴨上桌，由大師傅拉到客人面前，現場片皮。每隻鴨子出一百零八片，片片帶皮帶肉，肥瘦相間，皮、肉分盤裝上。還佐以大蔥絲、黃瓜絲、甜麵醬、荷葉餅。

吃水果香烤鴨很講究：把一張荷葉薄餅平鋪在手上，夾上兩三片烤鴨皮，蘸少許甜麵醬，加幾根大蔥絲、黃瓜絲，把薄餅捲起來，稍稍轉緊，拿在手上。可以聞到一股淡淡的水果清香，像梨的純芳、像棗的甜膩、像桃的香鮮，像杏的酸甜，細細辨別，卻感覺不到到底是那種味道，只知是水果的複合味，我對這味道有著濃厚的興趣，百聞不膩。

輕輕咬下去，荷葉餅的韌性沒有多少阻礙，黃瓜絲的清脆和大蔥絲的芳香遮攔不了烤鴨皮。咬到鴨皮，先是飴糖的微甜，鴨皮潤潤的，連著肥肉，有點點油膩，卻正好與精肉迎合，一起細嚼，就不再感覺到油膩，嚼起來也軟韌兼顧。過一會，鴨皮慢慢的變脆，肥肉的油膩也越來越少，咬上去，卻脆響脆響的，就像炸透了的油渣，中間有很多細小的空洞。蘸點甜麵醬，吃起來味道更純更香，憑我個人的愛好，鴨皮我喜歡吃涼後的可以感受到許多熱時沒有的味道，如果三兩個人，就慢慢的品味，加些故事和風情的話題，也許更能感受烤鴨的文化精髓。

純肉非常細嫩，咬上去帶點綿勁和彈性，容易咬斷，還帶骨頭，咬起來有嚼味，可以細細品嚐骨頭間的肉。如果是個鴨文化者，還可以區分長沙鴨寸骨上的肉和鴨骨架的嚼味，也可以對比鴨肉的韌性。

北京烤鴨還有兩種吃法：一是爆炒鴨肉，用蒜苗、紅椒清炒，鴨肉香辣鮮嫩，下酒的絕好佳餚。二是鴨架骨煲湯，片皮肉後的鴨架骨熬湯，加蔥絲，依據個人口味可添加胡椒粉，湯汁乳白，香濃可口，可飯前細喝慢品，吸取鴨骨之精華。

幾天之後，我還在回味水果香的鴨皮。想為此寫一篇回味類的文章，醞釀很久，終於得以動筆。

錢糧湖土鴨

南方水鄉，家禽數水鴨最多。東洞庭湖西岸錢糧湖鎮，乃原江南第一大國營農場錢糧湖農場所在地，近年來以養鴨聞名，仔鴨肉質細嫩，味美脆酥，成為湖區一大名鴨。

吃鴨是南方一種愛好。在南方寬大的地盤上，以鴨成名的地方很多，根據當地人的飲食習慣，作成當地人愛吃的鴨肉類菜肴，為行走江湖的人提供美食和口味。我走過很多地方，有南京野水鴨、芷江鴨、洪江仔鴨等吸引過我。在長沙，吃鴨是一種文化，匯集湖南各地的名鴨，且做得各有特色和文化內涵，吃鴨就像在品味當地文化和人文。

英才園，長沙河西一個住宅小區，樹木成蔭，居民悠閒自得。夜宵攤點甚多，美味佳餚不少，如果有心覓食，那是一個絕好的佳處。我在那裡尋找過，現在要向大家推薦的是錢糧湖土鴨館的鴨火鍋。

我是好吃之人，最大的愛好是品味，有時與妻子在家裡研究菜肴，聞有新店開張，必邀朋友前去品嚐。朋友們知道我的愛好，常邀我遊邀美食之間，飽足口福。長沙的很多食客到英才園去，是衝著錢糧湖土鴨來的，吃得滿嘴快活才肯回。

錢糧湖土鴨館是一種土菜做法，店內桌椅是粗糙結實的原木，桌中挖個圓洞。桌子不大，最多可坐五六人，便於品味和交流。按嚴格的說法，錢糧湖土鴨館只有一個菜——就是鴨。店裡還有幾個菜做得不錯，吃的人卻不多。來吃鴨的人多是回頭客，吃過一次，覺得味道不錯，來吃第二次、第三次。

鴨按辣的程度分三種：巨辣、中辣、微辣。一般人吃中辣，就著火鍋，邊吃邊冒汗。錢糧湖鴨火鍋，只有鴨肉，鴨雜較少，如果你幸運，就可以吃到鴨蛋，那是最好的錢糧湖仔鴨火鍋。鴨蛋是仔鴨還沒有下的蛋，在體內長成雛形，殺鴨時取出，與鴨肉一起炒，後加火煮。鴨蛋純黃，沒有蛋白，外面裹著一層皮，看著煮熟的鴨蛋，有點嫩黃，輕輕咬去，有點彈性，也有著綿勁，既脆又像蛋白的韌，表面不粉，也不滷嘴，吃起來很帶味。錢糧湖鴨火鍋最鮮明的是鴨雜，切成薄片，經火鍋一煮張牙舞爪的伸開來，很吸引眼球和有著誇張的架勢，雖然鴨雜很薄，咬上去非常的脆，有著唠嚓唠嚓的聲響，好像在告訴大家，這是正宗的鴨雜做法，吃起來才脆。

錢糧湖土鴨館另一個火鍋是鴨內臟，其實是鴨腸子，帶點鴨油。雖然兩個火鍋分開出售，合在一起吃的味道才是錢糧湖土鴨的真正味道，即鴨全味。鴨火鍋用鐵鍋裝著，裡面放點湯汁，端上來時有唧唧的叫聲，像小鴨子在找媽媽。架在火鍋上，湯燒熱，鴨肉香隨之飄起，純正的香味，隨著空調散向整個英才園小區。湯燒開，鴨內臟火鍋才上來。鴨腸子攤在鍋底面上，黃橙橙的一片，那麼多條條根根，看上有色有型，很有品嚐的慾望。廚師把鴨肉火鍋端下，放上鴨內臟火鍋，鴨肉倒入鍋內，覆蓋其上，添加調好的湯汁，等待湯水沸騰。

吃鴨火鍋，要喝點冰啤酒，洗刷腸胃的熱量。吃鴨肉在於嫩，吃到嫩甜的味道，才是錢糧湖土鴨的味。一般鴨肉在鍋中久煮，肉質會變硬。而錢糧湖土鴨不同，肉質不硬也不焦，反而細嫩鮮甜。鴨腸要趁早吃，感受韌性和清脆。我以前吃過的鴨腸綿勁十足，嚼起來韌勁綿綿。錢糧湖的鴨腸湯汁煮沸吃，鴨腸是脆鮮的，容易咬斷，再煮上半個小時，鴨腸燉化，開始變綿軟，且容易斷，適宜老人吃。吃錢糧湖土鴨，還要配點小菜，在吃完肉後，燙點小菜吃，是道程式，可以調節鹽味，保證人體水份。

我想：一道好菜，要有好的做法，也要有好的吃法；錢糧湖土鴨要炒後再煮，煮後再用火鍋沸溫，吃也需要選擇火鍋，尋找它的味道和細嫩。

梅山雷打鴨

湖南被稱為美食湘軍，是因為湖南的飲食特色。在美食湘軍裡，還有一支精銳，那就是新化。新化地小，美食卻不可輕視。雖屬梅山蠻地，偏遠閉塞，古梅山韻味的美食卻吸引遠方來客。

我走南往北，穿省過市，吃了很多地方，卻惦記著新化的美食。

我生於新化，卻長在一片不足三十公里的土地上，那是新化的邊緣偏地，沒有多少新化特色，沾染了一些外縣氣息。在新化生活十八年，談不上吃過幾樣特色新化菜。真正理解新化的梅山菜，是我離開新化，從一些好吃的老鄉之口所獲。新化人喜歡吃麻辣，而麻辣不像四川菜，花椒特別的多。梅山麻辣在於辣，辣得食客心窩子痛，口腔長泡，一滴滴的辣椒紅油，可以讓人感覺溫暖，冒汗。吃米粉，新化人也要用泡麻辣豆腐的辣椒水做湯，吃起來又香又辣又鮮，真是過癮。到飯店吃飯，就是吃非常清淡的菜，也是辣味十足，如果說你吃辣椒的，那麼青辣椒、紅辣椒、白辣椒一起上。

新化，只是一個三四平方公里的縣城，中間夾著資江。小小的縣城裡，飯店、賓館林立，特色餐館插滿街巷，菜式多樣，品類齊全，地方味濃烈。三合湯，這是茹毛飲血的進化產品，是一道人人皆吃，人人喜歡的美食。

新化，乃蚩尤故里，流傳者很多有關蚩尤的傳說和故事。這些故事裡，有著許多希奇古怪的菜名和菜式，隨著故事的流傳，菜的吸引力也越來越強。我沒有做過系統的調查，卻知道幾十種與蚩尤有關的菜，最有名的也是最有特色的菜是雷打鴨。現在在新化只有一家叫蚩尤生活館的店還在做，做得比較精緻。

新化人喜歡吃兩樣東西：辣椒和米粉肉。這與他們的生活有關，新化一個小小的縣，不僅有資江，還有一十八條江河，人們常年生活在溪水邊，被寒冷逼迫。新化也是個山區，山峰密集，種做都得翻山越嶺，消耗的體力大。辣椒可以生暖，也很下飯，加上山裡人的悶性和堅韌，辣椒是最好的調劑物。辣椒代表他們的個性，與暴躁的性格和好鬥連在一起。新化人習武練拳，有著結實的肌肉，一句話不和就拳腳相加，拿身體和肌力征服別人。

米粉肉是新化人家裡的罈中之寶，四季常有。米粉肉可以補充新化勞動人們的體力和精神。在這個窮山溝裡，一斤一兩都得靠體力拉動，一天不食肉是不行的，而天天吃肉又太油膩，容易吃壞胃口，流出的油膩的汗液也會漿壞衣服。米粉肉藏在罎子裡便於保存，吃時蒸熟即可，方便容易。

雷打鴨結合了辣椒與米粉肉的優點，做出了他的特色和味道。雷打鴨按準確的說法，應該是米粉鴨。米粉鴨非現做，做時需精加工。

炒熟的米磨成粉，把鴨肉砍碎成細末，拌均勻，在罎子裡醃一段時間，讓其成味、成色。食客吃時，先炒熟，後加水，和成灰黃色米粉糊糊，煎去水分，顏色也亮麗，看上非常有食慾。

灰黃色米糊粑粑上桌，嫩鴨香飄溢。夾起來吃，才感覺到米粉糊帶著一點微酸，又有糯性和軟韌。糊糊裡有辣椒，是砍碎的白辣椒，還浮了炒時下的紅辣椒末。嚼時感覺不到肉泥，只是滿口肉香及一些細小的鴨骨頭，用牙齒慢慢的琢磨，有著很好的玩味。裹著鴨肉的米粉香與微酸調和了鴨肉騷味，更加體現了肉的細嫩和裹著的油韻味，也飽和了米粉的乾燥和滑爽，增加了吃的口味和軟韌。

我不理解雷打鴨之名，猜想它與雷公有關。

朋友卻告訴我，雷打鴨是被雷公打碎時的形狀，緣由要從蚩尤時代說起。蚩尤從中原退守梅山，在梅山的河網與森林裡交戰，陰雨綿綿、雷電交加。一次失敗後，遇上大雨，雷電擊中河邊的野鴨，鴨毛燒光，肉打成粉碎，吃時味道甜美。蚩尤的部下按此方法做出了雷打鴨，在山野村戶一直保留了這種做法。

鳳凰血粑鴨

鳳凰是個掌上古城，小得只有巴掌大小，在那裡走上一天就可以走完，但是住下來就感覺不同，覺得還是一個蠻有生活氣息的地方。鳳凰除了風景怡人外，最吸引人的是美食，那裡的美食既有鳳凰的地方特色又有湖南辛辣的大眾口味。

我待在鳳凰，喜歡吃那裡的血粑鴨。我到很多地方吃過各種各式的鴨子，都沒有吃到鳳凰血粑鴨的感覺，我就特地多吃了幾次，都沒有吃膩，越吃越覺得上癮。

鳳凰血粑鴨簡單的可以概括成兩點，一是鳳凰血粑鴨的做法與其他地方的做法完全不同，其他的地方的鴨子除非是煮、燉、燒、炒，最多是在烹飪的時候加上什麼啤酒等祛味的輔料，而鳳凰的血粑鴨就首先是用油斂去鴨子的水分，製成脆皮的鴨肉。二是血粑鴨肉的味道不同，鴨肉是那種脆香，皮內的肉沒有血腥味和水氣味，肉成絲而且嫩，只要久悶一點就很鬆酥。我在鳳凰吃了那麼多菜後，覺得鳳凰血粑鴨是湘西美食的一顆明珠，是湘西菜裡能夠端得上桌面的名菜，也是所有旅客到鳳凰一定要品嚐的地方小吃。

血粑鴨原料主要由糯米豬血丸子和新鮮鴨肉。但是它的製作過程卻比較複雜。首先是糯米豬血丸子的選擇，要用上等的糯米為料，選做得很精細的豬血丸子。湘西山區，每年臘月，農家都會做豬血丸子，在殺年豬的先天晚上，就用冷水泡好糯米，第二天殺豬的時候，當熱鮮血從殺豬的孔裡奔出，就用盆子接了熱豬血，等豬血漫過糯米就不要接豬血了，暫時涼起來，再把拌了豬血的糯米揉成丸子蒸熟，曬乾或者用火薰乾、烤乾，可以留著備用。

鴨肉要用新鮮的水鴨肉，把水鴨肉砍成寸塊，在鍋裡多放油翻炒、爆熟，鴨肉就會收水變緊。再加入辣油和火鍋料，用水煮，入乾紅辣椒伴煮。等到鴨肉已經成淺黃色，把切成方寸的豬血丸子砣混入湯裡同煮，把豬血丸子埋入湯底，悶上十來分鐘，豬血丸子的糯米就已經泡發，吃起來就有糯性，也有韌性。

在鳳凰待了十來天，曾經也對血粑鴨有過研究，特別是吃的味道。我個人認為，我喜歡偏向於先吃鴨肉，特別是四五個人同桌，一個血粑鴨用大盆盛著放在火鍋上，大家圍著吃，就更加要先吃鴨肉。因為飯店裡的廚師對血粑鴨的火候把握得很好，是出鍋前幾分鐘的時候放進去的，吃的時候豬血丸子還是比較硬的，就可以把豬血丸子壓到湯裡，先吃鴨肉。而鴨肉正好是最好吃的時候，鴨肉外面脆的皮剛好軟掉，裡面的鴨肉又正好已經入味，又不是味道特別濃，煮久了鴨肉就鹹了，沒有那麼有鮮味。四五個人吃完鴨肉只要十分鐘左右，正好趕上吃豬血丸子的時候，豬血丸子韌性十足，臘味挺濃，香味很純，如果還久煮十分鐘，豬血丸子就開始散了，沒有散的也開始味道變淡，香味消失。

還有吃血粑鴨要趁熱吃，因為乾紅辣椒的味道都煮在血粑鴨裡，越吃越辣，越吃越有味，吃得汗流浹背都無所謂，只感覺到非常過癮。

我很想下雪的天到鳳凰去吃一次血粑鴨，找到血粑鴨的真正雪味和血味。

南京野水鴨

在飲食江湖裡，很多朋友跟我說起過南京的美食，說那個江南的六朝古都，是一個吃的世界，美食多，味道雜，像一個萬花筒，雜合了全國各地的美食。有朋友告訴我地道的南京美食很多，經常有人提到的卻是南京野水鴨。在我的想像中，野水鴨應該和家鴨差不多，做成菜也應該是大盤大碗的，最少也應該像個土菜一樣即有分量又有重量。到南京才知道，野水鴨根本無法與家鴨相提並論，是個非常秀氣的珍珠菜。

南京野水鴨是整個江蘇的地方菜，就像湖南的青辣炒肉，不止在南京可以吃得到，很多周邊城市都有吃，基本做工是一樣的，只是加入了一些周邊城市的吃法，帶著那些小地方的風味。在蘇州，我也吃到了南京野水鴨，同學劉並向我推薦這道菜，說到每個地方都去吃一吃，就能吃出南京野水鴨的本味來。

南京野水鴨與家鴨比，就只能稱之為小鳥，確切地說，南京野水鴨像乳鴨大小，還沒有我的巴掌大。後來想了想才認識到是我的認識意識有誤，你想想，家鴨是吃糧食長大的，它不用飛，只要找到水能浮得起來就可以了；野鴨是沒有主人管的野東西，只能吃蟲子，為了保護自己的性命，還要學會飛翔，隨著季節要南北遷徙，太肥是不行的。

南京野水鴨看上去是黃橙橙的，還油光發亮，皮沒有燒焦，還舒張著。我就開始思索它的加工方法。南京的朋友顧欣告訴我，南京野水鴨是南京的一道名菜，很多人都喜歡吃，並且這鴨子確實是野生的水鴨，也就是野鴨。因為長江從南京穿過，每年的春秋兩季野鴨成群結隊的遷徙到這裡，常常有很多野鴨在長江邊的沙灘上、草叢裡過夜，沿江的河民就到沙灘上、草叢裡去逮野鴨，晚上的野鴨都聚在一起，只要找到了野鴨的住地，一個晚上就要逮很多，有的甚至上百隻。有的人把逮到的野鴨養起來，讓它們繁殖後代，以養野鴨為生。因為捕殺，很多野鴨被嚇得到處飛竄，一些孤單隻影的野鴨就留在長江邊上，長江邊的野鴨也越來越多，成了野鴨的聚集地。

南京野水鴨盛在一個很小的盤子裡，看上去像邊完整的小鴨子躺著，看到那油光發亮的鴨子，讓吃慣了湘菜的我以為是生鴨子。湘菜裡的鴨子一般是清燉、紅燒、燒烤，色味都很重。這也許是各地菜的特色吧。

看著這個整鴨，我不知道怎麼下手。其實，鴨子已經用刀切成條狀，只是把它們又拼在一起，做得很藝術，也擺得很成型。顧欣邊介紹邊要我嚐嚐味道，給我夾了一塊鴨脯，我才知道是切好了的。這也許與我的視力有關，我是一個徹頭徹尾的近視眼，從來不喜歡戴眼鏡，看什麼東西都模模糊糊的。所以我吃菜不太注意仔細辨別色氣，只能知道過大概的色氣罷了。

鴨脯是兩個筷子寬的條狀，刀痕處是乳白色，內側有煮過的痕跡。咬一口，鴨肉綿綿不斷，咬下去卻壓得很扁，肉很緊，是蒸熟時縮水所致，舌頭上一股鹹鹹的味道。我想它是先用鹽煮出血水，讓鴨肉入味，吃時再蒸熱上油。

南京野水鴨很香，上桌就可以聞到一股濃濃的香味，味道挺純，沒有家鴨的騷味，肉的綿勁比家鴨大，能夠嚼出帶酸味的天然汁水，骨骼細小，肉也容易剝落，骨頭卻比較硬。三兩個朋友把酒迎風慢慢品味，就越吃越有味，越吃越想吃，如果還邊吃邊下點飯，卻是一道十足的下飯菜，也不像其他肉食品一樣容易膩，吃了其他油膩的東西，還可以吃點南京野水鴨解解膩。

離開南京，我時時刻刻記著南京野水鴨的特點，很想在其他城市再見到它，但是後來走了江蘇周邊幾個省，都沒有吃到南京野水鴨了。

江永田螺雞

江永是湖南南邊的一個邊遠小縣，地接廣西梧州，雖然偏僻，卻有很多美食。田螺雞是那裡一道非常有特色的名菜，我到江永品嚐了一翻。

江永河網密佈，溪小如線，水產品卻豐富。田螺是江永水產之一。江永的田螺種類繁多，也許與江永的地理結構有關。田螺生存要求有石灰石和溫水，江永的地形正好是標準的喀斯特地形，雖然有地下水滲透，卻有廣西的亞熱帶氣候相調。江永田螺可以按大小和長短分，最小的只有筷子大小，最大賽拳頭般粗壯，長的有兩三寸，短的一兩釐米。

江永田螺無論形狀長短、大小都可以吃。

江永田螺的吃法很多，包括了炒、燒、煮、燉、煨各法。這也許與瑤族的生活習慣有關，江永的千家峒是瑤族祖先的聚居地。瑤族祖先最愛吃的是水產，特別是蚌、螺之類，在遠古時代就已經開始燒烤著吃了。

這次到江永採風，吃過幾種田螺做的佳餚，最難忘的要數那頓田螺雞。

在我複雜的飲食中還沒有把田螺與雞混在一起吃的習慣。

我愛吃雞，因為我自己燉的天麻雞很好吃，又很有營養。田螺是我愛吃的小吃，在長沙，每次去吃夜宵我都喜歡點一盤唆螺，與幾個朋友慢慢的品味打發夜晚的時光。

江永的田螺雞做法很簡單，就是一種田螺與雞的混合，工序也不複雜。田螺要選雞蛋大小的，先放在水裡讓它自己吐掉泥沙，再放點食醋，清洗田螺的污垢。先把雞肉切成一寸見方的塊，用高壓鍋燉上十分鐘左右。田螺的尖端用鉗子夾掉，再加入鍋裡繼續燉，燉上二三十分鐘，等雞肉萎縮、雞骨顯露，田螺的味道進入雞髓，就加薑片、醬油等物驅除腥味，加鹽少許、幾根蒜段和青辣椒、紅辣椒塊，稍燉，辣椒出味即可出鍋。就可以看到田螺雞的湯汁乳白色。因為雞湯是乳白色的，燉田螺不會改變湯色，只會有點渾。加上湯是放的豬油，田螺雞上桌可以保溫，就是冬天也不會馬上冷卻。所以在江永吃田螺雞有句行話：吃田螺要趁熱。

吃田螺雞有些講究：在餐館裡吃，這道菜就會最先上，把它當做湯來喝。先由服務員盛在飯碗裡，連湯帶著田螺。這湯要先吃田螺，夾出田螺用右手拈著，拿筷子挑去靨，田螺對著口，先吸田螺裡的湯，有一股雞湯的鮮味，帶著清香，有點誘人；再吸田螺肉，要用大力氣猛吸一口，就會跳到嘴裡，有點甜，還有點滑，沒有唆螺的澀。吃上三五個，就可以喝半碗湯，那將更加美味可口。因為田螺雞的味道都藏在湯裡，湯給人的感覺先是新鮮辣椒的辣味，再是雞肉的鮮味，接著是田螺的滑膩，最後才是雞肉的香甜。專業美食者一般不吃雞肉，因為有點澀味。喝完湯，就來了一身汗，也感覺到了江永田螺的風味。

回長沙的那天，我準備帶點江永田螺的，但朋友告訴我，江永田螺在其他地方煮著不好吃了，只有江永的水才煮得出它的味來，我也就只好做罷。

成都鴨舌

吃得精緻，在我走過的地方裡大概要數成都，雖然我在成都待的時間不是很久，但是，在成都的兩天裡，吃過的幾道菜都讓我記憶深刻，精細的做工更讓我欽佩。

二〇〇七年八月，在成都吃過的幾道菜裡，最精細的要算德福樓的鴨舌。

對於水鴨身體的一部分——鴨舌，是一樣很小的什物。在中國大地上這麼多的美食之鄉，根本沒有其他地方單獨拿出來做一道菜吃，還是大多數把它夾在鴨肉或者鴨頭裡混合著吃掉，作為食客，什麼也沒感覺到就被帶到腸胃。

端上鴨舌，我就覺得要好好的品嚐一番，對成都的鴨舌做一次細緻、認真的味蕾考察，讓我那品味的思維來給成都鴨舌公證的評價。

關於鴨舌，我曾經在《成都日報》上讀過一篇文章，卻已經記不清作者和文章裡的內容了，甚是遺憾。這次到成都，主要的工作有兩件事，一是找《成都客》雜誌編輯朱曉劍給古清生剛出版的散文集《陽光八萬里》寫評論，推薦這本人文地理方面的書；二是找《成都日報》副刊編輯王鶴，在二〇〇六年由她編輯發表了我好幾篇文章，這次到成都，也該去拜訪曾經關心、提攜我的編輯老師。

我本想請兩位去吃頓飯，大家聊聊天，交流一些寫作、編輯心得。開始朱曉劍請我到天河茶館喝茶，邊等王鶴邊談一些寫評論的感受，因為王急著編好一個版等待排版看樣，我與朱聊了兩個多小時。王說等待排版的人多，還沒有輪到她，要我們去她辦公室聊天。到了辦公室，人真多，都擠在一起排版。談了一些現在圖書與報紙、雜誌編輯的工作，王說請我去吃飯，體驗成都美食生活，並要朱做陪。我到朱辦公室取了本剛出版的《成都客》雜誌，王就看完樣子去了武成大道德福樓點菜，電話告訴我們前去。

德福樓的大廳，人比較多，聲音也還嘈雜，品嚐那飄逸著幽香的菊花茶，還沒說上幾句有關各地美食的閒話，菜就上來，第一道是鴨舌。從外觀上看，做得非常的精細美觀，顏色也鮮豔迷人。不大的圓碟子，鴨舌圍成一圈，中間堆著一座潔白的花生米小山，花生米頂攀著幾顆芝麻，非常的層次分明，碟底有一層薄薄的紅油，映襯得碟中的菜更加層次分明。

我先夾了一個鴨舌，約寸把長，大約小指，看上去色氣有著熟肉的淺褐色，稍有點暗。咬在嘴裡沒有質硬感，軟軟的有如糍粑，咬下去沒有彈性，明顯感覺到中間有一塊小骨頭擱著，這就考驗食客的吃法和技巧，也給吃帶來一點小小的情調。

作為一般的食客，不太喜歡骨頭，覺得啃骨頭有些費勁，還喜歡吃純肉來滿足食慾和饑餓。有些食客，喜歡吃出點風雅，卻對吃沒有技巧，就從中咬斷骨頭，吃得很狼狽。作為美食裡的完美主義者，更多的是吃成整塊的小骨頭，又把骨頭上的肉吃得乾乾淨淨，這一般需要豐富的美食經驗。我是愛啃骨頭的人，喜歡咬骨頭也喜歡在骨頭上咬，吃過的骨頭就很少有肉被掛在上面。

對於鴨舌，不咬爛骨頭，需要牙齒和舌頭的默契配合，舌頭頂著鴨舌慢慢前進，牙齒勾著鴨舌上的肉慢慢滑行，鴨舌肉就輕輕的脫離骨頭，味覺感染到舌頭的味蕾顆粒，淡淡的，有著鮮嫩迷人的肉質，刺激舌尖產生錯覺，彷彿鴨舌裡的骨頭不再存在。輕輕的嚼那鴨舌肉，細脆而又鮮美，需要慢慢的品味、琢磨，尋找在鴨舌肉裡的甜味和鮮氣，讓食客產生清新、振作的興奮心情。

在口腔內轉動鴨舌，再吃另一頭，重複鴨舌嫩肉的味覺。吃完肉，再啃骨頭上的軟骨，軟骨不多，在兩頭有著一道邊邊，細細找到骨質和骨軟質的間隙，輕輕咬下去，細細嚼，非常的脆響，吃起來有肉味也有軟骨香。

再吃花生米，花生米是生的，有著鮮脆的感覺，帶著點花生的生味和清香，正好壓入肉味。

吃過這道成都鴨舌，我才知道精細美食的精細和品味需要入神。

第三輯

茶語酒香

高椅油茶

初到高椅，我們被當做尊貴的客人，主人給每人送上一碗熱氣騰騰的油茶，坐在八仙桌旁喝完油茶，才由村姑領著進村參觀考察，瞭解高椅古民居的歷史。

高椅油茶屬農村早茶系列，比早飯要早，是子女孝敬長輩的早點，解除早飯前的饑餓。父母起床後，子女給父母倒水洗臉後，用一個紅漆小茶盤端著一碗熱乎乎的油茶，放到堂屋神龕前的八仙桌上，恭恭敬敬守候在父母身後，喊爸媽喝茶。扶父母上坐，父母坐定後再遞上油茶。父母喝完油茶，開始理行一天的家長職務，分派子女一天的工作。

高椅在湖南省西端的會同縣沅江支流巫水岸邊，屬大湘西範疇。

高椅古村自宋代楊再思的後裔在這裡繁衍，經過數百年的發展，形成現在一處規模較大保存較完整的明清古建築群。全村有一百零四棟磚木結構的古民居，百分之六十的人姓楊，過著世外桃源的耕讀生活，有著特別的侗族生活方式和風俗習慣，油茶就是他們的習俗之一，拌著湖南特色和大湘西的神秘及南蠻風味。

高椅老人在子女滿堂、兒孫成家後常年喝油茶，壽命都比較長。高椅古村現有四位超過百歲的老人，八九十歲的老人很多，個個體態健壯，連給我們泡油茶的奶奶們都是七十多歲了，經過打扮後看上去不到五十歲，動作迅速，一天勞作不息。

油茶的主要原料是泡茶、米豆腐和鋼豆（四季豆），用高椅的特殊做法和侗族的特殊吃法來營造油茶氣氛。

米豆腐在湘西少數民族中非常流行，是非常常見的小吃和飲品。用米磨成漿，經石膏凝固壓榨做成豆腐，切成小塊用湯水泡熱著吃。古華的長篇小說《芙蓉鎮》中寫芙蓉鎮的米豆腐，寫得非常詳細傳神，把米豆腐介紹給了全國人民，也讓芙蓉鎮名聲大震。

泡茶是會同一帶的特產，與普通麻糖有幾分相似之處。泡茶是糯米製成，糯米煮熟，涼後陰乾，千萬別爆曬，以防米粒暴裂紋理或斷裂，炒熟時進入沙礫和碎化，再壓成薄塊，乾後備用。不同之處在於不用糖來粘合，沒有膩人的甜味，飄散著一種清香；麻糖一般壓成大塊，用刀切成小片，還粘連在一起，吃時可以扳開；泡茶本來就是一塊薄片，乾燥後成為窩型。泡茶是用來泡開水喝而命名，多在節日和辦喜事的時候使用，有紅色和黃色兩種，代表紅紅火火喜喜慶慶的意思。

油茶還需大蒜、蔥末、生薑、辣椒粉、高湯。油茶中非常講究的是高湯，高湯的製作以侗族的特製方法為標準，加大料和秘制湯料熬成。喝後非常鮮美，有種神爽的作用。其他配料也有些講究，大蒜以整顆蒜子為單位，下在滾燙的高湯煮熟撈出；蔥取南方小蔥，用翠綠的蔥葉切成筒狀細末，油茶泡好後散在湯上；生薑刨去粗皮，不切片或薑米，直接從薑掌上扳下一個薑枝，放入泡好的油茶中，吃時薑的辣味慢慢冒出，味道越來越辣；辣椒粉非常細膩，散在高湯裡，冬天喝有驅寒的作用。四季豆煮熟，吃時溫熱，下入高湯沉於碗底。米豆腐是涼的，經過滾燙的高湯一泡，開始受熱，吃時也不燙嘴。

泡茶慢慢的融入湯裡，夾起來軟綿綿的，吃在嘴裡還有些鹹味和辣味，比較滑爽，有韌勁。輕輕的吸一口湯，味道非常鮮美，純自然的甜香。米豆腐沒有堿味和石膏味，而是一種稻米的香純和豆腐的細嫩，表面的質感有著彈性。四季豆很甜美，沒有任何的苦澀敗味。吃過一碗，我饑餓的肚子有了底物，精神非常清爽，給品味高椅美食開胃領路。

我邊欣賞高椅古村的風格，邊感歎油茶的文化以及高椅人的孝順，真是另一番滋味。

安化擂茶

安化是個帶有傳奇色彩的梅山古邑，傳播著古老的梅山文化和繁縟的梅山禮儀，在那寬闊的地域上，有著多個小城，在記憶裡留下深刻的印象。

我的記憶中，安化擂茶常聽母親提起，也念叨過喝擂茶的繁瑣，記得清楚的是喝好擂茶要去安化，才知道那些講究和韻味。安化地盤，也可以算得上我的家鄉，我家在新化與安化的交界線上，前面靠著前安化、後面靠著後安化，步行一小時就到。

在家鄉待了十九年，沒有好好喝過地道的安化擂茶，更沒有做過深的品味。流落長沙，雖時有回家探親，生活的疾苦擺脫不了塵世的糾纏，多年隻在記憶中惦念安化擂茶。

二〇〇九年春節前夕，我到安化縣東坪鎮探望劉子成先生，品味了惦念已久的安化擂茶，終於認識到擂茶的魅力和風韻，也感覺到資水的飄逸和安化女人的撫媚。

擂茶是中國茶文化的一種，起於漢、盛於明清，其色香味、工藝製法、習俗禮儀、藥效食用等已經有一套完整的文化體系，在安化、桃江、益陽、常德、新化有一定知名度，早被人熟識。一九八五年，日本人專程到安化考察茶種起源和製作工藝，將擂茶工藝帶回日本，廣為傳播，大受歡迎。

安化是中國名茶產地，現在有名的黑茶已經有些歷史。黑茶是個古老的茶種，可以追溯到蚩尤退出中原，偶居梅山。梅山是古老的南蠻之地，山深林密、水惡瘴籠、蛇蟻蜂蟲無所不在，高山密林中的茶葉成了消炎化毒的良藥，無論是生嚼、熟蒸都有極好的功效，慢慢被用於飲用。民間把擂茶列為藥茶，加上草藥擂於茶中，既解渴又治病。

安化乃高山地帶，雪峰山脈與資江伴隨其境，茶葉屬高山雲霧茶系列，加上煮茶的雪峰山泉，茶水回味甘甜，沁人心脾。

安化人熱情好客，遇上客人，見面第一句是「快進屋，喝茶！」喝茶就是擂茶。安化女人勤奮，善於料理家務，把家收拾得乾淨俐落，流露出女人的溫柔可愛。

擂茶分原料、輔料兩類，原料有大米、芝麻、玉米、綠豆、黃豆、薑米、花生米、鹽、茶葉等，經過擂缽，純靠手工擂成漿糊狀，加開水沖泡即可飲服。輔料有花生、葵瓜子、南瓜子、麻糖、貓耳朵、薯片（條）、糖粒、餅乾等九碟，多為炒熟的香脆之物，也有一兩樣副食品，邊喝茶邊吃碟子，打發飲茶間隙。

擂茶用料講究、工序繁雜。輔料、副食一般炒好準備，用時裝碟即可。主料一定要手工現場擂製，有客來，邊燒開水邊抓大米放擂缽裡研磨。主料先選上好的茶葉，多為細茶葉或清明前茶，其他按比例加入，也可以加甘草、菊花、艾葉等中藥材。擂缽用陶製帶棱槽土缽，擂棒用油茶樹原木，加少許水細細研磨。擂缽夾在兩大腿間，小腿屈抱，雙手握擂棒成推磨式旋轉，米漿和其他香脆之物慢慢融合，變成粘稠物狀，聽不到擂缽中有「呲啰呲啰」聲，擂棒感覺到被黏住轉不動，就說明擂茶漿已經打好。漿擂好後沖入剛燒開的開水，使勁攪拌數下，擂茶水迅速形成，香味四起，雜味飄逸，像花蕾般芬芳。手工擂茶可以保持茶與香脆之物的原汁原味，更能留存主料的甜純，讓人迷戀。慢慢品味擂茶水，細小的顆粒在舌尖上滾動，產生散漫的動感；柔滑的擂茶水緩緩的流過舌頭，滑下喉嚨，甜潤在口、餘味無窮。進入口中的擂茶，有鹹、辣、甜、香諸味，散漫在味蕾周圍，彌漫著陣陣香醇，稠稠的擂茶水，纏裹在舌唇，沁出點點香暈。喝完一碗擂茶，奔波的疲勞消失殆盡，馬上是精神煥發，身心舒爽。

安化擂茶品種甚多，按地域有梅城擂茶、大福擂茶、後鄉擂茶、前鄉擂茶等十餘品種；按節氣，四季不同；按功能有止渴、消炎、防暑、抗寒、充饑、解饞等；現在有袋裝擂茶和冰擂茶。

擂茶起源安化，擴散到新化、桃江、常德等地，都有些改良和變異：桃江改變了擂茶的主味調，由鹹變甜；益陽只有喝擂茶的習慣，丟失喝擂茶的文化；新化夾雜其他茶飲，沒有單獨把擂茶擺於席面；常德是一群安化姑娘嫁在那裡，帶去了安化喝擂茶的習俗，影響到周圍人，慢慢受人歡迎。

擂茶主要在於茶文化，即品味或喝茶的過程。擂茶做好後，大夥坐上八仙桌，按尊老座位坐下，每人一碗擂茶水，九個碟子放在八仙桌臺面中央，邊說著「喝茶喝茶」的邀請聲舉起杯子，慢慢品飲。

喝擂茶，少不了要說些兒女家常，也就要慢條斯文品飲，輔料和副食也就起到了作用，像下酒菜樣發揮了它的價值，成了評價家庭主婦的尺度。在敬茶、添水的過程中延長時間，一台擂茶可以喝半天。

香馨普洱

我數年前品茶，現在已經向讀茶轉變。朋友們送的新種茶葉，嚐食兩次，不再長飲，讀書煩悶之時，打開茶葉包裝，聞聞茶香，薰薰茶意，也就足矣。

常守文字，多少有些枯燥無味，偶爾與朋友小聚，多談食談酒談茶談煙，在世俗裡過濾一翻。回到書堆前，又是面壁思字，敬小慎微。友人知道我以前耆酒好茶，出差之時，常捎帶異茶奇酒，回長沙送我。龍兄去雲南半月有餘，帶回一小盒普洱贈我，盒亦普通精巧，茶成顆粒，小似鐵丸，表面嫩黃，茸茸蒲蒲，裹於錫箔中。我聞過數次，香棄迴腸，甜膩有加。時隔年餘，妻翻箱倒櫃，尋得此茶，問我何茶。我興趣來時，泡兩杯與妻對飲。

妻好食，常給美食加以評點。今喝普洱，也讓她品嚐，滿足她味覺。

普洱茶以雲南大葉種曬青茶再加工而成，形條粗壯肥大，色澤烏潤或褐紅，俗稱豬肝色。滋味醇厚回甘，陳香味重，內質湯色紅濃明亮，葉底褐紅，置於玻璃瓶內，搖盪後光芒四溢。

普洱茶有保健作用，可以減肥，藥理效果也不錯。據《本草綱目拾遺》載：「普洱茶性溫味香，味苦性刻，解油膩牛羊毒，虛人禁用。苦澀逐痰，刮腸通泄。普洱茶膏黑如漆，醒酒第一，綠色者更佳，消食化痰，清胃生津，功力尤大也」。

普洱茶其實是一種陳茶，可以長期收藏保存，有越久越好的說法。大家為了發揮普洱的這一特性，常買大量的茶儲藏在家，數年後再食用。有俗話說普洱茶是「爺爺的茶，孫子賣」。

普洱茶出現年代比較早，有著悠久的歷史文化沉澱。

唐朝，雲南的普洱茶開始有大規模的種植、生產，時稱普茶。

明朝，普洱茶聲譽更盛。以雲南普洱地區為中心，向國內外輻射，形成了五條名噪一時的茶馬古道，即茶馬大道、江萊茶道、旱季茶道、猛臘茶道、景棟茶道等。普洱茶遠銷新加坡、馬來西亞、緬甸、泰國、法國、英國、朝鮮、日本和港澳臺等國家和地區，享有世界盛名。

清朝，普洱茶達到第一個鼎盛時期，成為皇室貢茶，做為國禮賜給外國使者。溥儀曾說「夏喝龍井，冬飲普洱」。普洱茶最適宜冬天圍著爐子，邊烤火邊聊天邊喝茶，人生的苦樂和閒適，都沁入茶裡，更加顯露了茶的文化和品味。

一九七五年，普洱茶發生了重大轉變，由只生產生普開始向生產生普和熟普兩樣進化。

生普是普洱生茶的簡稱，以雲南大葉種茶樹鮮葉為原料，經過殺青、揉撚、日光乾燥、蒸壓成型等工藝製成茶，包括散茶和緊壓茶，外形色澤墨綠、香氣清純持久、滋味濃厚回甘、湯色綠黃清亮、葉底肥厚黃綠。

熟普是普洱熟茶的簡稱，以雲南大葉種曬青茶為原料，採用渥堆工藝，經發酵加工成散茶和緊壓茶，湯色紅濃明亮，香氣獨特陳香，滋味醇厚回甘，葉底紅褐均勻。

普洱茶的傳統製作工藝有採茶、殺青、揉撚、曬乾、篩選、蒸壓製型、乾燥等；現代製作工藝有採茶、殺青、揉撚、乾燥、增濕渥堆、晾乾、篩選、蒸壓製型、最終乾燥等，因為時代不同，製作差異比較大。

普洱茶與黑茶有些相似，只是茶葉原料不同。黑茶是以小葉種茶樹粗老鮮葉為原料製成的初製毛茶，普洱茶以大葉種曬青毛茶為原料，經自然發酵陳化或人工渥堆後發酵而製成的再加工茶類。黑茶主要供邊銷，普洱茶可供邊銷、內銷和外銷。普洱茶有產地、品種、原料、形狀、品質、飲用等六大特色，黑茶只有發酵。

飲用普洱茶，需要十分的耐心和閒適，才能感覺普洱的味道和品味。普洱茶的茶味很難浸泡出茶湯，時間的揮灑是普洱的價值。喝普洱茶，第一個前提條件是必須有滾燙的開水，用開沸的泉水沖泡，第一泡茶水太澀，一般不喝；第二泡茶水暗紅，像裝在瓶裡的紅酒發著幽光；第三泡茶水顏色鮮明，像倒在高跟玻璃杯的紅酒，蕩漾著藍光。第二泡一般人喝太濃，常與第三泡混著喝。初次喝普洱，可以從第四泡以後的茶水喝起。第四泡以後，每增加十五秒鐘沖一泡，好的普洱可以沖一百泡，一杯茶下來，也就半天功夫，考驗了人的耐心，也品味到了茶的文化與氣氛。

喝普洱茶，最好飯後半小時開始，喝了也不感覺到饑餓或空腹難受，還有降脂、減肥、降壓、抗動脈硬化、防癌、健齒護齒、護胃、養胃、抗衰老、防輻射、醒酒、美容等作用。泡過的茶葉，可以廢物利用，做色素、染料、有機肥、洗滌劑等。

普洱茶按存放方式分乾倉普洱、濕倉普洱，按外型分滿清帝王七子餅茶、沱茶、磚茶、金瓜貢茶、千兩茶、散茶，按有無發酵再加工分生普、熟普，按型制分散茶和緊壓茶。

普洱茶是雲南普洱地區獨有的茶葉，口味豐富，一山一味，越陳越香。昆明至今還流行著「好看不過素打扮，好吃不過茶泡飯」的俗話。

普洱茶也可以入菜，主要起到去油膩，清腸胃，甘醇香氣入菜。在廣州、香港，有不少普洱茶菜式，臺灣有一個「普洱料理」系列，有普洱雞、普洱魚、普洱貝、普洱蛋、普洱佛跳牆等。比較流行的有普洱肘子、菊花普洱薰鴿子、普洱燉排骨、普洱茶粥。

我與妻閒聊著普洱茶的軼事，感受普洱的味道，不知不覺就喝了三十泡。

黑茶故里

僑居城市，家鄉已經被黑茶炒作得名聲遠播。常常有人與我談茶，當說到黑茶，我很自豪的告訴他們：那是我故鄉的茶，我是地道的黑茶之子。

我老家在新化與安化的交界處，是湖南黑茶的主要生產區域，從小就喝著黑茶長大，在黑茶裡感悟人生。

從安化江南往洞市沿新化七里沖到安化浮清至樂安橋一線，都是產安化黑茶小氣候區，這裡的海拔與山林都非常相似——山尖林密，寒暑溫差大，降雨量豐富、雲霧繚繞；山林常有清泉汩汩流出，煮水泡茶，甜而清爽神貽。據中國名茶譜記載：這地方產茶最有名的是渠江薄片、安化松針、紅茶等。

安化黑茶不同於普通黑茶，歷史上流傳的安化黑茶是大茶葉。大茶葉屬於野生茶種，非種植類茶葉，生長在荒山野嶺間，枝繁葉茂，鋪張開來，一蔸茶樹有數千枝蔓，匍匐數十米，可以摘幾百上千斤鮮茶葉，做成上百塊茶磚、茶餅。

安化黑茶從採摘大茶葉開始，製作大茶餅和茶磚。在大煉鋼鐵時期，這些山區的樹木經過砍伐，土地被開墾種植，因為多種原因，沒種植幾年土地被荒廢，大茶葉重新發芽生長。在二十世紀七十年代末八十年代初，這一帶山區產過一批非常優秀的黑茶，後來樹木長過茶樹，覆蓋了大茶葉，茶樹慢慢萎縮、死亡。接著，農民在開墾的地裡種了中茶葉，茶葉稍小，葉片稍薄，後來生產的茶磚全是以中茶葉為原料，以機器揉做生產，成為比較粗糙的黑茶。

我七八歲時，就隨父母混跡茶園，在母親的教導下學會摘茶、採茶、選茶、種茶等作業。被父母看重的是清明茶、穀雨茶，仔細的採摘，認真的挑選，成為上等細茶。

茶樹經過冬天冰雪的考驗，開春冰寒稍緩，千茶萬樹發芽散葉，鵝黃的兩片芽葉上頂著一個青綠的芽兒，扳著一枝枝茶樹，用指甲掐斷嫩芽，一天摘不到十斤鮮茶葉，放陰涼處散開，經過半天的風吻，晚飯後開始揉搓，直到流出綠色的泡沫濃液，再播散，又輕揉，用蔑盆裝好，覆上濕毛巾發酵兩三個小時，再把茶葉散開風乾，風乾後，清掉鵝黃的對葉，才是上好的細茶，作為擂茶的原料。

農家採完穀雨茶後，在地裡種上莊稼，茶樹再次長出新芽，經過雨水的沐浴和陽光的催促，茶葉迅速生長，到七八月間，茶葉長到七八寸至尺餘，茶莖清脆，葉子嫩綠，摘下茶芽，帶著露水，欲滴滴的茶漿散發著芳香，老人叫紅茶，是泡的茶水帶紅色。經過殺青、揉撚、渥堆、松柴明火等四大工藝，就做成了黑茶。安化黑茶加工講究，渥堆和松柴明火乾燥特別注意。渥堆是黑茶決定茶品的關鍵，曬青毛茶堆放一定高度後，灑水，覆蓋麻布使之濕熱發酵，加速茶葉陳化，渥堆程度越重，茶湯顏色越深。松柴明火乾燥是黑茶獨特的乾燥方法，給茶葉帶來松煙香。

黑茶色澤黑褐油潤，滋味醇和或微，湯色紅黃明亮，用蓋碗一百度的水沖泡即可。黑茶性質溫潤，老少皆宜，清熱利尿，解肥膩和消滯，抑制脂肪，減肥。黑茶營養成份豐富，有維生素、礦物質、蛋白質、氨基酸、糖類等。對牛肉、羊肉、乳酪有去油膩的作用，有助消化、解油膩、順腸胃、降脂、減肥、軟化人體血管、預防心血管疾病、抗氧化、延緩衰老，延年益壽、抗癌、抗突變、降血壓、改善糖類代謝，降血糖，防治糖尿病、殺菌、消炎、利尿解毒、降低煙酒毒害。黑茶主要供西部邊區牧民飲用，又稱邊銷茶，是藏族、蒙古族、維吾爾族兄弟的日常生活必需品，他們「寧可一日無食，不可一日無茶」。

最早的黑茶產於四川，由綠毛茶蒸壓成的邊銷茶，又稱「番茶」。當時交通不便，運輸困難，為了減少體積蒸壓成塊。毛茶經過二十多天的濕坯堆積逐漸變黑，團塊色澤黑褐，風味獨特。黑茶是發酵茶，我國獨有的茶類，黑茶歷史悠久，花色品種豐富，最早的黑茶出現在十一世紀的北宋熙寧年間。黑茶原料粗老，加工堆積發酵時間長，茶葉暗褐色。

黑茶按產區和工藝分湖南黑茶、湖北老青茶、四川邊茶、滇桂黑茶。湖南黑茶集中在新化與安化交界處，益陽、桃江、寧鄉、漢壽、沅江等縣少量生產，最好的原料數高馬二溪的茶葉。湖南黑茶採割下來經殺青、初揉、渥堆、複揉、乾燥五道工序揉製而成，色澤油黑，湯色橙黃，葉底黃褐，香味醇厚，松煙飄香，裝簍的有天尖、貢尖、生尖三尖，成磚的有黑磚、花磚、茯磚。湖北老青茶產於蒲圻、咸寧、通山、崇陽、通城，茶葉粗老，經殺青、揉撚、初曬、複炒、複揉、渥堆、曬乾，蒸壓成磚，老青磚主銷內蒙。四川邊茶分南路、西路，雅安、天全、榮經生產南路邊茶，壓製成康磚、金尖，主銷西藏，也銷青海、甘孜；灌縣、崇慶、大邑生產西路邊茶，蒸壓後裝篾包或圓包，主銷阿壩、青海、甘肅、新疆。滇桂黑茶中的雲南黑茶用滇曬青毛茶經潮水漚堆發酵乾燥而成，統稱普洱茶；廣西黑茶最著名的是六堡茶，產於蒼梧縣六堡鄉，有兩百年歷史，經殺青、揉撚、漚堆、複揉、乾燥，毛茶仍需潮水漚堆，蒸壓裝簍，堆放陳化。

黑茶中壓製的緊壓茶有茯磚茶、黑磚茶、花磚茶、湘尖茶、青磚茶、康磚茶、金尖茶、方包茶、六堡茶、圓茶、緊茶等。黑茶產量大，僅次於紅茶、綠茶，是我國第三大茶類。黑茶中的高檔品種是茯磚茶，也稱伏磚茶、涇陽磚、福茶、附茶等，獨具菌花香。現代茯磚茶分特製茯磚和普通茯磚兩種。黑茶中的三尖分天尖、貢尖、生尖，茶磚分花磚、茯磚、黑磚。

安化的黑茶主要是茶磚和千兩茶。我曾經在西部的敦煌等地旅遊，看到的茶葉都是安化黑茶，餐館裡最流行的茯茶就是黑茶加花椒、薑煮的茶水，很受牧民歡迎。

新化歡茶

在古梅山地帶，很多名物無法讓人理解，並且只在小範圍內流行，隨著城市文明的進步，那些古老的梅山習俗和名物開始慢慢消失。

梅山屬於高山地帶，海拔在八百米左右，崇山峻嶺之間，形成的溝壑或山灣，有一片片小田，溪水汩汩的從旁邊流過，一級一級梯田排列在山灣裡，非常壯觀、幽然。這些水田並非一年四季水資源充足，常常靠天水來灌溉。春季雷響，就要保持起天水不被浪費，把田犁翻平整，積水過夏。很多人家借此養魚、植稻，農民把這些水田叫塘田結合。種稻穀在稻子黃時需要乾水，稻穀才能夠金黃。稻穀中有種特殊的水稻——新化糯穀可以不要乾水，從插禾到收割都可以關水。稻穀黃時，稻香飄逸，幽遠迷人，這種稻穀是釀新化糯米酒（新化水酒）的好原料。糯穀稻田養的魚叫稻香魚，吃時有著稻香的氣味。

新化和安化是產名茶的地方，茶葉屬高山雲霧茶，安化在製作方面採用古老的揉碾方式，把茶葉積壓成塊，做成最原始的茶磚，運往西北，即茯茶。新化茶在原料上取優，有名茶葉有渠江薄片、奉家米茶等，歷史悠久，多味貢品。

梅山有種古老的風俗——表兄妹成親，分姑表親、扁擔親、續房親等，結婚時不需大宴賓客，只需邀請姑舅、叔伯幾房近親到場，席間喝碗「換茶」即可。梅山人家庭貧困，居住偏僻，娶不起親，常娘舅間再結親來傳宗接代。這些家庭自認為低人一等，怕人看不起，不敢慶祝結婚喜事，以喝換茶來表示喜慶。

換茶是糯米炒製出來的米泡，潔白可愛，少部分被染成雜色。米泡抓在手裡脆響脆響，乾燥異常，喜慶的日子，給客人泡茶時，多使用飯碗，碗裡裝上多半碗米泡，加少許白砂糖，家境優越的放點精細茶葉——清明前的一芽兩葉。一碗換茶一般放四五芽即可，開水轉了茶味就行，加多了茶葉沖了味。剛燒的開水沖入碗裡，米泡慢慢的上升，又慢慢的平下去。開水沖泡時，米泡遇開水變軟，米泡濕後潛於水裡，表面光滑明亮。用勺子攪拌以後，稍微泡上兩三分鐘就可以喝了。

換茶米泡的製作工藝比較複雜，是梅山婦女做一個好堂客的尺規。我母親這一代婦女，做歡茶米泡是她們的必須功課，每年秋天，在收割糯穀的時候，正是秋高氣爽，天氣晴朗，陽光充足，也正是做換茶米泡的最佳時期。

做歡茶米泡，首先選擇優質糯穀，粒大個長、顆顆飽滿，穀殼顏色金黃發亮。用石臼去掉穀殼，篩出糯米，再次精加工，去掉糯米的穀芽，糯米看上去非常圓潤，顏色奶白，顆粒完整。把糯米淘洗乾淨，冷水浸泡一夜，糯米發漲，閃著光亮。第二天早上瀝乾水分，把糯米用木籠蒸熟，倒入蔑盤中，散上涼水，糯米自動散開，叫做發汗。糯米散後，播開冷卻，放陰涼處慢慢陰乾，糯米一粒粒的縮小堅硬，晶亮透明。在陰乾過程中千萬別用太陽暴曬，否則米粒出現裂紋，炒出的換茶米泡儘是砂子。等米粒完全陰乾後，用少許米粒染上紅、藍、紫多種顏色，摻雜在陰米中，米粒五顏六色，多姿多彩，然後再做成炒米。炒米多用砂炒，把經常用於炒乾貨的砂子燒熱，加上植物油，砂粒閃著油光，冒出青煙，煙盡再下陰米。炒米時燒火的柴非常講究，一般使用乾燥的杉樹葉，最好是樹上自然掉落於地上的細葉。每下一把陰米到鍋中，就燒一把杉樹葉，再也不要加火。執炒勺的人不停翻轉陰米，陰米很快鼓脹成米泡，用篩子篩掉炒砂，米泡潔白鮮豔，很有食慾誘惑。

歡茶泡開水後，米粒非常柔軟，有韌性，吃在嘴裡非常順滑，經過喉嚨的感覺滑爽無比，加上糖水的甜膩，感覺到美味可口。

做換茶時，糯米需要發汗，梅山人讀「發換」，所以名叫換茶。這茶的主要原料是炒米，也有些人叫米茶。換茶一般用在結婚大宴賓客或春節等招待嘉賓，表示喜慶、吉利，又叫歡茶。

我喜歡吃歡茶的感覺，大家圍著桌子，每人捧碗換茶，用勺子一勺一勺的打撈米泡送進嘴裡，看到碗裡一層又一層的米泡，很想一次多吃幾粒，把它們全吃完，吃完一勺還有，總感覺吃不完，有閒聊些家常，很是韻味。

江華冬梨子茶

旅走各地，喝茶止渴成了出門必須考慮的問題。十餘年的都市生活，讓我對茶有了濃厚的興趣，有時也表現出閒情逸致。

我不是都市茶癡，天天抱著個紫砂壺轉悠，在茶裡搖曳。我只把茶當做對生活的品味，遇到好茶，絕不放棄品茗的機會，好好體味一番。

在外地奔走，日子過得不像辦公室和家裡那樣穩定，喝茶也不例外，只能隨遇而安。我行走的時間一長，漸漸養成所有茶都可以喝的能耐，有時還故意要找當地的茶品味一番，體驗一點新鮮。

初到江華，見到過一種怪異的茶葉，葉片巴掌大，深黃色，非常厚實，幾十片葉子捆扎在一起，放在市場上交易。我打聽才知道是瑤族獨有的冬梨子茶葉，屬於大茶葉的一種。讀了江華的一些史料才知道，江華有三種茶，名為苦茶、藤茶、冬梨子茶，都有著數百年的歷史，讓我為之一震。

江華朋友告訴我，冬梨子茶樹屬於闊葉小喬木，葉片大，質地硬。冬梨子茶一片葉子可以泡三碗茶，顏色赤紅，清香甘醇，有防暑降壓的作用，非常受深山中的瑤族人們喜歡。

江華是湖南省唯一的瑤族自治縣，也是神州瑤都，居住的瑤族同胞最多。瑤族是一個住居深山老林的民族，特別是高山瑤，以打獵為生，過著清貧的生活。瑤族的祖先盤王，就發現了冬梨子茶，把它作為治病的良藥，從此代代相傳，散居深山的瑤胞家家戶戶備有冬梨子茶。通過瑤族人們數百年對冬梨子茶的探索、開發，冬梨子茶成為瑤族人們生活的必需品，擴大了冬梨子茶的使用範圍和作用。瑤族同胞在祭祀瑤族始祖盤王時，要供奉冬梨子茶；把冬梨子茶當做一種飲料，用於解渴；把冬梨子茶作為一種消毒類藥品，用於治療紅白痢疾、腹脹腹瀉，食積不化等疾病；開發冬梨子茶的防餿、防腐作用，應運在製作糍粑、醃菜、腐乳中，做天然防腐劑。

我在江華瑤族山寨生活過一段時間，遇到蜂毒蛇蟲的襲擊，瑤胞用冬梨子茶水給我治療，很快得到了恢復，才知道冬梨子茶對瑤族生活的重要性。據現代醫學分析，冬梨子茶有抗菌消炎、止咳化痰、清咽潤喉、增強免疫、抗衰老、降血脂、降血壓、避穢化濁、解暑、解酒、生津止渴、防腐保鮮等作用，是一種比較有用的中草藥。

我在江華縣城住了幾天，在酒店每餐吃飯，江華人都要給你上一杯冰凍冬梨子茶，作為吃飯前的茶飲。店家把泡好的冬梨子茶用大可樂瓶裝起來，放在冰箱裡凍著，吃飯的時候給每位客人倒一杯。赤紅的液體緩緩流入透明的杯內，升起一層水霧，純正的香味飄散開來，有點麥香。輕輕喝上一口，即冰涼又清心，還可以慢慢回味其中的味道。

當我從炎熱的太陽底下或者吵鬧的街市走進賓館，喝上一杯冬梨子茶，太陽的惡毒和心中的煩躁馬上消失，開始進入茶的滋味，吃飯時也食慾增大。

冬梨子茶屬於喬木中的雜木，生長在瑤山深處，樹上長滿了刺，葉子橢圓形，每年秋季，冬梨葉從樹上紛紛飄落，瑤胞攜藍提袋攀山越嶺撿拾冬梨葉，撿回來後洗淨瀝水，用竹席翻曬幾天，將冬梨葉捆扎好，吊在房檐下，有客人來，主人取三四片冬梨葉放於壺中，用開水沖泡，兩三分鐘後，一壺香氣誘人的冬梨茶便泡好，色澤澄黃、香味獨特，不生霉、不變味。

溈山禪茶

喝茶，也許喜歡清香，也許喜歡禪味，常來往於禪佛間，我比較關注禪茶。古代寺廟，多有私屬耕地，用於僧人耕種和生活物資所需。

唐代大中三年（西元八四九年），裴休在寧鄉溈山建密印寺，靈佑禪師及其大弟子慧寂在密印寺合創禪宗五派之一的溈仰宗。並置大片茶園，種茶解禪，滿足寺內僧人使用，也常給施主品味。

密印寺周邊山靈水秀，土壤肥沃，種植的茶樹茂盛，茶葉肥厚，香味濃郁，成為上等好茶，也是上貢朝廷的珍品。溈山禪茶，多雨前採摘，香嫩清醇，不亞於武夷、龍井。溈山毛尖多採摘一芽一葉或一芽二葉，經殺青、悶黃、輕揉、烘焙、薰煙等工藝精製而成，常密封於瓷罐，以保存香氣。溈山毛尖外形微捲成塊狀，色澤黃亮油潤，白毫顯露，茶水湯色橙黃透亮，松煙香氣芬芳，滋味醇甜爽口，非常誘人。

北宋後，密印寺四度被毀，現在的密印寺占地九千平方米，為禪家道場；大佛殿為一九三三年重建，高二十七米，四壁嵌滿鎏佛像，計一萬兩千兩百一十八尊，佛像神態肅穆，殿內金光燦爛，令人目眩。寺內有密印十景，是著名的風景勝地，毛澤東、蕭子升青年時代曾到此漫遊。

第一次見識溈山禪茶，是到密印寺訪古尋蹤，看到溈山奇石怪峰，小溪汩汩，溪水清澈，茶樹蔥緣，我想真是一個產茶、養茶、喝茶的好地方。我一陣瞎走之後，轉悠到密印寺內，忽然聞到清幽之香飄然而過，再追尋已經沒有蹤跡。我是饞食之人，對萬物的香味非常敏感，初步辨別是焙炒之香，非常幽香、幽深、纏長，可以一次吸入肺內，深入脾胃，攪動腸胃，翻到胃海。我順風張望，寺院空曠，沒有焙炒之物，我深深回味，斷定是炒茶。等一下，又傳來一股，香味相同，飄散卻慢些。

我迅速向寺院靠攏，果然聽到裡面有人話語，輕輕叩門，一位僧人開門，好奇的望著我。我問：請問剛才是在沏茶嗎？僧人見我問得這般奇異，驚異的看著我。突然有人答話：施主，你很有茶緣，一起進來坐吧。我走進客房，茶几上放著兩杯清茶，湯色嫩黃，熱氣縹緲，卻沒有香味散發。

寺主見我這般雅趣，換了坐姿，盤腿坐於稻草墊上。撤換茶杯，以紫砂壺品評。寺主起身，親自為我等沏茶，用勺子在瓷罐中打起一勺，輕輕拋入杯中，清脆有聲。把剛燒開的泉水注入紫砂壺中，茶葉隨著開水在壺中翻騰起伏，泛起細細泡沫，連成一片。茶葉隨著壺水的平靜，慢慢下沉，直到最後一片葉子沉下。寺主端來一碗泉水，我吸了滿滿一口，清漱口腔。紫砂壺中湯色渾黃，我輕輕喝一口，只有開水的味道。寺主開了佛樂，課經與木魚之聲飄蕩，點上檀香，我漂浮的心稍微沉靜，沒有煩憂，沒有思慮，全心享受茶味，湯色慢慢變得透明，喝上一口，香味遊蕩在唇舌尖，輕輕滑過喉嚨，稍有澀味，卻很悠長，讓人回味。當課完一經，杯中茶葉全部張開，再喝茶，香味大開，澀味全無，香味綿長，滑入腸胃，清新提氣，神爽精奮。

我細想才知道，溈山禪茶，是在禪中等待茶的味道，享受禪理，這才是溈山禪茶的真諦。

回到長沙，清閒之時，常泡一壺溈山禪茶，聽聽佛樂，讀讀佛經，享受溈山禪茶的滋味，也認識了人生的哲理。

蘭州八寶蓋碗茶

年幼時，我就愛上了品茶，那種情有獨鍾的精神。家鄉產茶，也有很好的泉水，泡了茶喝時是甘甜的味道。但是，我嚮往全國各地的名茶，夢想能夠品覺到全國各地名山的茶葉和大川、名泉的茶水。也想瞭解全國各地名茶的故事。

成年時到長沙，開始品味鐵觀音、岳陽銀針、人參烏龍、碧螺春等，長沙還有麓山泉、白沙泉、懷沙泉等名水，泡的茶水非常香甜可口。長沙也有很多茶館，常與三五好友去品工夫茶。喝得多了，慢慢的失去了喝茶的愛好。有時，還喜歡喝口白開水。

二零零七年一月，我從長沙去西北，到蘭州出差。好友王長偉兄帶我去馬大鬍子羊羔肉店吃羔羊排，喝了一種八寶蓋碗茶，記憶深刻。離開蘭州，很想再喝一次，卻沒有機會。

八寶蓋碗茶是蘭州的一大特產，由綠茶、冰糖、桂圓、大棗組成。但是，這些原料選擇卻非常的嚴格：冰糖不能用其他的糖類代替，更加不能用白糖，冰糖需大塊。八寶蓋碗茶的碗只有拳頭大，冰糖塊不能大於碗底。綠茶需清明前茶，既兩葉一針的茶葉，還需要一芽一芽的精選，並且成色要綠。桂圓需圓潤、顆大，外殼完整、飽滿，成色純黃。大棗既紅棗，需要顆粒長型的王村棗，還要每顆完好無損、沒蟲病等。泡茶之水需黃河水，黃河水要用鐵壺在鐵板煤火上燒烤。邊喝邊續水，保持水的一定溫度。

喝茶也有些講究，不要揭開碗蓋，只留一條小縫，露出醇香的茶水。喝時托起底盤，拇指括著碗蓋，口對縫隙輕輕吸，茶沿嘴唇緩緩流入口裡，舌尖慢慢品味茶的芳香和醇正。續水時把碗蓋插於托盤與杯的夾縫，加水後馬上括蓋，以保水溫。

八寶蓋碗茶的味道需要慢慢的滲，才能把味道泡出來，品茶也不宜飲，只能小口小口的咋。剛泡的茶很淡，沒有任何的味道；稍過一陣，茶葉的味道透出來，水微澀，有大棗的味道；再泡，桂圓香漂起，水微甜；接著，甜味上升；稍等，茶葉的清香飄起；又後，茶、冰糖、桂圓、大棗的味道俱全，最後，才是八寶蓋碗茶的真正味道，既清香又不失甜。

在蘭州喝八寶蓋碗茶是飯前的一道工夫，也是馬大鬍子羊羔肉店的一道特色。但是，我認為，如果要喝八寶蓋碗茶，就應該找幾個志同道合的朋友，邊聊天邊喝茶，那將更有一番滋味。

青海茯茶

在青海旅遊，飯店裡常見一種紅色的茶水，喝上去鹹鹹的味道，那就是青海有名的茯茶。

茯茶產於湖南益陽，是一種粗茶，由紅茶做成。茶摘過清明前的兩葉一心，雨水時節不再採摘茶葉，新葉迅猛生長，到陽曆八月，有五六葉，每葉大如巴掌，莖葉尺來長。摘時一般用彎刀或者鐮刀一把一把搶割，切斷後再用揉茶機揉碾，發汗後壓成磚塊狀，烤乾，運往青海、新疆等地發售，買給市民和牧民。

青海屬於高原地帶，蔬菜生長受到很大的限制。特別是冬天，想吃一口蔬菜很不容易。除了家裡自做的泡菜，就是吃肉。而肉吃多了產生油膩，也容易影響腸胃，需吃點解油膩的茶水，青海人就喝茯茶來解膩、去騷、護膚（防禦紫外線）。

醫學上說，茯茶有去油脂油膩、降血壓血脂、生津止渴解酒等作用，還有降糖和抗衰老等功效。在青海，與茶民喝茶時，他們說得最多的一句話是：寧可三日無糧，不可一日無茶。這茶就是久負盛名的茯茶，也是湖南人說的紅茶。青海喝茶喜歡色濃味澀，也就是湖南人所說的濃茶。青海人不像湖南人喜歡喝新茶，他們喜歡的是陳茶、老茶。在青海不產茶，喝茶靠在集市上買，茶葉買回來放在家裡收藏一段時間，再拿出來喝，他們不是喝茶的香和清淡，還是喝茶的陳分與澀味以及年分。

茯茶，是青海人冬天熬製的茶（那是以前的習慣，其實一年四季都有），紅色，有油脂狀感覺，暖融融，還有點鹹和花椒味。煮茶與其他的茶不同，其他茶先燒開水，水開後放入洗乾淨的茶葉即可。煮茯茶不僅要放茯茶葉，還要加入紅棗、桂圓、枸杞、核桃、冰糖、鹽、花椒等物，用文火瞞瞞熬煎，待汁濃味甜，諸味俱現，才能停火。一般熬好一鍋茯茶要數小時，因為熬茶加入了諸物，再不像單獨的茶水一樣清爽，而本身就帶著一股油味。但是，茯茶又解油膩、油脂，是很好的止膩之物，也是促進食物消化的好飲料。

初上青藏高原吃羊肉，客人要多喝點茯茶：一是可以緩解油膩感，二是控制水土不服，清洗腸道多餘的油脂。作為一個到青海旅行的人來說，要想接受青海的食物和生活習慣，那首先要從接受青海的茯茶開始，才可以進一步瞭解青海的飲食。

茯茶是根據附茶的諧音發展而來的。唐代開始，在絲綢之路上，中原和邊疆就開始進行茶葉交易。當時，茶葉由官方控制，把這種銷往邊疆的茶叫做邊銷茶，貯存在邊地府庫，主要換取中原人需要的馬匹。而中原的茶葉由茶商販運到邊疆，再由茶馬司統一交易，茶商須向戶部納稅請領執照，時稱「請引」。每「引」可販茶一百斤，納稅兩百錢；不及「引」者，謂之「畸零」，另發「由貼」。無「由引」及茶引者即為「私茶」。當時朝廷為了鼓勵茶商販運茶葉去邊疆交易馬匹，增加騎兵所需，允許附茶。上引附茶七百斤，中引五百六十斤，下引四百二十斤，作為朝廷的獎勵酬勞，由茶商自己出售換馬。附茶是有別於正茶（即交割的茶）之外附發給茶商的獎勵，茶商稱為「附茶」。而這些茶葉主要賣給邊疆老百姓，從此，茯茶之說就流傳至今。

我在青海喝過兩次茯茶，就喜歡上了茯茶，發現茯茶除了有茶味、甜味，還有花椒等味，把它作為一種高原飲料，慢慢的品飲，可以消磨時間，也可以緩減高原的乾燥，並可生津，防止喉嚨乾燥生發的多種病症。

現在回味起茯茶，好想再品一次。

天香雲翠

喝茶品茗的歲月已經遠去，那些休閒的日子不再重複，空閒的心也不再散漫，每天被永遠也做不完的事情佔據，思考著那些永遠也想不出頭緒的東西，時間就這樣晃晃蕩蕩中過去。

我已經很少去茶座喝茶，品味茶的醇香和浪漫。把時間花在閱讀購買的新書上，用寧靜的書本調整自己的心態，打發不太充實的時間和歲月。

每當我努力的讀書時，就會仇視以前的日子，那麼多美好的年華，都花在與朋友、同學品味茶和討論茶的味道上。那是我的青年，不足二十歲的時光，辨別不出事物的輕重，以為品茶是一種高雅的事物。

現在，遇上同學、朋友，想找個地方坐下來閒談，我才會去茶座。我喜歡那裡的氣氛和茶水以及喝茶聊天的感覺，那就是鑫都大酒店的大堂茶座。

我不是攀高雅，而是因為朋友們在這裡比較集中。經過這麼多年的社會洗滌，我的心反而回歸到了平常，吃喝只要安靜、乾淨就可。在鑫都，我非常的方便、熟悉，再去尋找其他地方，也嫌麻煩，人懶就只圖這個簡單了。

這幾年，我喝茶越來越講究清淡，茶水帶點茶味就行，濃了反而不適應，有時乾脆喝白開水。別人說這是因為肥胖的原因，我有點信。

我喜歡鑫都大堂茶座的氣氛，在大堂茶座裡，有三十幾張茶桌，看上去寬敞、舒適，溫柔色的沙發很舒適。與朋友閒談，坐這麼大的茶座，是種享受。透過視窗的落地玻璃，光線擠進來，非常的明亮。就是太陽照射，放下半截窗簾，既能躲蔭也不失光線亮麗。透過玻璃，看見後院的幾尾楠竹，在微風裡招搖，楠竹間偶露的砂石小徑，再加上個把行人悠悠的步伐，讓我浮想聯翩。我常常夢想這樣的環境，希望有一天自己能夠在這樣的環境裡閒遊，不用考慮生機。

鑫都大堂的茶座，茶葉算不上高檔，也不是我喝茶中最好的，我就是喜歡那裡的一種茶，叫天香雲翠。這是一種普通的綠茶，有些特別，取了個天香雲翠的名字。這綠茶泡出來的茶水很幽香和不渾濁，茶葉挺細，也很尖，輕輕的懸浮在杯裡，像松針，翠綠異常。透過玻璃杯，看到茶葉是那麼的可愛、誘人。

我常與兩三個朋友在鑫都大堂茶座喝茶，我們的主要任務不是品茗，而是聊天，打發時間，談我們的學生時代和那些陳年往事，在往事的記憶裡，茶成了一種附庸品，作為我們附庸風雅的代名詞。

我就想：在一個舒適的環境裡，看著理想和希望，想著記憶的往事，確實是一件比較愜意的事，也是一種幸福的生活。如果在人生的日子裡，都有這麼好過，那何必去拼搏、奮鬥？人生的追求又何必太多？

成都茶味

人人都知道，成都的茶館在全國很出名，也因此有很多喜歡休閒的人要去成都感受一下喝茶的玩味。我是一個好玩之人，除了自己的出版事業，其他的時間都花在玩味上溜達，做著品味人間美食和休閒的生意，為自己的思維準備一個驛站的療程。

待在長沙，我很少去茶館感受那些時尚和溫馨，還是在餐館裡爭座位品美食。幾年前，我就把喝茶改為喝白開水，偶爾有朋友送我一盒名茶，我也很少喝。如果朋友來得多，一時高興了，給大家泡一壺，陪他們品味一番，也算了事。曾經，有朋友跟我說過，人的慾望往往在於食肉，吃的肉一多，慾望就膨脹，常吃小菜，就會清心寡欲。我希望自己過些清淡的生活，少些奢望的想法，就把吃降低了一個層次，長混在速食店。

在成都生活了半個月，滿街的茶館林立，我又想起了茶的味道。在茶的世界裡，我曾經為茶而瘋狂。那是八年前，見到好茶就想據為己有，家裡收藏了很多名茶，有朋友來訪，一定以茶款之。現在生活在品茶的故鄉，我不得不在往事裡徘徊，想與茶再次交往，看是否有緣。

二〇〇七年八月，在成都與《成都客》雜誌社編輯朱曉劍兄見面，他從辦公室出來就帶我去找茶館。他辦公室在《成都日報》報業集團的紅星路，那是一個繁華的地段，也是成都的文化中心區域。我們在天河茶館找了一個臨窗的位子，想作些閒談。茶館比較幽靜，人不是很多，佈置得還雅致，坐上有種家的隨意和舒適。

長沙的茶館，已經不是很雅致的地方，長沙老百姓把它定為娛樂場所，在茶館所乾的事也就多為娛樂化了。成都卻把茶館打扮成美女，成了老百姓喜聞樂見的事物，也是百姓愛去的避風雨之所，高雅低俗都可以融入茶的生活，打造成都的特色。

走了四川很多地市，我才知道，不是成都一個地方有很多的茶館，其他的地市也有不少的茶館。在四川，茶館的生意不一定很好，老闆會堅持慘澹的經營，那也許就是四川茶館生存的力量和茶館老闆一直保持著茶一般的心景。我看過一些資料，在成都市區，有七千家茶館，整個成都市有三萬家茶館。這些休閒玩耍的地方，幾乎遍佈了大街小巷，也擠滿了每個成都人的生活，茶館生活成了成都人生活的一部分。我還發覺：茶館的存在與麻將的盛行有著一定的關係。成都人的生活態度一般比較懶散，很多時間花在打麻將上，邊喝茶邊玩著麻將，樂趣從麻將子的顆粒上傳遞開來，生活變得有滋有味。

我曾考慮過成都茶館的形成歷史原因：在那橫斷山脈的高山峽谷的滇、川、藏三角地帶的叢林草莽裡，有一條茶古馬道，它以販賣茶葉為主，也為三省文化交流產生過不少的作用。成都雖然遠離茶古馬道，但是少數民族的土司卻在成都收集茶葉，運往雅安。茶葉集結地，必定有很多的人靠茶葉生存，茶葉又不能用來做食品和調味品大量食用，只能泡茶喝，也就有產生茶館的必要。還有一個是生意上品嚐也需要一個泡茶的地方，如果需要專業化，那就只好進茶館了。

我與朱曉劍兄坐在現代化的茶館裡，談論那些傳統的茶館的消失和怎樣保存具有我們現在人生活的習慣和愛好的茶館，我覺得很尷尬。我只好與他談些對書的看法，但是，還是有大部分時間用在享受別人喝茶的味道和姿態，來滿足我們品茶的雅興。

坐在茶館裡，並非清一色的男人，有時女人比男人多，有的連孩子也帶來喝茶，享受著我們現在人休閒的生活和喜好，打牌打麻將或者談情說愛，連家庭的拘謹也可以丟失。

我們從茶館出來，走到街上，看著那密密麻麻的茶館，我就好像聞到一股濃濃的茶味，那就是成都的味道，也是成都的氣息。

蒙洱茶

近日讀書，忽見史料中說到奉家山產蒙洱茶，數年前，我到奉家山開筆會，正是清明時節，遇到奉家山山民採茶之時，我嚐到了新鮮的蒙洱春茶，非常感動。第二天，我們去了渠江，聽當地人介紹古代的渠江薄片，我本想找些史料研究一番，後因雜務繁多，沒有堅持。

奉家山地處新化縣西部雪峰山脈中段，與隆回縣、漵浦縣接壤。陸路進入奉家山，必須翻過東面的紫鵲界，水路可以從漵浦沿渠江而上。奉家山很小，實乃群山之凹，周圍群山連貫在一起，像朵盛開的蓮花，奉家山鎮是圍在花瓣中的花蕊，山嵐卻是盛開的花瓣。奉家人生活在花心裡面，過著與世隔絕的生活，他們有山有水，有鐵有鹽，有茶有棉，有米有田。

新化乃古梅山之地，自三皇五帝起，就過著蚩尤保存下來的南蠻生活。自漢代以來，梅山瑤民不斷受到中原統治者的征伐，梅山蠻的生活圈在縮小。宋神宗年間，梅山首領被消滅，江西大移民，佔據梅山要地，梅山瑤族逐漸被同化，少量瑤民避居深山或遷徙五嶺山脈。

唯獨奉家山一帶沒有改變，奉家山鼻祖乃秦獻公次子季昌，反對商鞅變法遭迫害，隱居於此。為了掩人耳目，堵塞渠江，水流從岩縫中滲出。遣奴僕於紫鵲界墾荒頓田、種茶植樹、建房立家，打探消息。現在進入奉家山，有公路從高峰連綿起伏的紫鵲界過，可以看到梯田依次遞加、漫山遍野，甚是雄壯。

蒙洱茶歷史悠久，唐代已經生產，且名聲大噪。唐朝貞觀年間，文成公主出嫁西藏松贊干布為妻，曾選帶蒙洱茶做飲品。後梁時，列為宮廷貢茶，歷代相襲。毛文錫《茶譜》載：「潭、邵之間有渠江，中有茶，而多毒蛇猛獸，鄉人每年採摘不過十六、七斤，其色如鐵，而芳香異常，煮之無滓也。」古產蒙洱茶，是奉家山的蒙洱沖。成品茶芽頭茁壯，長短大小均勻，茶芽內面呈金黃色，外層白毫顯露完整，包裹堅實，茶芽外形像銀針。

奉家山山地氣候明顯、變幻無常，山高穀深、雲霧如海、溪多泉清、林濕葉綠、岩峭坡陡、陰雲蔽日、風清氣潤、竹木蔥蘢、土層深沉、黑褐肥沃，晝夜溫差較大，最適宜茶葉生長。現在奉家山茶葉種植已成規模，逐漸以大橋村為中心，向四周散開。

蒙洱茶全由芽頭製成，茶身滿布毫毛，色澤翠綠鮮亮，外形細緊勾曲，湯色清澈橙黃，香氣高爽持久，滋味甘醇鮮爽，葉底幼嫩明潔，久置不變其味，沖泡時嫩芽正在杯中浮上沉下，茶色明亮杏黃，一目了然，猶如雲霧中的少女，令人沉想聯翩，茶如銀針直立向上，幾番飛舞，集聚一團，沉於杯底。品茗時心平氣和，別具一番風味。一九五七年被評為中國十大歷史文化名茶，遠銷杭州、溫州、江西、湖南、湖北、上海、北京等地，深受茶客好評。

採茶之時，正值奉家山蘭花怒放，花香薰染，蒙洱茶格外幽香，風味愈加共同。採茶時間，恪守清明節前後七至十天。雨天、風霜天不能採摘，蟲傷、細瘦、彎曲、空心、茶芽開口、茶芽發紫、不合尺寸者不適採摘。

蒙洱茶製作方法不同，分紅茶有蒙洱銀劍，白茶有蒙洱雪芽，綠茶有蒙洱月芽、蒙洱太空茶、芙蓉仙茶，黃茶有蒙洱銀針，黑茶有渠江薄片等。

當我再次品到蒙洱茶，已經帶著濃濃的歷史味，茶水中泛起文化的波瀾。

湘陰薑鹽茶

湘陰位於長沙之北，民物殷實，人文鼎盛，楚南稱首，史稱文獻之邦。四千多年前夏禹治水之時，黃帝後裔張渤封於湘陰地境，史稱羅。湘陰之名始於南北朝劉宋元徽二年（西元四七四年），湘州刺史王僧虔置縣於黃陵山北，黃陵山又名湘山，山北為陰，故名湘陰。湘陰建治已有一千五百餘年，歷朝名勝古跡甚多，黃陵山有舜帝二妃墓、黃花嶺有舜帝廟、唐時四大名窯岳州窯等。

湘陰地處湖南東北部，居湘江、資水尾閭，瀕南洞庭湖，東鄰汨羅、西接益陽，南界望城，北抵沅江。飲食非常講究，愛吃辣椒，小魚蝦、雞鴨蛋稱小葷，魚肉叫大葷，款客需宰雞殺鴨，烹甲魚、烏龜、鱖魚。吃魚很講究：春鯰、夏鯉、秋鯽、冬鯿，三月螺頭四月鱔，鱖魚、柴魚四季宜。蔥白魚丸、麻辣野鴨、紅繞鱔片、椒鹽鱖魚成為當地名菜。

湘陰人喜飲穀酒，講究喝豆子芝麻薑鹽茶。客人進門，主婦將茶葉與少量食鹽放入瓦罐內，用滾開水沖泡，然後加入擂碎的生薑和炒熟的豆子（黃豆、黑豆或綠豆、小豌豆、飯豆）、芝麻敬客，隨喝隨添，直至客人大汗淋漓，才算禮到。豆子芝麻薑鹽茶夏清暑解熱，冬祛寒去風，健脾開胃，益氣怡神。茶裡有薑的辣味、芝麻的香甜、豆子的清爽、茶葉的解渴，客人喝後來神，也喜歡喝。

豆子芝麻薑鹽茶簡稱薑鹽茶，又名岳飛茶，南宋岳飛紹興五年駐軍湘陰，與洞庭湖匪首楊么作戰，大多數將士不合南方水土，全身虛腫乏力，當地長者見狀，攜茶葉、薑、鹽、豆子進營，教以調治方法。岳飛服後，頓覺心舒心順，滿口生津，即命大鍋煮茶，全軍共喝。幾天後，全軍將士痊癒，一舉殲滅楊么。而這一食俗，在湘陰地界流傳下來。

陸羽《茶經》中說：「趙州瓷、岳瓷皆青，青則益茶。」說的是岳州窯所產的青瓷茶碗，屬飲茶精品。岳州窯位於湘陰縣縣城及嶺北鎮，唐屬岳州，故稱岳州窯。

薑鹽茶健脾胃，驅風寒，去膩強身，至今盛行於湘陰的每個家庭。其實，薑鹽茶並非岳飛首創，最早出現在唐代，薛能《茶詩》：鹽損添常戒，薑宜著更誇。蘇軾《和寄茶》：老妻稚子不知愛，一半已入薑鹽煎。可見北宋薑鹽煮茶之風已經盛行。蘇轍《煎茶詩》：俚人茗飲無不好，鹽酪椒薑誇滿口。岳飛在薑鹽基礎上添加了黃豆、芝麻，提香和味而已。

煮茶加薑鹽，從中醫來說不無道理，茶性寒，薑性熱，一寒一熱，正好調平陰陽。楊士瀛《醫說》中有薑茶治痢之方，其理正是本於此。

岳州產茶，名曰君山，卻距離湘陰甚遠。湘陰所用茶葉，多為安化的松針，安化產茶之地在小庵，即陶澍的故鄉，這裡林深木密，盛產高山雲霧茶。古代的邊銷茶，即西北的茯茶，就是安化黑茶，主要的交通要道就是資江，湘陰正是資江的出口，安化茶葉水路運到此，轉走陸路北上。

清代，兩江總督陶澍，在回鄉省親，經過醴陵時，遇上了淥江書院教書匠左宗棠，見其對聯出眾，陶澍與左宗棠訂為兒女親家。不到兩年，陶澍在南京去世，把兒子託付給左宗棠教養，左宗棠到安化小庵待了八年，邊叫陶澍之子讀書邊種茶。回到湘陰柳莊，自己種了一塊茶園。在平定太平天國後，左宗棠出征新疆，又把安化黑茶推廣到天山腳下，成為現在西北用的最多的黑茶。

這次喝豆子芝麻薑鹽茶，是在湘陰縣嶺北鎮好友羅正坤老家茶湖潭進行的，還有當地的幾個文朋詩友，邊品味豆子芝麻薑鹽茶，邊翻閱些湘陰的歷史人文掌故，感覺到薑鹽茶的另一種風味。

羅布麻茶

到敦煌旅遊，鳴沙山月牙泉都會去，我到敦煌，喝到一種長生不老茶——羅布麻茶，印象深刻。

鳴沙山月牙泉在敦煌城南五公里處，東起莫高窟崖頂，西接黨河水庫，由細米粒狀黃沙堆積而成，起風時，發出嗯嗯聲，輕風拂過，似管弦絲竹。月牙泉在鳴沙山的環抱中，酷似一輪新月，泉水清澈明麗，千年不涸。

月牙泉有三寶，鐵背魚、五色沙、七星草，我都見識過。鳴沙山的沙子紅黃綠白黑五色，裝在玻璃瓶裡非常美麗，很多遊客都會帶一瓶回家。傳說鐵背魚和七星草一起吃，能長生不老，我卻有些不信，鐵背魚是月牙泉的魚，七星草是我喝過的羅布麻茶。

月牙泉南岸，有種獨特的小紅花，叫羅布紅麻，每年六至八月盛開，似夜幕中的繁星點點，這是七星草。敦煌西南七十六公里的羅布泊東緣的南湖，盛產野麻，南湖人叫碗碗花，他們喝羅布麻茶，吃葡萄，不得感冒。敦煌俗話說：羅布麻茶人人愛，要想睡眠好，請喝野麻泡大棗。

漢武帝時張騫出使西域三十六國，除了打通西域的交通外，還有一項特殊任務：到西域探求長壽不老藥。張騫不負重託，到樓蘭古國，即羅布泊，樓蘭國王獻給漢武帝特殊貢品——以羅布麻研製的長壽不老藥丸。漢武帝服用長壽藥後，活到七十一歲，是我國歷史上第一位超過七十歲的皇帝。古羅布泊地區，最古老的土著人叫羅布人，逐水而居，穿羅布麻衣服、喝羅布麻茶、吃羅布麻粉、抽羅布麻煙，都很長壽。現在羅布泊地區百歲老人占全國的四分之一，國際自然醫學界認定為全世界第四個長壽區。羅布泊人不吃水果蔬菜，不食鹹鹽，缺醫少藥，卻很少有病，都非常健康，他們得益於大漠神物羅布麻茶。他們常年飲用羅布麻茶，可調節血壓、延緩衰老、延年益壽。

羅布麻在敦煌以天然野生為主，又名野麻、茶葉花、碗碗花，敦煌周邊的阿克塞哈薩克族稱塔拉特兒、肅北蒙古族稱賽爾裡奧爾斯、新疆維吾爾族稱哈拉其乾。羅布麻主要生長在羅布泊範圍內的塔里木河、孔雀河、疏勒河沿岸，北方其他地區也有分佈，羅布泊範圍的羅布麻最好，有效成分高。敦煌羅布麻分紅麻和白麻，紅麻的槲皮素、芸香甙、三萜比白麻含量高，而稀少珍貴，為麻中極品。

敦煌羅布麻茶用優質野生羅布麻嫩葉為原料，剔除枯黃、蟲眼、銹斑葉、粗梗及其它雜質，冷水洗淨，減少鹼性成分，攤曬，水分散發，葉與葉粘連，用平底鍋將沙加熱，達一百八十到兩百度，投入嫩葉，用兩個木叉翻動，迅速靈敏、不住抖開，殺青均勻，不焦，葉脈柔軟不斷，置竹笸籮內攤晾片刻，揉成條索狀，固定成形，置鍋內再炒，溫度在一百二十到一百四十度左右，炒到顏色由淺變為黑綠色即成，放八十到九十度的烘箱中烤乾，即成炒青羅布麻茶。

羅布麻茶經過殺青、烘炒、配製、噴料，保持其藥性，兼具飲茶、祛病、延年益壽的特性，同時又是弱鹼性茶。羅布麻茶不含咖啡鹼，無茶葉苦味，口味淡，稍有異味。《三國志．華佗列傳》載：羅布麻是神醫華佗主治眩暈症、延年益壽的傳世方劑。《本草綱目》、《救荒本草》載：羅布麻有平心悸、止眩暈、消痰止咳、強心利尿的功能。當地人將羅布麻纖維紡織成衣，穿著用於治療頭暈、感冒。

羅布麻還可以製成其他茶類，用羅布麻茶與啤酒花可製成羅布酒花茶；羅布麻葉加百分之四的咖啡鹼製成羅布咖啡茶；羅布麻茶與珍眉綠茶按二比一製成羅布珍眉茶；羅布麻茶與茉莉花茶按十比七製成郁香羅布麻茶；羅布麻茶加可哥粉、蔗糖粉製成強化羅布麻茶。優質羅布麻茶有股清香乾草味，長聞頭腦清醒，入口清香略鹹；劣質羅布麻茶有股嗆鼻乾草味，長聞頭腦發暈，入口澀苦。羅布麻茶剛沖泡，茶水色帶點黃的綠色，優質羅布麻茶茶水色很快會成金黃色，劣質羅布麻茶水色則不變。羅布麻茶分整葉茶、袋泡茶兩種。

羅布麻茶有清熱降壓、平肝安神、平喘止咳、祛痰、抗癌、抗炎抗過敏、抗衰老，適合高血壓、高血脂、神經衰弱、心悸失眠、肝陽眩暈、腎炎浮腫、浮腫少尿人群。

我在敦煌旅居的兩個月裡，習慣了喝羅布麻茶，每天提著一杯茶，滿沙漠跑，尋找那文化遺跡。

衡山雲霧茶

衡山是我國著名的佛教勝地之一，也有「五嶽獨秀」之稱，讓遊人嚮往。

走近衡山，才知道衡山林壑幽深，山嵐彌漫，古木參天，巍峨秀麗。衡山共有七十二峰，逶迤綿延八百餘里，氣勢磅礴。衡山氣候溫和濕潤，一年有二百八十天雲霧繚繞，煙雨飄漫。

衡山最有名的山峰是祝融峰，也是衡山主峰。夏季，很多旅遊者都喜歡登上祝融峰頂極目遠眺，北望煙波浩渺若隱若現的洞庭湖，南眺奔騰起伏如幛如屏的五嶺，東看宛如玉帶飄然北去的湘江，西矚雲霧繚繞時有時無的雪峰山。冬天，衡山白茫茫的雪景和極地冰凌，戀人成雙，山頂林立的霧淞，光澤可見，別有一翻北國風光。

春風吹綠了山嵐，從衡山山腳向祝融峰頂攀登，看見那綠油油的梯茶，蜿蜒曲折，橫臥在山樑上，那飄逸的姿勢，我非常嚮往，更期望擁有。

衡山自古產茶，唐代陸羽《茶經》記載：「茶山山南者，生衡山具之谷。」一當時候的衡山雲霧茶，已經名滿京師，唐太宗把衡山雲霧茶列為首批貢茶，供應皇室品茗需求。衡山的雲霧茶，古稱嶽山茶，久負盛譽。最有名的是廣濟寺周邊的毗陵茶，是我國有名的佛茶，因為廣濟寺旁有個毗陵洞，產於這裡的雲霧茶也叫毗陵茶。

廣濟寺位於衡山石廩峰下，祝融峰、芙蓉峰、紫蓋峰之間的山欏腹谷間，正是廣濟寺、鐵佛寺、華蓋峰所在。在這片寬深各二十里的狹長山谷裡，三面環山擁抱，古木林立蒼穹，泉水潺潺不絕，經常雲纏霧繞。山谷土地深厚、肥沃、濕潤，處在海拔八百米至一千一百米，陽光和煦，茶條索緊細膩，挺秀多毫，內質優良，清香馥郁，最適宜於小茶葉的生長。這裡產的茶葉又尖又長，宛如槍尖，狀似利劍。做好的茶葉泡沏後尖子朝上，兩片葉瓣斜展如旗，顏色鮮綠鮮潤，沉在水裡，香氣濃郁，滋味醇厚，純而不淡，濃而不澀，多次沖泡，湯色清澈，甜潤醉人，甜辛酸苦，恰似玉花璀璨、風姿多彩，小喝一口，沁人心脾，讓人回味。

衡山雲霧茶製作精細，分殺青、清風、初揉、初乾、整形、提毫、攤涼、烘焙八道工序。殺青是奠定衡山雲霧茶品質的關鍵，鮮葉下鍋，鍋溫一千三百六十攝氏度，炒手徒手翻炒，神態自如，觀者感歎不已。衡山雲霧茶素以秀麗多毫、翠綠勻潤、鮮爽醇厚、嫩香持久聞名遐邇，被譽為全國五大著名雲霧茶之一。有延年益壽、健胃促食、防毒除病、防癌治癌、清神醒腦、明神亮晶、壯體美容、旅遊止渴等功效。曾有詩云：「誰道色香味，只許入皇家；今上毗盧洞，逍遙嚐貢茶。」

衡山泉水甚多，品質兼優，有毗盧、太陽、虎跑等三十六處名泉，都是從花崗老岩中滲出，水質特好，沖泡茶葉，湯色明亮清澈，香氣清高味醇。唐代詩人李群玉品飲後，曾賦詩云：「客有衡嶽隱，遺余石廩茶。自雲凌煙露，採掇春山芽。圭璧相壓疊，積芳莫能加。碾成黃金粉，輕嫩如松花。顧渚與方山，誰人留品差。持甌默吟詠，搖膝空咨嗟。」曾隱居在衡山的大儒王夫之，常年喝著衡山雲霧茶，熟悉衡山茶女的生活，寫下上十首《南嶽摘茶詞》，最有名的有：「山下秧爭韭葉長，山中茶賽馬蘭香；

逐隊上山收晚茗，奈何布穀為人忙。」

南宋時期，日本僧人道元到中國求法，受戒於衡山曹洞宗十三代孫發靜。道元大師學成後將南嶽曹洞宗及禪茶文化傳入日本，有了佛法和禪茶共同發展、共同繁榮的鼎盛時期，後來慢慢演變成日本現在的茶道。

衡山的每座寺廟，都有自己的茶園，供僧侶種植。各寺設有「茶堂」，供寺僧飲茶辯說佛理。衡山眾僧善採製雲霧茶和品飲雲霧茶，當坐禪時，每焚完一柱香，僧侶要飲茶，以提神集思，解除喉嚨渴苦。慢慢成為衡山寺廟的「茶中有禪、茶禪一體、茶禪一味」。

每當四月初，衡山廣濟寺周邊的茶園，遍佈採茶女和和尚的身影。茶女身著藍衫，背挎茶簍，巧手翻飛如梭，採摘鮮嫩的茶葉；和尚身著黃色佛裳，一手提長袍，一手撫摸茶葉。這樣巨幅的採茶美景，遠近欣賞都讓人品味感歎。

侗寨苦酒

我去過很多少數民族聚居的地方，都少不了一樣東西——酒，他們視酒為生命。在南方的少數民族——苗族、瑤族、侗族，也一樣有好酒的習慣。苗瑤侗三族都有一種糯米製的水酒，非常受少數民族兄弟的喜愛，只是釀製方法和名字不同，一樣能吸引我的酒興和文興，達到與少數民族聯歡的目的。

二〇〇八年九月十九日至二十一日，湖南省作家協會在湘貴邊境安排了一個文學筆會，邀請大批閒居省城長沙的作家去採風，我也添列其中。我們這群文人，都是一些熟識的朋友，相互之間瞭解脾性和喜好，住進湘貴邊境通道侗族縣，開始盡情的享受著非常傳奇的侗族苦酒和侗族美食，短短的三天時間，給我留下了深刻的印象。回到長沙，我還懷念那侗族的苦酒。

通道是湘西南邊陲小縣，與貴州、廣西兩省接壤，侗族人口占百分之七十八，成為典型的侗族聚居地。通道有著燦爛的侗族民族文化和濃郁的侗族民族風情，特別是侗族歌舞和侗族笙樂深深的吸引著我們。

通道是紅軍長征進入貴州的主要線路落腳點，曾在這裡召開過著名的通道會議。通道建縣比較晚，一九五六年才建縣，確定為全國唯一的侗族自治縣。中國侗族人口有百分之三十在湖南的西南部，主要集中在通道縣境內。

第一次到侗族，最吸引我眼球的是他們的建築物，遠遠看去，黑白分明，棱角林立。侗族建築中鼓樓是標誌性建築，整個侗寨以鼓樓為中心，其他建築物圍在周邊。俗話說：有侗寨必有鼓樓。鼓樓多模仿杉樹形狀，分十三層。侗族人民常在鼓樓上聚會議事或慶祝重大節日，這樣一直流傳到今，成了慶典和品苦酒的最佳場所，全寨的好苦酒都會集中在鼓樓喝完。鼓樓還是侗寨大擺酒宴的地方，承載著整個侗族的民俗文化精華，一代一代的傳遞下去。

風雨橋又名花橋，建在整個侗寨的下游，多為風水而建，建築技術巧奪天工，兩端橋頭和中間的三個簷角精緻別樣，長長的花橋橫旦在河流上，展現著侗寨最亮麗的風景畫。而花橋，一樣離不開苦酒的相伴，很多的祭祀要在花橋上舉行，花橋也供奉著許多菩薩，其實都是與苦酒相連的。

侗寨多在山野，常依山而建，又喜跨水而居，侗族的吊腳木樓在向陽坡上散開，屋簷挨著屋簷，吊腳樓都緊緊的依偎在一起，隨著時間的慢慢遷移，侗寨就擴展開來，越長越大。

大凡到過侗寨的文化人，無不感慨讚歎侗族文化的精美。更吸引青年男女的是侗族原生態的山歌，那飽含曖昧的歌詞和唱腔，對每個青年男女都非常有震撼力和凝聚力，那就是他們躁動的靈魂，加點苦酒，山歌更侗族化，男女更動情。

很多文人把鼓樓、花橋、侗歌稱為侗族三大國寶，我卻認為，三大國寶的原創力是苦酒，苦酒給他們靈感和力量，也給他們精細的手藝。

到侗寨，我們會看到傳說中的苦酒，作為旅客或文化人，更不能忽略侗家苦酒。

侗家以酒待客成了傳統風俗，常把「吃酒不論菜」掛在嘴邊。每個侗寨，無論生老病死、婚嫁迎送、建設造新、村寨聯誼、親友走訪、耕種管收、節令時尚都離不開他們的苦酒和酒禮。侗族的酒宴很多，我知道的就有三朝酒、節日酒、慶典酒、團圓酒、合攏酒等，其他不太常見的也不少。侗族喝酒講究禮儀和輩份，有著無數的規則，普通的有敬酒、換杯酒、交杯酒、撐杯酒、轉龍酒等。在侗族生活一段時間，可以充分感覺到侗族的酒文化和酒風俗，讓我們從酒的角度認識到了侗族的另一面，就是侗族傳統文化的一面。

我不是地道的酒鬼，卻是個好酒之人。我特別喜歡水酒，對水酒的釀造很感興趣，更喜歡品飲水酒，區別各地水酒的不同。

我的家鄉湖南新化，是個產水酒的好地方，新化米酒家家戶戶有，曾經還暢銷全國市場，受到酒客的喜愛。小時候，在父母的培育下，我沾染了好酒的習慣，在新化這片土地上，過年過節都有人敬酒、邀酒、勸酒，我被慢慢培養成一個酒徒。

當我走過其他地方，才覺得少數民族的水酒有很多與家鄉水酒相似之處，瑤族、侗族的水酒把酒糟除掉，只喝純酒水，我們也不喝酒糟。在喝酒時，雖然只看到有點渾濁，卻帶點甜味，我慢慢的品味、嘗試，發現還有些許酸味和澀味，喝了苦酒後，更能感覺其他食物的味道，也容易鉤出我的酒蟲，喝的量一天天增加。

侗族苦酒有個美麗的傳說：侗族有對新婚夫婦，女的名苦娘，結婚不久，丈夫外出謀生，多年沒歸。苦娘在家苦苦等著丈夫回來，每年重陽節，苦娘都要蒸一罈丈夫喜歡喝的水酒，邊釀酒邊盼望丈夫歸來，眼淚不由然的掉在蒸熟的糯米裡。苦苦的等待了半輩子，還是沒有等到丈夫歸來，苦娘在五十多歲時以思念過度離開了人世，再也沒有見到自己的丈夫。

鄰居給苦娘辦後事時，發現苦娘家裡有很多的酒罈，幾乎堆滿了整間臥室。一個鄰居想揭開罈蓋看看罈子裡藏的是什麼東西，罈蓋被揭開的那刻，一股奇香沖蓋而出，迅速擴散到滿屋子，隨著山風的漂浮，整個寨子都是酒香，大家聞到這股奇香都圍攏起來，才知道是酒的香味。

那晚，全侗寨人喝著苦娘釀造的水酒，狂歡了一整夜。族長喝著苦娘的水酒，感歎道：苦娘的水酒入口清涼、醇正柔和、回味悠長，是非常難得的水酒。鄰居感歎不已，都想知道釀酒的秘方，族長怕大家爭搶引發打架，自己保留了釀酒的秘方，並把苦娘釀造的水酒命名為苦酒，以此祭祀苦娘的賢慧。

許多年之後，族長把苦酒的釀製方法傳給所有侗寨人，從此大家都會釀造苦酒，重陽節喝苦酒驅邪也成了侗族的傳統習俗。

侗寨苦酒用蒸熟的糯米拌上酒麴，盛於大酒罈，蓋上紗布，發酵數天後，糯米成了甜酒娘，呈乳白色，酒精在十度左右，味道甘甜可口，還有很多稠汁，不小心就會粘在嘴上。真正的苦酒是在酒娘的基礎上加上泉水，浸泡數天，酒汁全部滲出糯米，泉水成了酒水，既我們喝的苦酒。

苦酒是侗族人民的興奮劑，也是他們的生活調味品，帶來了豐富的酒文化和酒後文化。

喝苦酒，無論男女老少都可以，酒量小的人能喝一大杯，酒量大的人可以多喝，喝過量只會醉一兩天，卻不頭痛，還有舒筋活血，強身健體的作用。

我在通道那幾天，天天與苦酒相伴，常與人比酒量，卻沒有醉過，現在還想念那樣的日子。

衡陽湖之酒

我每次到衡陽出差，都要以文弱之軀品味一番衡陽的湖之酒，體味酒水甜膩和粘稠的酒味，感受不勝酒力的醉意和朦朧的舒適。

衡陽湖之酒又名醽醁酒，是衡陽地方傳統古酒，自北魏以來就作為貢酒給皇族成員使用。因為衡陽盛產醽醁酒，被譽為醽醁之鄉。清《一統志》載：酃湖在衡陽縣東，水可釀酒，名醽醁酒。現衡陽市珠暉區酃湖鄉，受耒水環抱，轄區內的酃湖，湛然綠色，水質甜洌，用湖水釀酒，味極醇美，甜膩浸人。附近所產米酒，又稱酃綠、酃醁。

衡陽湖之酒有三千餘年的歷史，屬中國獨特的色酒——綠酒，在清末絕跡。現已經成為白色糍糊狀，偶有酒糟懸浮其中。北宋郴州知軍阮閱有首〈郴江百詠〉詩描繪湖之酒：「玉為曲糵石為壚，萬榼千壺汲未枯。山下家家有醇酒，釀時皆用此泉無。」《通典》載：「衡陽，漢酃縣地。有酃水湖，釀酒醇美，所謂醽醁酒。晉武帝平吳，始薦醽酒於太廟，謂此。」古稱酃酒，又名酃醁酒，西元二八〇年，司馬炎建立西晉，薦酃酒於太廟，被歷代帝王作為祭祀祖先的最佳祭酒，成為中國古代十大貢酒之一，一直被酒仙惦記和商賈埋怨，成為衡陽港口的招牌和文人的美談。

湖之酒最初是酃湖附近的農民釀造的家作酒，後逐步進入市場，被酒客接受。民國二十四年（西元一九三五）上海版《中國實業雜誌》載：湖南酒以衡陽產者為最著，自來有酃湖名酒，古稱酃醁酒，晉代用以祀太廟，清初作為貢品，名曰衡酒，其質洌，其味醇，為湖南省其他各縣酒產所不及。清末民初，衡陽城內有釀酒作坊一百七十九家，每年產酒達三萬兩千六百擔。衡陽城內酒店遍及大街小巷，最為集中的是青草橋附近，蒸水湘水在此匯合，青草橋橫渡其上，與石鼓書院相對，漁舟如織，漁歌如潮，酒家店鋪鱗次櫛比，酒旗招展，獵惜飄舞，有「青草橋頭酒百家」的詩句讚美。

在衡陽湖之酒盛名之下，衡陽鄉野紛紛仿效，利用各地好水釀造醇酒。衡陽縣城西渡之酒即青出於藍，其酒名在近代漸漸超過湖之酒。南嶽壽山，溪壑縱橫，名泉迭湧，即如雲澗，釀酒商家巨多，最有名的是南嶽酒。今天，在衡陽鄉里，每家每戶都會釀製湖之酒，作為家酒，逢年過節、紅白喜事，用湖之酒款待賓客，成為一種風俗。湖之酒用途很廣，除飲用外，可作烹調佐料，除腐去腥，添色添香。酒糟加澱粉沖蛋、甜酒糟煮湯圓都美味可口，成為春節、元宵的鄉俗。

衡陽湖之酒經過包裝之後，遠銷日本、美國、南非、東南亞、臺灣等地，名馳海外。湖之酒以芬香、味和、色醇聞名於世，受歷代文人墨客詠頌，詩文多達三百餘篇首。

衡陽湖之酒屬甜型黃酒、發酵酒，選料精細，工藝嚴謹，採用當地傳統貢米、麻矮糯為原料，用金鳥井湧出的礦泉水淘洗，浸泡，蒸煮，冷卻，糖化，陶瓷小缸多次發酵、過濾、密封等傳統工藝精釀而成。

湖之酒金黃透明，濃郁香甜，人稱三香，即聞著清香，喝著甜香，斟後餘香。湖之酒有米、水、曲三大要素，搭配恰當，釀造的酒非常醇美，含大量人體必需的多種維生素和二十六種氨基酸。湖之酒低度、營養、健康、時尚，純釀造性、無勾兌，不添加任何化學成分，老年人飲之則延年益壽，小孩飲之則健全發育。夏天可解熱止渴，冬天可驅寒暖身，喝了令人心曠神怡、耳目一新。

極品湖之酒，顏色呈奶黃色或琥珀色，有光澤感，無混濁或懸浮物，口感柔和、醇厚，回味鮮美清正，氣味芬香馥郁，各種味道十分諧調。小含一口，移動舌面，慢慢品到味，酒汁緩緩流入喉嚨，一股暖流從胃向全身蔓延，神經迅速振奮。

新化水酒

在大梅山深處的新化，酒是不能少的特殊物質。因為酒的存在和生產，出現了與酒相連的產業和人群，也為梅山漢子注入了英雄氣概和武術精神。

在新化這個雪峰山尾端，山巒起伏，出門就翻山越嶺的梅山溝壑。成年男子，都有喝酒、品酒、敬酒的習慣與禮數，無論是逢年過節，還是走親串戶，都需要會喝點酒來搞活氣氛，不然被親戚們瞅不起。

梅山人喝酒，不是為了自身的快樂或者身體的放蕩，是為了減輕勞作的辛苦，肉體的疼痛，用酒來療傷、蓄氣，完成艱辛的農活。我曾生活在大梅山深處二十年，在那靠山吃山的林莽草叢中，在地裡、林裡刨食活命，勞作難免會累著、拐著、扭著、傷著。有了酒的存在，一切都覺得容易解決。累了，喝碗酒可以減乏；傷了，噴口酒霧，能消毒化腫、活血化瘀，痛苦也慢慢麻醉、消失。

梅山的酒，最大的妙處還在於逢年過節和喜慶的日子，是山民們熱鬧的催化劑，大家聚在一起，喝碗酒，舉舉杯，乘著酒興說幾句貼心話，那也是人生中最大的快樂。

新化屬古老的梅山蠻地，曾經這裡是苗瑤與漢族雜居之地，與外界隔離，飲食習慣原始古樸，山民喜辣好酸，食雜味濃，有十葷十素十飲，新化水酒是其主要飲品，飲酒習俗繁多，勸酒、敬酒成風。逐年輻射到安化、雙峰、冷水江、漣源、婁底、新邵、邵東、邵陽、寧鄉等地，成為湖湘米酒的大宗。

新化水酒，屬於家釀型酒，靠自家蒸釀。我生活在方姓釀酒世家，從小看著母親蒸釀水酒長大。新化水酒，其實應該叫新化米酒更為貼切，主要是用粳米或者糯米蒸釀而成，只是在酒已形成之後，在原酒中摻入涼水，當地方言叫水酒。方言中的米酒，卻是穀酒，用穀發酵釀造而成，其實是城市的白酒。

古老的梅山，純正的糯米種植比較少，並且產量不高，而且成熟時多拂倒。所以，梅山曾以種植帶一定糯性的粳米為主。粳米是梅山一種特殊的旱稻，生長在旱地，產量高，又抗倒，米粒細長，帶紫紅色。粳米煮的米飯紅潤，非常吸引人。

梅山的崇山峻嶺，十分陡峭，山與山之間從山腳看天空，就是一根線，大點的地方，用個炒菜的鍋子翻過來可以蓋上。開闢出來的田地，山民們就著山勢，形成大小不一的斗笠丘、蓑衣丘、扁擔丘等，小的田地，連牛都無法打轉，只能靠鋤頭翻耕。要種植水稻，只能等天水，即下雨保留起來的雨水。保留天上的雨水，需要田地有很好的土質，有糯性、粘性、韌性，才能保留春天的雨水。梅山的土地多是沙礫，很難保留雨水。雨水從天上降落，就往山凹、山沖裡匯集，山坡、山頂、山脊也只能濕濕土。

新化水酒，還是梅山山民生活的一大習俗。誰家有女兒，孩子長大出落成姑娘，父母就要學著種植糯米稻或者粳米，為女兒出嫁、生產做準備。有結婚酒、月子酒、三朝酒，都需要上好水酒。

蒸糯米酒，選擇陳年糯米。一年以上的糯穀，風車多次遴選後，選出顆粒飽滿，沒受飛蛾、米蟲侵害的糯穀。再曬乾燥，經打米機碾去穀殼，篩掉殘米，留下完整光滑的米粒，才是蒸釀水酒的原料。

結婚酒以桌子計算，一桌一罈。月子酒、三朝酒都只要一罈，父母在蒸釀時一般是準備四罈，選擇其中最好的一罈拿來用。

梅山蒸釀水酒，還得按時節分，二月十五桃花節蒸釀的是桃花酒、五月初五端午節蒸釀的是端午酒、九月九重陽節蒸釀的是重陽酒，十月後蒸釀的是過年酒。這與氣溫有關，糯米釀酒，要把握好氣溫，氣溫高容易變為苦酒，味苦卻酒度不高；氣溫低容易變為酸酒，味酸酒淡，難於入口。有些家庭，在酷夏或者三九蒸釀水酒，就會做一起措施，夏天入罈後放到陰涼處，冬天入罈後加棉被包裹或者藏進地窖、廚房、穀倉。

蒸釀水酒，把精選的糯米浸泡一夜，第二天早飯後撈出，用大鍋蒸煮。每罈需要糯米一斗或者一斗兩升，大概四十到五十斤。大鍋裡加滿水，把木蒸籠罩在鍋上，蒸籠裡結一個墊子，鋪上洗淨的棕絲，泡好的糯米散鋪其上。一般用柴火蒸煮兩個小時，糯米完全煮熟，米粒又沒煮爛，糯性黏連，飯粒之間能夠拉出細絲。蒸熟的糯米晶瑩剔透，閃閃發光，飯粒黏在一起。倒入大盤，把糯米飯攤開，經過一天的晾涼，黏性消失。吃過晚飯，再收拾。

把酒藥子擂成粉末，加開水調勻，撥散糯米飯上。儘量把飯粒全部搗散，收入洗乾淨的陶罈。釀酒的罎子，屬於陶瓷結合，裡外都有釉質，卻是陶器，大概一米高，底端小，向上慢慢漲大，上沿又縮小，成一尺小口，有的還有蓋子、罈沿。在氣溫比較暖和的時候，一般不加蓋子，用洗淨的紗布蓋上，等待糯米飯發酵。

糯米飯在酒藥子的發酵下，十天左右，陶罐裡的糯米飯就有酒味，開始甜膩、稠密，具有黏性，進嘴粘唇。這種甜酒，叫酒娘，米粒較硬。慢慢的，酒娘變苦，酒力增加，度數上升。完全變苦後，原酒已成，酒度較高。加入生水，劃開酒糟，攪碎，浸泡三日，酒水融合，酒糟變軟、散開、上浮，水酒始成。

隨著時代的發展和家庭的變化，很多家庭都在想把水酒蒸釀好。但是，總是會遇到一些意想不到的事情，蒸釀出來的水酒不是很理想。酒力不夠，酒糟泛紅，就加入少量白酒提高酒度，增加酒力。慢慢，梅山山民認識到白酒對水酒所起的作用，大量的使用白酒。當水酒變苦，原酒形成，山民就直接用穀酒代替水，加入水酒中，蓋上蓋子，不出十天，很好的水酒就形成。這樣的酒甜而不苦，酒水清澈，酒度極高，酒糟化得比較乾淨。我曾經在廣西與湖南交界的大瑤山中喝到這樣的水酒，當地叫瑤酒。

還有人家，只喝酒水，把剩下的酒糟集中起來，裝入酒罈，密封埋於地下，一年之後，酒糟全部化成酒水，酒水清純，酒度較高。也有的把酒糟集中，加入穀酒浸泡，三個月後酒糟融化，酒水橙黃，酒力甚好。

梅山山民常把新化水酒叫茅臺或者女兒紅。酒味已經變苦的水酒，加一兩斤穀酒，蓋上蓋子，把罈沿用三合泥或者水泥密封，埋於地下，三個月後，酒就很好了。作為大戶人家，在姑娘長大成人，就要準備結婚酒，也就是女兒紅。把蒸釀好的原酒埋在地底下三年，酒水已帶紅色，香氣四溢，酒力也不亞於茅臺等白酒。結婚之時，娘家還要給女兒贈送一罈女兒紅，作為生產時喝。隨著這些年的風俗改變，婆家把媳婦的女兒紅拿來款待結婚時的上親。所以，女兒結婚，娘家又要急著準備三朝酒，因為時間短，把蒸釀的原酒密封後埋於牛棚、豬圈，牛棚、豬圈不管春夏秋冬，沒有人來偷，這兩個地方還有豬尿、牛尿澆灌，使稻草發酵升溫，提高酒糟的泡化，成酒也快。我曾到藍山縣喝過牛屎酒，做法相近。

女兒懷孕，娘家在女兒快生產的時候，要給女兒送去優質水酒。有些沒有來得及送水酒的，女兒在產下嬰兒後，女婿會立刻去岳父家報喜，從岳父家帶回水酒，給妻子喝。

在梅山，女人生了孩子，可以什麼都沒得吃，但是水酒、黃糖（片糖）、雞蛋三樣不會少。把水酒煮開，加入黃糖，女人喝了可以化瘀滋陰，再吃雞蛋補身體。城市裡用甜酒沖蛋，加糖，也是這個道理，只是很多用紅糖、白糖，而黃糖是溫性，不會上火，白糖、紅糖上火。

婆家定下三朝酒的日子，娘家及親朋好友會浩浩蕩蕩的趕來賀喜，送來子雞和雞蛋、黃糖等。特別是娘家，一定會抬來一罈水酒，那就是在三朝酒上用於大家喝的水酒，表示謝意。三朝酒酒席的湯水比較多，又叫胞衣湯，卻有下酒的菜，酒客可以飽食一頓。

梅山的酒席，每個時刻，都有對飲。

二月的桃花酒，主要目的是為了春耕生產，在春暖花開的時候，農民剛下田，水雖然已經轉暖，還是春雨綿綿，有些寒氣。山民喝碗熱酒，自然祛除寒氣，身體變溫暖。但是，桃花酒還有另外一種作用，那就是訂婚之用。梅山的姑娘、小夥，在春暖花開的季節，開始春心躁動，經過一段時間冬眠的內心和蓄積的情感開始火山噴發。媒婆也蠢蠢欲動，打著油紙傘到處串門走戶，撮合合適的人家。家裡有未婚的子女，父母就盼望媒婆來踩門檻。梅山的媒婆，除了能說會道，還是一張會吃的嘴，好東西伺候，酒也不能少。撮合好的男女青年，在父母陪同下相親，父母同意，女方要在男方家吃一頓飯，男方準備酒宴。相親結束不久，男女就要舉行訂婚儀式，女方召集所有至親來喝訂婚酒。

端午節，凡是訂親的男子，都要去岳父家提節。梅山正是楊梅紅的季節，梅雨時節的男女，也是幽會的最好時機，盛開的花朵已經凋謝，只剩下一些初夏的茂盛和濃綠，更催化他們的情愛。男子在岳父家提節，還要給嫡親的叔叔、伯伯、姑姑、姨媽送禮，開始認岳父家的這門親戚，有禮性的家庭，就會召集親人聚會，歡度端午。大家聚在一起，喝的酒就是水酒，是提前準備和蒸釀的。也就是指梅雨季節這段時間釀造的水酒叫端午酒。

下半年，在秋高氣爽，天氣慢慢涼下來之後，晚秋的季節是最好的。這段時間，農事開始少了。女人有時間來釀酒。也是一年中釀水酒最好的時候。每當家中有老人，必然會在重陽節蒸釀水酒，當原酒出來，氣溫慢慢變冷，家裡的老人就可以喝水酒來暖身體。

初冬的十月，還沒有下霜。山民就要趕著蒸釀過年酒。這也是大批量的釀酒，每當這個時候，就有人挑著陶罈穿街走巷，尋找蒸釀酒的人家，有的人家一賣就是十個二十個陶罈。在我熟悉的人家，蒸釀過年酒，少說八罈十罈，多的四十八罈，擺滿一間房子。

梅山的過年時間比較長，進入臘月，就開始過年，到次年元宵之後，最長可以拜到二月清早花，還是個拜年客。

一般家庭，臘月初，就要準備過年的豆腐、菜蔬，也開始宰豬殺羊。殺了過年豬，一家的過年日子就正式開始。梅山天氣寒冷，臘月多雨雪，在吃好的前提下，還需要酒作為點綴。早上出門，喝碗滾熱的水酒，全身的血液沸騰起來，也不再感覺到天氣的寒冷。

梅山的人家，為了喝好水酒，對溫酒有些講究。溫酒一般用炭火，沒有炭火，就著柴火的火子煨酒。在這些年，砂罐已經慢慢退役，搪瓷杯代替它的作用。但是，喝酒的人家，家裡永遠有一個砂罐子，雖然不大，卻可以裝三碗酒左右，方便三四人對飲。砂罐子溫熱的酒，不影響酒的味道，喝起來更加清爽。過年的日子，火塘裡的煨酒砂罐一直不曾離去。

喝酒的老人家，對下酒菜比較講究，普通的四樣下酒菜是臘牛肉、臘精肉、臘魚、熟臘豬肝。當家人想喝點酒，就會說今天搞點好菜。家裡的主廚就知道當家人想喝酒，隨便選一樣下酒菜，薄薄的切片，每片切成蠶豆大小，炒熟後多加些辣椒粉。臘豬肝、臘魚雖然每塊都比較大，卻也吃得憐惜，小小的咬一口，又停一陣。當家人喝著滾燙的水酒，品嚐著美味的菜肴，享受山民的快樂生活。

喝水酒最好的時節是春節。初一的早飯，所有人都要喝點酒。家中能喝酒的，就慢慢喝，先吃完飯的小輩把冷了的菜加熱，再當上桌子，其他家人吃到中午。來了親戚，接著喝，又不知不覺的喝到晚上。還有人喝酒喜歡吃肥肉，大碗喝酒大塊吃肉。

我曾聽到一個笑話，一家三父子，初一從早上一起喝酒，吃到下午兩點才散，喝完一罈水酒，大概五十斤；吃完一個肘子，大概十斤。在我老家，這不是笑話，還是真人真事，有夫妻兩喝完一罈酒的。

新化的水酒，是當地人的愛物，更是好飲之人的聖物。

品酒養性怡情

喝茶飲酒是我人生中的一大快事，都會細心品味，形諸於文字，匯集成寫作靈感的源泉。

我曾為飲酒發愁著急，飲多怕醉倒自己出洋相，飲少了怕朋友不盡興討埋怨，大家吃得不歡而散，我一直在思考飲酒的度與方式。我常帶著一顆真誠的心參與朋友的聚會和飲酒，希望大家喝好吃好玩好，卻為無法把握適當的度而膽顫驚心。

長沙是個美食之城，酒文化非常濃厚，人人充滿了吃喝的慾望。我把自己隱藏起來也無法逃脫酒精的刺激和餐桌的周旋。很多時候，我只好以守為攻，接電話時知道他人有想吃飯喝酒的跡象，不是主動約他就是找理由推託，不得已才參加一次兩次。

在一次圖書策劃選題會上，我認識了一位酒客叫何冰，他的行為讓我感動。何冰來到會場，手裡就提著一瓶啤酒，讓我這個酒精考煉的酒人感到不合禮性。一起喝酒，不會急著帶瓶啤酒進場。我仔細觀察，何冰的酒瓶是開的，而且已經喝了半瓶，我更奇怪了。也從沒有聽過中國人聚會自己攜帶酒水的，心理的疑慮更多了一層。

等了一會，我們的包廂裡搬來幾箱啤酒，還有白酒、紅酒、飲料等。在排位後，我與何冰鄰座，交換名片，才知道他是從事戲劇研究的專家，曾有朋友給我介紹過他，說他是酒鬼，卻從來沒有醉過。我與何冰先生說起此事，他哈哈大笑，很坦率地說：「我曾經確實喜歡喝酒，卻很少喝，因為性格暴躁，怕喝酒出事。」他停頓了一下，又說：「自從與前妻分手後，心理受到很大的刺激，對身心影響很大，皮膚長期處於乾燥狀態，奇癢無比，只要指甲所刮之處，皮屑遍地。我也看過很多醫生，都找不到病症，一次游泳，腳刮了道口子，回家用酒精清創消毒，酒精塗過之處感覺清涼舒爽，乾燥的皮膚也有了血色，回到正常膚色和膚態，心裡的焦急頓時消失，受到啟發，在全身搽上酒精，頓感舒服無比，後到北京諮詢過一些醫學專家，在醫生的建議下外用酒精改為內服酒水，每天喝少量白酒，補充大量白開水，身體舒服，沒有副作用，性情有很大改觀。我也可以長時間坐下來閱讀書籍、心理不再焦慮、講話時不再激動，與人相處溝通都自然多了。有時出差，路上找白開水難，乾脆喝啤酒，酒精度數低，又可補水。」

我聽完何冰先生的講述，覺得很有道理。我們現在的城市生活，每個人的生存壓力都很大，很容易產生焦慮和內分泌失調。而人體消化系統本身含有酒精，只要適當訓練，每個人都可以喝酒，提高自己的酒性和酒量。

我針對自己的性格暴躁和喝酒爽快的具體情況，在何冰先生的建議下，開始改變飲酒的習慣，每次參加宴會和聚會，我都不再拒絕飲酒，還是欣然答應。當我坐在餐桌上，先是多吃菜，再是在飲酒之前吃一碗米飯，肚子裡有底了，我再慢慢喝酒，喝酒時也不再一杯一杯的乾，學會細細品味酒中的味道和每種酒的芬芳。多次下來，大家都看到我個性開朗了，主動敬大家的酒，覺得我容易接近多了。

在此期間，我多次接受何冰先生的邀請，與他圈子裡的朋友喝酒聚會，他們都是飲酒之人，酒量很大，卻不是大碗喝酒大塊吃肉，而是小杯喝酒，慢慢品味酒的滋味，感受酒的芬芳，特別是把品味酒當做品味美食一樣，邊飲邊暢談此酒的味道，抒發個人的感受，把宴席時間延長，把吃喝檔次提高。幾次之後，我學會了很多飲酒技巧和品味方式。

在回顧何冰先生的飲酒習慣時，我想起了外公。外公是一位非常硬朗的梅山漢子，放排、挑茶都是當地的力氣漢，幾個人才頂他一個。我去外公家，他每天要吃好幾餐酒，據母親統計，外公每天六餐酒不能少。外公喝酒速度慢，每次喝半兩白酒，下酒菜不多，多是小魚崽子、煎蛋、精肉片、豬肝等。我到外公家，外公常培育我喝酒，知道我不能喝白酒，就餵我米酒。外公家族，幾十口子都是喝酒的，母親也不例外，與父親結婚後才很少喝酒了。據說，外公曾經是個五毒俱全的人，打牌、押寶樣樣乾，有時還抽大煙，與外婆結婚後，為了改掉這些壞習慣，就學著喝點小酒。這個習慣，一直保持到他九十多歲。一九九九年，外公去世的那年春節，他還囑咐我飲酒要慢慢品，還真沒想到外公這句忠告是品酒真經，也將影響我的一生。

我現在飲酒，把它當做一種情趣，用來修身養性，品味酒中味道。

第四輯

肉肆醬香

過年臘肉

臘肉成了城市居民的生活必需品，那過年的氣氛，只有農村才有。

臘肉，是農民過年的一件大事。農民唯一拿得出手的也是臘肉，除了吃還可以當禮物送人。按農民的說法：過年的豬自家養，不要掏錢，吃不完的都做臘肉。農民把肉全部掛在火坑上薰著，留到以後艱難的日子食用，補充體力活的消耗。

新化鄉下，農民做臘肉是件非常重大的事，比過年稍微小點。每到臘月，過年的氣氛一日緊過一日，農民忙著準備年貨外，盤算著那天宰豬，那天做臘肉，把日子安排得井井有條。殺豬做臘肉，首先要翻老皇曆，擇個良辰吉日，招集一家子女，邀上祖輩父輩，一家人聚在一起吃餐飯。鄉下把這種事叫做喝豬血湯，受邀的親戚都會歡天喜地，按時到場，作為祖輩父輩還會在兒女家住上幾天，享受冬日的天倫之樂。

離開家鄉十餘年，過年的氣氛越來越淡薄，吃著父母捎來的臘肉，很難感受到那種喝豬血湯的味道，心中常常懷念。今年臘月，受朋友之邀到高橋茶葉市場對面的新化人家吃過年臘肉，來的都是鄰村朋友，沒吃之前就說開了鄉下臘月的殺豬做臘肉，吃著家鄉來的臘肉，大家的心又飛回了家鄉，腦海裡浮現出許多圖片。

殺豬是件煩瑣事，瑣碎的事情要忙兩三天。殺豬之前要準備糯米、水豆腐，以備做豬血丸子，磨好米粉做蘿蔔絲米粉肉，還要準備要用的盆、鍋、桶、器皿、刀具。

家鄉殺年豬，柴火裡有兩樣不能少：一是吹火筒，一是楓樹柴。

火筒是農村家庭每戶火炕必備之物，長約一米，用毛竹做成，一截留節，用釘子鑽個小孔，其他竹節用鐵竿打通。柴火燃得不旺、火力不大，可借火筒吹風，吹發火力。殺年豬燒開水燙豬毛，要劈一個舊火筒作引火之物，再做一個新火筒抬槓。乾竹片容易燃燒，點火後很快燒著，幾塊竹片可以燒著熊熊大火，往上加些乾柴，火勢很快上來，灶膛裡的柴火馬上引燒，大鍋水也容易燒開。農民把燒火筒叫做吹豬，希望豬的長勢像吹火一樣旺。

新化山區，漫山遍野長滿了楓樹。每到臘月，楓樹葉子通紅，農民看到楓葉，爬上山坡，砍上一捆楓樹，放在乾燥處，等待殺年豬用。刀柄大的楓樹，連個彎也沒有，一截一截的塞進灶膛，劈裡啪啦的冒著火星，散發著一股特有的香味，酷似年豬開邊時的香味。農民把它叫做風豬草長，希望豬長得楓草一樣茂盛。

殺豬時把泡好的糯米接點熱血，其血加鹽煮熟。大家忙著用開水燙豬毛，清理完豬毛後開邊，取出內臟，架上門板，上酒和熟豬血，主人祭祀，祈求來年豬不生病，長到三百斤。

接著是砍年肉，屠戶在帶尾巴的一邊上按主人的意思砍一方十幾斤的肉，做大年三十晚祭祀祖宗及正月待客之用，再在後腿上切一塊肉，做中餐之用。其他按主人的用途和要求砍，剩下的全部砍成五六斤一塊的臘肉。

很快，中餐就開始了，大家按輩分坐下，吃頓快樂的午餐，說些恭維話和牛皮話，滿足一下虛榮。中午飯菜豐盛，有豬血、豬肉、豬肝、脆骨及其他菜，大家盡情的吃飽吃好。酒足飯飽後，屠戶給每塊肉穿孔，要送人的肉扎上棕葉，方便提掛。親戚急匆匆帶塊肉回家，去趕晚飯。屠戶帶上刀具和主人送的肉，一路歌聲一路酒氣，消失在雪影裡。

家庭主婦把臘肉抹上鹽，碼在桶裡，醃上五六天，鹽進入肉裡。掛上火炕頂的木樑，滴乾水分，肉質微黃，有輕微臘肉香，包上一層竹棉紙，再柴火薰烤，臘肉滴油後，擴大薰烤距離，烤熟後油止，吃時撕下黑漆漆的竹棉紙。

新化臘肉講求精肥兼顧，吃時切片煮水，熟後再煮油豆腐等為宜。

臨澧缽子肥腸

湖湘飲食，有個龐大的菜系是肥腸，每個地方逐漸形成一些特色的肥腸菜。雖然很多地方的人在信仰和衛生方面抵制吃肥腸，還是有一部分人喜好和鍾愛肥腸。我在飲食圈裡混吃多年，吃的肥腸美食比較多，沒有幾款肥腸讓我留下深刻記憶，唯獨常德臨澧的缽子肥腸吃了還想吃。

沒到常德吃缽子菜之前，一直有朋友推薦和邀請，希望我能到常德吃吃他們的缽子菜，給個公正的評價。我總認為缽子菜是一般的土菜，味道不會好到那裡去。多次到常德遊歷，被安排在賓館享受時尚美食，都沒吃到地道的缽子菜，無法把缽子菜列為什麼菜系，更談不上評價，只知道缽子菜是常德家常菜，是家庭中最普遍的菜種，酒店賓館不重視。就是以做缽子菜為主的酒家，也對缽子菜經過了極大的改進加工。

我在湖南各地調查地方名菜時，在湘西各地的街道上到處都看到常德腸子館，當時不清楚腸子館是做特色肥腸，更沒洞察出是種美食現象，也沒聯想到聞名湖湘的臨澧肥腸。直到常德朋友劉勇給我推薦長沙市八一橋旁的常德腸子館時，我才恍然明白過來，常德腸子館的特色菜就是臨澧肥腸。

當我們趕到八一橋常德腸子館時，早已人滿為患，只好排隊等候。劉勇介紹道：這是長沙市最地道的缽子菜基地，全按常德人的口味製作。這些簡單的介紹，吊起了我的胃口。

臨澧缽子肥腸有著悠久的歷史文化，據文獻記載：十七世紀中葉，李自成敗走九宮山，率部退至臨澧歇駕山，彈盡糧絕，士兵饑餓難耐，殺坐騎充饑。馬肉全部吃盡，剩得漫山遍野是馬腸子，當地饑民把馬腸子收拾起來，洗淨用大鍋煮熟，加香葉去其膻味，馬腸子變得香鮮無比，食時妙不可言。臨澧人繼承了這種做腸子的烹製技法，慢慢演變成肥腸的烹製方法，並進化到缽子肥腸。

現在吃的臨澧缽子肥腸，是在常德缽子菜的基礎上加工改造而成，並增加了腸頭、豬頭肉等肉質原料，也在香料和烹製手段上進行了修改，成為常德地區的一種特色菜。

肥腸很多人認為它不乾淨，主要是因為肥腸是消化系統的重要組成部分。製作肥腸，特別需要注意的是要把腸子洗乾淨，去除糠渣和腥膻味。臨澧缽子肥腸採取擠掉腸內殘留物，理直剪開大腸，清洗腸衣，再用麵粉揉搓，溫水沖洗。麵粉在揉搓中粘除糠渣，又讓腸子洗得乾淨保持腸子完整，不會在搓洗中破壞腸子。再加精鹽、黃醋、紹酒搓揉，去腥臭味，沸水汆後切成一寸見方片狀，瀝乾待用。

腸頭和豬頭肉也需要進行特別選擇。腸頭是豬的肛門及肛門邊上的肉，有肥肉和瘦肉，含有大量油脂，在洗乾淨後煮熟，切薄片。豬頭剁掉豬皮，洗淨連骨頭煮熟，取殘留在骨頭間的碎肉，含有軟骨、半肥肉、半瘦肉，長沙人叫拆骨肉。豬頭肉剔除骨頭，選大塊肉切薄片。

烹製肥腸先把鍋燒熱，放熟豬油燒六成熱，倒入肥腸炒數滾，加紹酒、醬油、精鹽、花椒、蔥結、薑片，再加腸頭肉和豬頭肉繼續炒，炒至熟色，肥肉中的油炸出，加雜骨湯，調味煮沸，小火煨至軟糯酥綿，用缽子盛裝出鍋。缽子口徑大深度小裡邊上釉，上半部分裝菜，下半部分在爐子上燒烤，也有用小鐵鍋代替缽子，火使用煤球，肥腸在湯汁裡悠悠的沸騰，香味飄散，肥腸炙熱不減，食客無法拒絕它的誘惑。

臨澧缽子肥腸比較辣，口味鮮嫩糯軟、甘甜爽口，嚼來綿遠回味，腸頭肉細嫩不油膩，豬頭肉柔軟清爽，在相互間遞著吃時更有味，越吃越辣，越吃越熱，但是吃時不覺得，吃完後大漢淋漓，渾身痛快無比。

吃頓臨澧缽子肥腸，可以排除一次感冒，更是一種體驗。

豆腐拌肉

豆腐拌肉是一樣很普通的菜，在菜譜上也許找不到。我記不清吃過多少次，卻總吃不厭。也許，這是外婆的緣故吧！我不敢細細詢問母親，她這幾年挺累，又怕她傷心、流淚。

我的故鄉盛產水豆腐。豆腐特好吃，既鮮美又細嫩，史書也有記載，名叫白溪水豆腐，以白溪井的井水做的豆腐著名。其實，圳上、白溪兩鎮方圓幾十里產的水豆腐都那麼好吃。這裡的水特別適宜於做豆腐，婦女的絕活也就是能打豆腐、煮鮮豆腐。

二十世紀八十年代，母親輩都愛打豆腐吃。每年臘月中旬，要打三至五天豆腐。自家打了十幾桌，還要給祖父打，這是過年的一種象徵。接著就是炸油豆腐。有人串門，問訊的第一件事不是年貨辦好與否，還是豆腐打了沒有，油豆腐炸了沒有，打了多少桌，準備炸幾桌。家裡豆腐打得多則富裕，窮苦人家三四桌，中等人家七八桌。我家一打就上十桌，為了這事，曾經有多少人羨慕我的童年；母親也是過年時人們談論的中心人物。春節，親戚來拜年，母親就會給他們送一些曬乾的油豆腐。到元宵，兩籮筐油豆腐早就送完了。

母親打豆腐，總要煮一碗豆腐拌肉。今年臘月，我問起了這事，母親講了原因。

母親是外婆（祖父是外婆的親哥哥）的滿女，臘月中旬，母親就會捎信要外婆來打豆腐，外婆是遠近的名手。

那時，祖父與祖母都健在。每次打豆腐，祖父的與我家的一起打。祖父就要外婆與我們到他家吃飯。臘月，宰了年豬，餐桌上就有肉。外婆卻喜歡吃一種自創的——豆腐拌肉。祖父知道妹妹的愛好，每次都要做這道菜。

外婆打豆腐有慣例，早上趕十幾裡路到我家吃早飯。上午打兩桌，第三桌泡好漿就歇氣。母親做飯，外婆開箱，用菜碗揀四塊豆腐。外婆等母親做好飯菜，她就要親自動手做豆腐拌肉。先把鍋洗得特別乾淨，放入豬油。油嘰嘰叫了，就切成五毫米厚一塊的，在鍋裡整齊排開。蓋好鍋蓋，燒起大火，把鍋拖來拖去，讓各方位都加熱。等煎的豆腐有一張黃澄澄的皮了，就鏟到一邊。把五花肉倒入鍋中，炒出肥肉的油，就拌豆腐炒幾回合。放入冷水煮開，加入蒜葉、辣椒粉、食鹽等輔料就出鍋。那香味、鮮味飄到一百米外的曠野。我們姐妹們搶著吃，不要幾分鐘，兩碗豆腐拌肉都會連湯吃完。

外婆來幫母親打豆腐，由她放石膏粉。她挺神，隨手一抓，多就多放，少就少放，豆腐如岩山（石頭），特別好。

我讀高小那年秋天，外婆與外公因吵架服毒離開了人間。母親就缺少了依靠。

母親還講到外婆的廚藝天才。外婆有一個癖病，喜歡吃臭肉（有臭味或生蛆）。夏天，她稱幾斤肉切成片炒熟，放少許鹽，在廚櫃裡過幾天。肉開始滑膩或生小蛆，她才拿去來，炒熟豆角時加一鍋鏟肉，吃起來格外香甜美味爽口。很多鄰人都吃過，免不了仿製，至今流傳一句「臭肉有臭味」的口頭禪。

那年冬月，祖母要母親打豆腐，母親只好猛著心打。吃早飯時，燒了一把錢紙祈求外婆保佑。母親按外婆的步驟、方式，打出來的豆腐果真如岩山。那天中午，就做了豆腐拌肉祭祀外婆。

此後，每次吃到豆腐拌肉，我就知道母親在祭祀外婆。

思鄉的辣椒炒肉

辣椒和肉是湖南人兩樣不能少的菜。

生長在洞庭湖邊這片紅土地上的湖南人，生性就有一股辣味，又愛吃辣椒。艱苦、勤勞的播種著辣椒的種子。

湖南離不開辣，生活中也有一股辣哄哄的感覺：女人個性潑辣，男人工作勤勞，飲食都很辛辣。

湖南人的菜譜裡，辣椒是排在首位的，幾乎每樣菜都要以辣椒為料，有些人連喝湯都要加把辣椒粉。湖南人還嫌不過，想出各種新鮮的花樣來吃辣椒，除青辣椒、紅辣椒，還做出了白辣椒、醃辣椒、乾辣椒、辣椒粉、辣椒油、辣椒醬等，可以說得上是把辣椒吃了個遍。

湖南人也喜歡吃肉。毛澤東就以愛吃湖南紅燒肉出名。這應該要從湖南的肉豬說起，寧鄉豬在全國聞名，當然，湖南的豬肉也是全國聞名的。湖南人並不喜歡吃精肉，而是愛吃五花肉。這也是湖南人吃肉的學問。雖然精肉的營養價值高，卻並不好吃。愛吃肉的人就有一種感覺，精肉吃在口裡很不爽口，盡是些筋筋蔓蔓，油也不多，還有那麼一點酸味。沒有一點精肉的肥肉也不好吃，吃得滿口都是油，如果在菜裡加上勾芡粉，對於愛吃紅燒肉的湖南人來說又是一大損失。五花肉就不同，肉裡油不是很多，吃起來又有油的感覺。

湘菜中，有一個系列是辣椒炒肉。也就是說只要是辣椒就可以拿來炒肉，而最有名的可能要數青椒炒肉了。青椒從它的顏色上來分析可以發現，青色在白色的肉面前是最豔麗的，又是青白分明的。從辣椒本身來說，青辣椒剛從辣椒樹上摘下來，肉質最好，水分最飽滿，正好是吃的最佳時期。

湖南人到外地出差，吃飯點的第一個菜必定是青椒炒肉，接著就是虎皮青椒。湖南人到長沙，也愛吃青椒炒肉。這也許要從湖南的歷史說起：湖南是一個放逐之地，最先是長沙王，只能夠修一座定王台來思念自己的母親。以後有不少文學之士流放到湖南，都要來長沙憑弔，以此來思念自己的故土。長沙就成了他們思念親人、懷念故土的城邦。雖然沒有南國的紅豆，卻成了名副其實的相思之城。

長沙人不管是在本省還是在外漂泊，都會非常思念自己的家鄉。其他地方的人來到長沙，住上一段日子也會成為相思之人，這是一種文化的感染。所以，長沙人就用自己的食物來思念，青椒炒肉就是典型的相思食物。

真正的青椒炒肉不是飯店裡流行的這種小炒，而是一種家庭做法。先把五花肉切成薄片，青辣椒切成圈型絲，再切幾片肥肉，把肥肉下鍋炸出油，就把五花肉入鍋，放點大蒜子，不停的翻炒，直到五花肉的精肉炒成黃褐色，看上去有點焦黃的感覺。把肉移向一邊，用鍋底油，加青辣椒絲炒。等辣椒絲染上了肉油，加上鹽繼續炒，放點醬油，炒到辣椒皮轉起來為止，再加入其他的佐料，馬上出鍋。這樣炒出來的菜香氣逼人，又誘惑人的食慾。

在家宴中吃著這樣的辣椒炒肉，人就不由自主的想起自己的親人、故土。

牛骨頭文化

牛骨頭，我吃得比較少，也沒有遇到機會。

生活在鄉下，吃牛肉是種奢侈的事，還想吃牛骨頭，就會被人咒罵。鄉下沒城裡方便，住在城市，想吃東西可以去超市買，鄉下有錢也買不到東西，只能遇上什麼吃什麼，那是沒辦法的事。

殺一頭牛，屠戶把肉剔下來，零零碎碎買給沒錢的農民，賺不了幾個錢，剩下的是骨頭和雜碎肉，就只好煮湯喝。農民要吃的是大塊的肉，花錢去買牛骨頭吃，一定會遭到鄰居的恥笑。而不是口味與營養，他們也沒有時間來研究吃，吃只是為了裹腹。

牛肉是中國的一種主要肉食，也是一種普通肉食。我跑遍大江南北，吃過無數山珍海味，都會涉及到牛肉或牛肉類菜。

吃牛肉是中華飲食文化的一支，把牛身上的東西解剖，做成各式各樣的佳餚，成為地方菜的珍品。做得有文化的有幾種：漣源，牛全席，路邊小店能做出牛身上各式各樣的菜肴，加上山胡椒油的特殊味道，讓人過口不忘。新化，牛肉、牛血做的三合湯湖湘聞名。長沙，流行的牛雜火鍋，把牛鞭文化做到文明飲食裡。成都，毛血旺成了川菜代表，做出麻辣燙的源頭。蘭州，大片牛肉與拉麵結合，做成全國聞名的蘭州拉麵，塑造西北大漢的身材。

牛骨頭做菜，我只在株洲吃過一次。今年四月，與妻子去株洲玩，在中南服裝市場轉了一圈，沒有找到自己想要的衣服。想起《株洲晚報》美食版編輯朱朝陽先生，就打電話告訴他我到了株洲。我們以前熟識，他常發表我的美食散文，也在一起談論過吃的愛好。見我來到株洲，朱朝陽先生一定要請我們吃晚飯，讓我體驗株洲美食的味道。

株洲，是炎帝的故鄉，也是他的安息地。遠古的洪荒年代，也是牛馬的天下，炎帝退隱株洲，對牛的吃法有著炎帝式的方法，形成了株洲飲食文化的源頭。現在的株洲，也是湖南飲食文化時尚的前頭，很多外地美食最先登陸株洲，開闢橋頭堡。

我們見面已經下午五點多，在炎帝廣場看了一會風景，就由朱朝陽先生開車，去牛骨頭吃飯。在湘江大橋不遠處停下，飯店隱藏在湘江風光帶，越過公路，看見湘江的船隻往來，是個賞風散心的好地方。

牛骨頭是一道清淡菜，主要做法為燉。朱朝陽兄常來這裡吃，知道菜的風味，特意推薦給我，還要我寫篇文章給他。朱兄點了牛骨頭燉蘿蔔絲，老闆推薦了涮毛肚補充。

我吃東西不挑剔，卻喜歡品嚐，在吃時愛啃骨頭和吃脆嫩的軟骨。

牛骨頭燉蘿蔔絲端上餐桌，聞到牛肉的濃香，味道極純。我吃過很多牛肉，都是小炒，牛肉拌著辣椒味，肉香很淡。聞到這麼濃的香味，我的食慾馬上振作。我想起以前吃過的燉牛肉，有點硬度，帶著騷味。這牛骨頭的香味連一點雜味都沒有，讓我驚奇。有人說，燉牛肉需要掌握火候，火候不到就會剩下騷味。而牛骨頭裡燉蘿蔔絲，細長的蘿蔔絲非常飽滿、沉甸，經肉湯一燉，蘿蔔絲又嫩有軟，入口即化，蘿蔔的青味、辣氣早失。

蘿蔔有去味之功，燉品或火鍋，加幾片蘿蔔可去腥味和騷氣，也可減少粘鍋、燒糊。牛骨頭湯汁乳白，表面飄著一層淺黃色的油，保持湯的溫度，吃是熱量十足。牛骨頭的味道經過湯汁熬煮，味道進入蘿蔔裡。品嚐牛骨頭，要先品湯，湯很鮮，也很淡，剛好成味，輕輕的小喝一口，感覺清爽微甜，不油膩，也飽和了蘿蔔耗油之用。

我是個喜歡啃骨頭的人，常常啃骨頭，啃出了經驗。牛骨頭沒啃過，初次啃覺得新鮮。牛骨頭燉蘿蔔絲，一般用筒子骨，從中間敲斷，保存關節。筒子骨沒什麼肉，空空的比較大，一個盆裡，大概兩節。我夾一節，先吸骨頭裡的湯汁，嘴巴對骨髓口，用力吸，湯汁流入嘴裡，接著是骨髓，稍稠，卻帶著湯汁。再啃骨頭上的筋，看上去白白的，像肥肉，咬上去有點軟，還帶著湯汁，嫩嫩的，有著韌勁，卻沒脆響。啃骨頭，關鍵是軟骨，薄薄的一層，用下齒門牙輕輕的勾著，上齒釘牢，一層層刨，啃下一小點，就仔細的咬，感受脆脆的響聲和彈牙齒的感覺。啃完骨頭的軟骨，剩下是光禿禿的骨頭。光骨頭要大口大口的咬，啃下來再嚼，嚼碎後用力吸碎骨頭裡的湯汁，這才是真正的精華。一節筒子骨，很快就啃完，吃得非常有味，也啃得有勁。

再上的是毛肚，毛肚洗乾淨，切成寸把見方，放在冷水裡養著。鍋裡有配料，帶辣味，架在火爐上沸騰。夾起毛肚在鍋裡一燙，幾十秒後撈出，調上稀醋汁，溫度正好適於吃。進嘴細嚼，聽到清脆的響聲，嘻嗄嘻嗄的聲音，很是動聽。仔細嚼，可以嚼出甜味，但需要耐心、細心，慢慢的品味，就可以感覺到毛肚的滋味。

毛肚其實是牛骨頭燉蘿蔔絲的調味品，讓清淡的牛骨頭燉蘿蔔絲來點辣味，也區別了牛骨頭的味道，更加明顯的感受牛骨頭的鮮美。

感受雄性牛鞭

男人的生氣早就在工作與家庭之間磨盡，剩下一團肉體，而雄性在膨脹，男性功能的發作，有待牛鞭的補充。已婚男士進入冬天的問候語常常是，你吃了牛鞭嗎？

湖南是靠南邊的內地，冬天有進補的習慣。立冬，市場上狗肉、羊肉、牛鞭等熱補食物佔據男人市場。菜市場有些男人天天在那裡轉悠，那是尋找購買牛鞭的機會。

選購牛鞭最好的地方是馬王堆菜市場，那是批發基地，可以找到自己喜歡的各式各樣的牛鞭。但是不要忘記了買點桂皮、八角、香葉等香料。怕騷味的還要買個蘿蔔，好煮在裡面去除騷腥味。

牛鞭要先煮去血水，當牛鞭在翻滾的開水裡清煮時，海綿體就會膨脹，伸出鍋外，泡沫漂浮，腥味洋溢。把它切成七八寸一段，海綿體內的血水直往外冒，煮到泡沫變黃，撈出牛鞭用溫水清洗。先洗睪丸，那是精子生產工廠，是男人需要的「黃金倉庫」。睪丸膜上有附睪，像腸子，要剖開洗盡，切開睪丸看到金黃色緊密的顆粒狀。洗牛鞭先去其周圍的肉，找到黑色小管切成兩半。剖牛鞭不要用蠻勁，切一條口子，把它樹起來，用刀壓下去。牛鞭裡的黑色管子是尿道海綿體，一定要刮掉，不然有尿騷味。再把肥肉洗乾淨，用溫水清一次，就可以切片了。睪丸切片不要太厚也不要太薄，一釐米為宜，牛鞭寸長一節，肥肉一寸見方。先入菜鍋清煮，火猛水滾，腥味冒出。水開得越厲害，腥味越濃，放入桂皮、八角、香葉，腥味慢慢淡去，漸漸冒出桂皮、八角的味道。泡沫先增多，越煮越久，泡沫就越少，飄出一股肉香。再用高壓鍋燉，牛鞭不是吃嚼勁，還是要吃燉塌了的柔軟。入高壓鍋後，加大蒜子、豬油、蘿蔔片。蘿蔔片可以去騷味、不粘鍋，切時適當厚點，就不會燉化。二十分鐘後，牛鞭就燉好了，開蓋後加大蒜段、紅辣椒片、醬油、芝麻油、味精、鹽等即可上桌。

牛鞭要趁熱，最好加個火鍋。牛鞭架在火鍋上在湯汁裡翻滾。伸筷子一夾，比較滑，先放碗裡涼著。牛鞭已經萎縮，一寸長的不到半寸，還分兩層，裡層濕濕的，就像被水發漲的樣子；外層乾乾的，像石膏留著條紋。送入嘴裡，咬下去沒有韌性，軟軟的很容易咬斷。吃時可以聞到牛肉的味道，卻淡淡的。我感覺到牛鞭很燙，且特別燙牙齒。咬時牙齒鑲嵌在牛鞭裡，根本無法自拔，心欲停而牙在咬。肥肉卻鬆鬆踏踏，邊咬還邊流著湯汁，不是怎麼油膩。睾丸已經變成了暗黃色，顆粒也突顯出來，吃起來卻比較細膩、比較脆、比較軟，沒有粉膩。我拚命的吃著這頓美食，邊喝酒邊說話，卻不願放下筷子，直到我再也吃不下了，才很不甘心的放下筷子，盯著這鍋美食。

吃完牛鞭，總結了幾點：一是做牛鞭一定要用豬油，可以保溫。二是鹽味要重點，其他輔料要清淡些。三是吃的時候一定要有溫度和氣氛。

過了兩天，我還感覺到牙齒咬飯時的酸痛和軟弱，卻還想吃頓牛鞭。

邵陽豬血丸子

在湖南，說起邵陽，每個人都知道邵陽豬血丸子這道菜，也有不少人喜歡吃邵陽豬血丸子，還給予很高的評價。

我的家鄉屬於古邵陽，即保慶。過年時節，家裡也做豬血丸子。我去過邵陽的很多地方，產豬血丸子的幾個主要縣市我都去吃過，不僅做豬血丸子的原料不一樣，吃的方式也各有不同。在外地人眼裡，邵陽豬血丸子是經過煙火薰烤，有著鹹鹹的臘味，濃濃的脆香，其實不然。

我愛吃邵陽豬血丸子，卻不是大家心目中的那種邵陽豬血丸子。我吃的是按不同的豬血丸子用不同的方法吃，因為豬血丸子的原料有區別，吃法上也就要有選擇。邵陽產豬血丸子的主要地方有邵陽縣、邵東縣、隆回縣、洞口市等，還有婁底的新化縣，這些地方統稱邵陽，雖然大致做法相同，但是因為各個地方的物產不同，用的原料也就不完全一樣。邵陽豬血丸子按原料可以分三種：一是糯米豬血丸子，豬血丸子的主原料是糯米，因為這些地方屬於古梅山之地，盛產糯米，山民不僅用糯米釀米酒，還選用優質糯米做年貨，如糍粑、豬血丸子、糯米粑、年茶等。做豬血丸子要把糯米用涼水泡一個晚上，第二天殺豬時加適量的鹽，接剛從豬喉嚨裡放出來的鮮血，等血凍結後，做成一個一個的丸子蒸熟，再把丸子曬乾即可食用。一種是精肉豬血丸子，主原料可以是糯米也可以是豆腐，只是在血凍結後，拌一些新鮮精肉砍碎，等到砍得很細小為止，再做成拳頭大小或者更大一點的丸子，蒸熟後曬乾就可以保存備用。一種是豆腐肥肉豬血丸子，用剛打出來的熱豆腐為主要原料，拌豬血和兼精兼肥的肉一起砍爛，砍成肉末後放上點生糯米粉，做成丸子蒸熟，在薰烤或者曬乾過程中要防止漏油，慢慢曬乾或者慢慢烤乾。

邵陽豬血丸子的吃法也還有些講究，不僅要根據它的原料來定吃法，還要根據各地的風俗習慣來吃，那就更有情趣。據我這幾年吃邵陽豬血丸子的經驗，可以大致有這麼些吃法。糯米豬血丸子煎著吃，把豬血丸子切成一釐米厚的薄片，用油炸透，吃時煮開，加上大蒜葉、辣椒粉，水乾後出鍋即可以吃，既脆又香，脆中帶著糯性，香中帶著辣味，既下飯，也非常有口味。要是怕麻煩，也可以不要先炸，做菜是切成塊，用油煎，兩面都同時煎出殼來，再稍煮，加大蒜葉、辣椒粉就可以吃。也有些家境貧寒，豬血丸子裡只放了豆腐，或者市面上賣的一些豬血丸子，是沒有加肉的，一般一看就知道個頭小，那麼它的吃法就不同，切成小片，最好用來炒青辣椒吃，可以吃出它的香味，如果烤得太乾或者薰得太久，炒出來就會很乾澀，食而無味，只能吃到香味，最好稍微煮煮，那樣好吃些。精肉豬血丸子是一些特殊家庭做的，他們不吃糯米也不吃肥肉，其實，這些家庭大部分是教師或者生活水平高點的家庭，做得比較精細，吃起來也細膩，肉味新鮮，怎樣做著吃都可以。如果是豆腐做的精肉豬血丸子，準備炒著吃就不能曬得太乾，曬乾後本身有很多氣孔，再用水煮發，肉末就會全部掉了，吃起來就沒有什麼味了，吃起來像豆腐渣。豆腐肥肉豬血丸子最好是下火鍋，那絕對可以稱得上是美味，切成一釐米厚的薄片，等火鍋的水開後下到火鍋裡，煮上五分鐘後再吃，豬血丸子清脆鹹香，爽口，那是豆腐乾後結成泥，火鍋煮後柔軟，容易咬斷，還能聽到脆響脆響的聲音，豬血丸子越煮越有味，越吃越上口。煮久一點的豆腐肥肉豬血丸子可以看到那肥肉亮點，那亮晶晶的點透明誘人，吃到嘴裡入口就化，還有火鍋的湯汁也進入了豬血丸子，吃起來湯味十足。

我想：如果真正想吃豬血丸子，還是吃豆腐肥肉豬血丸子最好，下在火鍋裡，幾個圍著吃就可以感受到更多的風味和氛圍。

記憶裡的紅燒肉

說到紅燒肉，大家都不會忘記毛澤東愛吃紅燒肉，也因為毛澤東愛吃紅燒肉，所以紅燒肉就全國上下都知道，還有很多人想到湖南來紅燒肉。

湖南卻已經很少有人吃紅燒肉了，這些也許要從歷史來談它，因為毛澤東吃紅燒肉是幾十年前的事，那時候吃紅燒肉是最大的享受。就是二十世紀九〇年代中期的農村，紅燒肉還是比較受歡迎的，但是，時代的發展真的太快，紅燒肉在農村也退出了歷史舞臺。因為生活水平一年比一年高，吃肥肉的年代已經一去不復返了。國人都提倡吃素菜，多做草食動物，減少脂肪的儲藏；然而，國人的體型恰恰相反，脂肪急劇增加，庫存也越來越大。

可是，還有很多人是懷舊主義者，惦記著記憶裡的一頓紅燒肉，找遍長沙城，結果是空肚而歸。其實，紅燒肉的懷舊分子不少，這些大男人們，是吃肥肉長大的，雖然感覺精肉也有味；但是，卻認為沒有肥肉那麼過癮。也像我的幾個朋友所說的，作為男人，唯有肥肉最過癮。究其原因，他們都是受紅燒肉的薰陶長大，怎能忘記小時候饞得口水直流的紅燒肉呢？

我是吃紅燒肉長大的湖南人，也生長在一個愛吃紅燒肉的家庭。我的父輩六人，個個是吃紅燒肉的高手，最高記錄是我伯父一個人吃七斤。現在，他們還愛吃紅燒肉，食量卻大減。問其原因，主要是沒有那樣的場合和氣氛了，加上年齡老矣，牙齒丟失，能夠吃上斤把足矣。每當跟伯父談他當年吃紅燒肉的往事，他總是感到很驕傲，滿臉陽光。我卻很羨慕他，沒有生在那個年代，也沒有過過吃紅燒肉的癮。

母親是做紅燒肉的大廚，她做出來的紅燒肉很對我的胃口。每年臘月，家裡殺年豬，母親就要好好的做一頓紅燒肉，以解一年的肉荒。當豬開完邊後，母親就交代屠戶砍一塊半精半肥的肉，約三四斤，趁熱把肉切成兩三釐米厚的一條塊，再把條塊切成方丁，成丁的肉就呈條狀。母親洗淨炒鍋，等鍋燒熱，把肉倒進鍋裡猛炒，油就汩汩的冒了出來，小部分淹沒在油裡。母親吩咐我剝一把大蒜子，清水洗淨，拌肉同炒，到蒜子表面呈金黃，再加乾紅辣椒。辣椒被油炸得唧唧叫，等顏色變褐。加鹽和醬油，等肉的棱角有焦樣，精肉呈紫褐色，就可以出鍋上桌。

紅燒肉上桌有一股濃濃的辣香味撲鼻而來，刺激著我的食慾。夾一塊放在嘴裡，吃起來脆香酥軟；肉皮很有韌性，帶著點糯軟，用力咬就會斷；肥肉酥軟、脆鬆，表面有點硬度，咬破雖有油溢出，卻不膩人；精肉緊密，帶著醬香，咬時就成了一根根的肉絲，嚼時有粗纖維的感覺，卻很有耐嚼的味；吃完有點辣，嘴上有點熱的感覺，就是下雪天，鼻尖也會冒點汗汽。

這幾年，雖然吃過幾次紅燒肉，卻不是母親做的，味道大不相同，也就不想吃了。

前些日子，老婆突然想起了要吃紅燒肉，我就好好的回憶起母親做的紅燒肉，學著樣兒給老婆做了一頓，還蠻像的，老婆也吃得挺高興。昨天我倆做菜單的時候，老婆提出要把紅燒肉補進去。從此，紅燒肉要進入我的廚房。

家庭風格的湖南扣肉

湖南人除了愛吃紅燒肉之外，還愛吃肥肉很多的扣肉。扣肉在湖南人的每個家庭裡都有，被湖南人作為一種常吃菜寫在家庭菜譜裡。

湖南的扣肉做法繁多，每個小地方都有自己的做法，有的家庭還有家庭做法。但是，大抵可以分成兩種：一種是在蒸肉的碗底墊蘿蔔絲的，叫蘿蔔絲扣肉；另一種是在碗底墊梅菜的，叫梅菜扣肉。這兩種扣肉大概是以農村和城市來劃分的，城市沒有蘿蔔絲，卻流行著農村來的梅菜，他們就用梅菜來蒸扣肉；農村多的是梅菜，大家都不願意吃梅菜，而喜歡把曬乾的蘿蔔絲拌上米粉，與米粉肉或者扣肉蒸著吃，認為那樣很好吃。

我生長在農村，就愛上了蘿蔔絲扣肉，特別是母親做的蘿蔔絲扣肉，我一個人能夠吃上斤把。母親是個精於廚技的家庭主婦，就是一道普通的菜，通過她的手做出來也比別人做的要好吃得多。母親還會做很多的特色菜，蘿蔔絲扣肉就是她的一道名菜。

臘月裡，全家人都回來後，母親就張羅著殺年豬。等把年豬殺了，母親就要在家裡忙幾天，先是醃臘肉，然後是熬豬油，當熬完豬油，母親就會把米粉肉和扣肉順便做好。

做扣肉的一般是五花肉，切成五寸見方，放入舀乾了油的油鍋，一一排開；稍加小火，肥肉的油就冒了出來，等肉的邊角開始收縮、上翹；就可以把肉翻過來，再等它熬得邊角收縮、上翹；撒上鹽，一陣翻炒，看著鹽大概拌上了，放入底層儲滿蘿蔔絲的大罈子；蓋好蓋子，罈緣淋上水或油密封。

到第二年三四月插早稻田的時節，天氣開始轉熱，就把蘿蔔絲扣肉拿出來，切成片，下面鋪滿蘿蔔絲，扣肉放在上面，稍微加熱就可以吃了。扣肉已經有點酸味，酸得不太重，帶著甜味的草莓酸，吃起來已經沒有油膩感了，非常爽口，肉皮已經不再是韌性，而是脆性，可以咬出清脆的響聲。

我就是吃這種扣肉長大，給童年留下了很多美妙的記憶。等我離開農村，去城市求學，母親就停止了生產扣肉。春節回到老家，看著母親疲倦的樣子，就把心底好吃的念頭淹沒在愛母親的視野裡。回到城市，每當回憶母親做的扣肉，就開始癢癢的想試試自己的廚技。結婚後，妻子是一個好吃的女人，要我做家鄉的蘿蔔絲扣肉給她吃。因為蘿蔔絲扣肉需要的時間長，我就在市場上買回現成的原扣肉蒸給她吃，吃後她還是不滿意，要我自己做原扣肉。

我沒有做過梅菜扣肉，也不知道那些工序，就只好問在城市裡待了多年的舅媽，並且登門學習。回來後我就開始做梅菜扣肉給妻子吃：先買好五花肉，切成大方塊，抹上料酒和醬油，用油煎到肉塊開始收縮，油汁冒出，撿出原扣肉，用原油加辣椒粉、鹽、豆豉做成辣椒油備用。吃時切成片，拌上辣椒油，在碗底鋪上梅菜，放上原扣肉，加點醬油、香油，蒸熟就可食用了。

吃時油汁還在，卻不油膩，透著一股煎熬的油脆香；精肉經過醬油的透熟力，已經熟透、緊縮，吃起來有精肉絲條條，帶著硬度；精肉裡藏著鮮味、甜味；還有其他做法無法表達的肉香味；再吃抹在表面的辣椒油，有著一股辣味，又驅散了鮮肉的腥味。

妻子吃著我做的梅菜扣肉，再也不詢問我童年的蘿蔔絲扣肉有多好吃了。

牛肚花

牛分黃牛、水牛，在飲食裡，多以吃黃牛的肉雜為主。湖南這片土地上，卻是一個山地與河流、湖泊並存的丘陵地帶。湖南人多以吃黃牛肉及它的附屬雜物，並且做出湘菜裡的各種風味和野趣。在寶慶梅山之地，人們對黃牛有特殊的熱愛和忠誠，也有著愛吃黃牛的狂熱，不僅吃法奇特，吃的形式也齊備，連牛雜之類的什物都有數不清的吃法。他們用特辣的乾紅辣椒調味，用梅山的異味山胡椒油祛騷化膻，製作湖湘一絕的牛雜菜品。這既辣又香的牛雜什物，讓人愈吃愈上癮，辣得大漢淋漓都不放棄。

山胡椒油的吃法這幾年由梅山之地的新化蔓延到長沙，讓好吃的長沙人產生了濃厚的興趣，梅山菜的吃法也迅速在長沙城擴張，吸引著長沙的飲食男女，滿足他們的口福。我在長沙，也常與朋友去品味梅山菜，最讓我動心的還是那碗牛肚花。

河西新民路，有家牛腩王，老闆是寶慶人，專做以牛身為料的菜品，吃過多次，最喜歡吃的是那碗爆炒牛肚花。在長沙，牛腩很少用於炒著吃，主要是做下米粉的馬子，有名的牛腩粉就是用牛腩做的。牛腩馬子要把整塊的牛肚燉熟，切成薄片，加紅油、辣椒面拌做成馬子。另一種吃法是把牛腩滷好，切成斜片加醋，在酒店賓館成一例涼菜。

牛肚花最吸引我的是山胡椒油的奇異香味，只要在菜裡加一滴山胡椒油，整碗菜都漂滿山胡椒油的氣息，就是隔幾十米，也可以聞到它的芳香和那特殊的香味，刺激著食客的鼻孔，勾起他（她）的食慾。還有一個我非常喜歡的地方，那就是它的形狀，爆炒出來的牛肚花如小簇小簇的花菜，美麗誘人，讓人吃的時候都要顧及它的美麗。

牛腩王是家排擋店，搞法與土菜館相同，主要做口味和特色菜。我第一次去那裡吃牛肚花，是從旁邊經過，聞到它炒菜的味道，帶著甜膩的芳香。我約了幾個朋友，當晚去牛腩王品味牛料美食。

我下館子喜歡尋找一些新鮮的菜品和特殊的吃法，嚐個鮮，吃個新。看到牛腩王的爆炒牛肚花，就點了一份。

不到十分鐘，菜就上來了。一個大斗碗，菜不是很豐盛，只有大半碗。湯麵血紅，菜從湯裡冒出一些小山突起，潔白如雪，形成了非常明顯的對比。初看以為是花菜切成的小塊，細看才發現那些小凹凸是肉疙瘩均勻的突起，白而不透明，更加增加了它的亮度。夾起一塊，才知道是牛肚片，炒得轉起來，縮緊成拳頭，成了牛肚花，我不停的感歎炒菜的師傅技術之高。

把牛肚花放進嘴裡，先是一種舌頭刺辣的感覺，那是山胡椒油的辣味。接著，滿口漂著鮮香的山胡椒油香，帶著清新的甜味，品到了來自自然的牛肚花甜和牛肚花的鮮。再是辣椒油的辣味，刺激著我的嘴唇，在輕輕的顫抖，就像琴弦的振動。再嚼，牛肚花挺脆，在細嚼的品味中聽到清脆的聲響——咔嚓咔嚓，卻沒有綿性，容易咬碎，表皮有些韌性，突起的肉疙瘩很嫩，咬下去感覺到它的細膩、滑爽。慢慢嚼，有股牛肉味冒出來，接著是品味到它的香純、甜膩，美妙得很。

連吃幾片，才發現牛肚花只有一根線厚，可見切菜的刀功。吃牛肚花，非常辣，要不停的下飯，來克制辛辣。喝水無法解決辣味，只能在辛辣中感覺到美味。

我想：吃這麼辣，也許是梅山土著人生長在資江邊，需要防寒祛暑；另為了那山區重體力活，多下飯保存體力。吃著這牛肚花，人就不自然的在梅山古地做著精神的旅遊，品味著那梅山風情。

侗寨醃肉

湘西少數民族，帶著神秘色彩和震撼力，一直讓外界嚮往，我行走湘西數次，體驗到湘西的新奇和遠古名族文化的神韻，一直處於興奮中。最有特色的是侗族，飲食豐富多彩，吃後終身難忘。侗族分佈在貴州黎平、從江、榕江、天柱、錦屏、三穗、鎮遠、劍河、玉屏，湖南省新晃、靖縣、通道，廣西三江、龍勝、融水等縣，人口不到三百萬。侗族聚居在湘黔桂交界的雲貴高原東端，長江和珠江的分水嶺地帶。地勢西北高，東南低，海拔在五百到千米之間。北屬武陵山脈和苗嶺山脈支系，南屬苗嶺山脈主幹及其支幹，大山連小山，小河匯大江，青山抱綠水，綠水繞青山，有激流險灘、清溪幽谷、高山峻嶺、低丘平壩，連綿起伏。

侗族是駱越的分支，唐代才由原始社會向封建社會過渡；清初改土歸流納入朝廷統治，進入封建地主經濟發展階段。侗族氏族或村寨由長老或鄉老主持事務，維護社會秩序，寨與寨之間進行合款，小款由若干個毗鄰村寨組成，大款由若干個小款聯合，共同議定款約，款民大會為最高權力組織，凡成年男子均須參加，共議款內事宜，主要是抵禦外族入侵和維護本族安定團結。

侗族村落依山傍水，村頭寨尾多蓄古樹，溪流橫跨風雨橋，寨中魚塘四布。侗寨以鼓樓為中心，按族姓聚居。侗人住乾欄房，樓上住人，樓下關養牲畜和堆置雜物。侗家人心目中糯米飯最香，甜米酒最醇，醃酸菜最可口，葉子煙最提神，酒歌最好聽，宴席最歡騰，這是他們的生活標準和追求目標。

湖南的侗族集中在懷化，喜歡吃酸辣食物，有「三天不吃酸，走路倒打竄」。侗人每家每戶有五六個酸罈子裝菜，分酸水罈、醋水罈、醃菜罈、醃魚罈、醃肉罈。罈子菜最有名的是通道侗家醃肉，俗稱接肉，又稱酸肉，有豬肉、鴨肉、牛肉、牛排等。侗人菜蔬帶酸味的占半數，可以說無菜不醃、無菜不酸，製作時以冬季最佳，用盆漬鹽，略晾乾，以木桶醃製，底層用糯飯或糊糯作糟，每鋪一層加一層糟，然後用竹葉或棕片蓋一層，再加木蓋，封嚴，用大石壓緊，數月即可食，醃肉不烹飪，直接切片裝碗，色豔味鹹；亦可煎炒、烤炙，以火炙最香。

侗族飲食，魚鮮包括鯉魚、鯽魚、草魚、鱔魚、泥鰍、小蝦、螃蟹、螺螄、蚌，可以製成火烤稻花鯉、草魚羹、鮮炒鯽魚、吮棱螺、酸小蝦、酸螃蟹等風味名肴。肉品有豬、牛、雞、鴨肉，吃法與漢族不同。瓜果有刺梅、獼猴桃、烏柿、野楊梅、野梨、藤梨、飽飯果、刺栗、大王泡、松村嫩皮、桑樹嫩皮、香草根等。野味包括鼠、蛇、蝌蚪、四腳蛇、幼蟬、幼蝗、土蜂蛹、石蛙、穿山甲、囡囡魚、麋鹿、梅花鹿、麂子、松香雞、松香豬均可食用。菌耳有松菌、雞絲凍菌、藤根、葛根、細微苔絲、竹筍。飲料有米酒、苦酒。他們的食材範圍廣，醃製方法巧妙，保存時間長。侗家盛宴，碗碗見酸，十道大菜組成的侗寨酸魚全席，為世間罕見，我有幸吃過一次，留下美好的回憶。

侗族一日四餐，兩飯兩茶，侗族人家普遍喜食辣椒和酸味，飯以米飯為主體，平壩吃粳米，山區吃糯米。糯米有紅糯、黑糯、白糯、禿殼糯、旱地糯、香禾糯。飯有白米飯、花米飯、光粥、花粥、粽子、糍粑等。吃時用手將飯捏成團食用，稱吃摶飯，摶飯甘美，一家蒸飯，全寨飄香。侗寨人家清晨做好一天的飯菜，帶上山去食用。侗族人專喝油茶，用茶葉、米花、炒花生、酥黃豆、糯米飯、肉、豬下水、鹽、蔥花、茶油等混合成稠濃湯羹，既解渴，又充饑，與飯配套食用。侗人還喝苦茶，煮時先將粳米妙成褐黑色，盛在碗裡，再將茶葉放在鍋裡炒焦，揉成粉末狀，然後把炒過的粳米倒進去。摻水一起煮，待粳米脹開了，加入青菜、蘿蔔、甘薯煮熟即可食用。其味酣苦，可以調胃，可以止瀉。

侗族人宴客喜歡打桐粑，工藝複雜細緻，品種繁多，加蘇子汁的紅侗粑、加楊桐葉黑侗粑、帶餡的豆沙侗粑、棗泥侗粑等。侗族糍粑十分講究，有堿水糍粑和白糍粑兩種，逢年過節、走親訪友的必備之物，又是日常食物，帶到坡上充當早點和午飯。在打白糍粑前，先把糯米淘洗好，浸泡一至二天，撈出來濾乾，放到甑子裡蒸熟，然後舀出來放進粑槽或石臼裡用木槌搗爛，雙手塗上蜂蠟或煮沸過的菜油，把它捏成拳頭大小的圓個兒放在木板上壓扁即成。糍粑乾硬後，再放入水缸裡保存。侗家建樓造屋、大廈落成，舉行踩寶樑時，將糍粑裝在竹籃裡，木匠師父用繡花背帶提到頂樑柱上，抛向四面八方的人群，邊抛邊唱道：魯班仙師送你粑，你人發家也發。

侗家人用米酒消除疲勞和待客，各種喜慶以酒為禮，以酒為樂，形成無酒則不成禮的習慣，家家自釀自烤米酒。有貴客前來，主人勸客痛飲，盡歡而散。進寨時有攔路酒，姑娘們在門樓邊設置路障，擋住客人，飲酒對歌，你唱我答，歌詞詼諧逗趣，令人捧腹，唱好喝好再撤除障礙讓客人進門。入座後換酒交杯，鄰居前來陪客，或將客人請到自己家，或湊份子在鼓樓共同宴請，不分彼此。酒席上有雞頭獻客、油茶待客、酸菜苦酒待客、吃合攏飯、喝轉轉酒等程式。

侗族酸味食物有罎製和桶製兩種，罎製有酸湯、蝦子螃蟹俺醬、糟辣等，用淘米水放置火塘旁，每天蒸飯時把湯汁倒入甑煮沸，再放入罈中，多天後便成酸湯。酸湯富含穀維素，煮魚蝦、蔬菜，色味俱佳。製作蝦醬，先將蝦子與乾辣椒攪拌和碾碎，再加麵粉、豆粉、生薑末、桂皮、食鹽等攪拌均勻，存入罈子，十多天就有酸味，則可食用。食用時用油煎，或用開湯，其味更香。糟辣製作與漢族相似。桶製酸食有醃魚和醃肉。醃魚先將新鮮的活魚把內臟掏出，撒以食鹽，將糯米和辣椒粉加水攪拌成糟，把糟放入魚腹部內，放置於桶中，桶低先墊糟，然後將一層魚一層糟，上蓋芭蕉葉或毛桐葉，邊加禾草圈，密封並用圓石重壓，在桶上灌一清水覆面，使之與空氣隔絕，一年後即可取出使用。魚醃的時間越長，味道就越好。醃肉先把肉切成薄片，製作程式與醃魚相似。醃肉品種較多，主要有醃豬肉，牛肉。香酸魚是侗家人愛吃的醃製家常菜，是侗家菜中的珍品。醃魚十年不變質，魚肉紅潤，酸鹹可口香氣襲人，桶醃酸魚一醃就是三五年，有的甚至一二十年，是招待上賓或紅白喜事時方可嚐到的美味佳餚。

我在通道數個侗寨共待了半個多月，嚐遍了侗族美食，感觸甚多。

衡東頭碗

在長沙品食衡陽人開的菜館，早就熟悉衡東土菜，衡陽人對辣椒嗜好，無辣不成菜也對我記憶深刻。衡陽人喜歡鹹辣，辣椒是每家每戶必備的佐料。農村家家戶戶種植燈籠椒、朝天黃。我多次到衡陽，對衡東卻瞭解甚少，風俗習慣更加不知。前不久，我隻身到衡陽出差，在文友的撮合下，一起去樟木寺遊玩。

樟木寺坐落在湘江邊，在湘江與耒水匯合處的上游三公里地方，距衡陽十五公里。曾是衡陽的鹽運碼頭，過去的繁華街市，商賈雲集，民國期間的商鋪板房到處可見。清末大鹽商程商霖的商號還在，三層磚木結構，看得出曾經的輝煌。樟木寺最有名的是佛寺樟木寺，從唐代培元寺發展而來，一直僧侶雲集，晚清時期的楊泗廟、五統廟香火鼎盛，帶動了附近的商業貿易，逐漸成為著名的竹木集散地，每逢集市，衡山、衡東、衡陽、市郊的群眾、商販雲集於此，交易十分活躍，被譽為小香港。

我們看完樟木寺，文友提議去衡東去吃土菜，我正好可以瞭解衡東的風俗習慣，特別是那道一直沒有吃到的衡東頭碗，此行也可以完成心願。

衡東在衡山之東，境內聳立著南嶽七十二峰的曉霞峰、鳳凰峰、金覺峰，座座山峰俏麗挺秀，英姿各異。洣水河從山峰腳下流過，山與水相融，構成一幅絕美的山水圖景。

衡東土菜源遠流長，流傳最早最廣的是清朝年間的黃貢辣。衡東狀元彭俊進京，從家鄉帶了自產的黃辣椒作禮物進獻給皇帝。皇帝吃了開始覺得很辣，過後食慾大開，齒間留香，回味無窮。皇帝大悅，便要彭俊家鄉每年進獻黃辣椒。黃辣椒從此身價倍增，並改名黃貢椒。黃貢椒原產衡東三樟鄉，種植在湘江沖積平原的沙性土壤上。這種土壤最適宜辣椒種植，不僅產量高，辣味足，顏色橙黃，味道獨特，皮薄，肉厚，甜脆，特別受愛吃辣椒的衡陽人喜愛。

衡東人講究席面，叫湘腰席，一桌共八大碗。衡東土菜在湘腰席的基礎上進行改造，增加各鄉鎮特色，推出三樟黃椒、南灣豆油、草市豆腐、楊橋麩子肉、土匪豬肝、楊梓坪蘿蔔皮、霞流咸鴨蛋、石灘真塘魚、大源渡活魚、石灣脆肚、踏莊土雞、新塘削骨肉等，形成一系列特色土菜。衡東土菜口味獨特、香色俱佳、美味可口、譽滿三湘、蜚聲湖廣，以辣、鮮、美、便為特色。

衡東土菜最著名的是衡東頭碗，俗稱七層樓，又名懷素佛塔，在衡東喜宴上出頭碗，即湘腰席八大碗中第一道出場菜。頭碗集燉、煮、溜、蒸、炒等多種烹飪方法於一體，這道菜功夫在初加工上，要燉豬腳、燙蛋皮、剁碎肉，做成橄欖丸、蛋包丸、滑肉，是體現席宴檔次，展示廚師手藝高低的品牌。

我們選擇在曉霞峰下吃衡東頭碗，順便瞭解衡山八景的曉霞晴嵐，曉霞峰上獅子岩，峰下海月寺，南端有二童攻書山，即唐玄藏法師門人、千卷佛經譯者、草書大家懷素舍利塔故址，乾隆五十二年（西元一七八七年），時任衡山知縣徐錦在懷素佛塔舊墓上建起崇文塔，衡東人們為了紀念草書大家懷素和尚，特做一道素菜，即七層樓。南來北往的僧侶和香客從衡陽去衡山燒香，第一站是衡陽市的回雁峰，到衡東，只能吃素，遇到大喜宴，也要吃素，所以頭碗吃七層佛塔，表示對僧侶和香客的尊重，更是衡東的風俗習慣和宗教信仰。

我吃到衡東頭碗，才知道它是大雜燴，有豬腳、整蛋、剁碎肉、橄欖丸、蛋包丸、滑肉等，每層的食物份量根據一桌的人數決定，層次分別是黑木耳、魚肉丸、蛋餃、粉蒸肉、鵪鶉蛋、紅薯、大棗，在碗裡一層層的擺起來，吃的時候一層層的吃完，吃完一層就是另外一種食品，是件非常有趣的事。

衡東頭碗還與晚清湘軍名將彭玉麟有關，彭玉麟發跡後，待客的招牌菜就是衡東頭碗。彭玉麟對衡東頭碗進行了改造，增加腰花、鍋燒丸、黃雀肉、魚丸、蛋捲等，稱玉麟香腰、寶塔香腰、管堆子香腰，形如寶塔，寓意步步登高。改造後的衡東頭碗傳入民間，成為衡陽酒席中定型的頭碗菜品，也是民間結婚、生子、祝壽、逢年過節團圓飯中不可缺少的食物。其實頭碗還可以根據具體情況進行改造，也可頂上加蓋其他菜肴，蓋海參稱海參香腰，蓋乾貝稱瑤柱香腰，蓋肉片、豬肝、豬心等即普通寶塔香腰。墊底亦可因人、因時、因物質條件而異。其特點是造型美觀，色彩豔麗，鹹甜鮮香，味美可口。

我慢慢吃完衡東頭碗，才知道此菜內容豐富，花樣較多，菜疊菜，共八層，每層八片或八塊或八個，約六斤，塔狀。第一層條狀魚丸子，鮮嫩滑潤、彈性強，第二層團狀黃雀肉，口味鬆軟、甘嫩清香，其次是一層層吃下去，第八層是圓蛋，共八枚，去殼呈五香味。

一九七九年編寫的《中國菜譜》收入此菜，衡陽民間，宴請有無頭碗不成席之說。農村大多以飯豆、紅棗墊底，上面順次加入圓蛋、黃雀肉、魚丸，再以腰花、海參封頂。

我在回衡陽的路上感歎，民間的力量真偉大，可以把一道菜做到如此高的水平，是我在書齋中無法想像的。

第五輯

西部食旅

敦煌醬驢肉黃麵

醬驢肉黃麵是敦煌的一道名吃，號稱中華一絕，到過敦煌的人和生活在敦煌的人都會在路邊看到很多驢肉黃麵館，正宗的醬驢肉黃麵館只有一家，敦煌裡手都知道，敦煌市西大橋農貿市場門口，有家叫達記驢肉黃麵館的，就是響譽敦煌城的醬驢肉黃麵代表。

在敦煌，對吃流行一句話：天上的龍肉，地上的驢肉。也就是說，在沙漠邊緣的敦煌城，最好吃的是驢肉。

在長沙，我吃過東北醬驢肉和湖南風味的驢肉火鍋及南縣特色驢肉，沒有感覺到特別好吃，也沒有吃出迷人的口味。敦煌的朋友跟我說，到了沙漠明珠——敦煌，一定要去吃一頓地道的驢肉黃麵，品嚐一下敦煌的人間美味——驢肉。

妻子生長在敦煌，從小就是個好吃鬼，對四川、甘肅、青海三省的美食頗為瞭解，回到敦煌，也給我推薦去達記吃驢肉黃麵。

在敦煌玩了幾天，都沒有去吃驢肉黃麵。我想：驢肉黃麵大家都說好吃，我也有必要去嚐一下，也可作為這次旅行的副產品。但是，我要在敦煌待一個多月，不需急著匆忙去吃，等進城遊玩時有充裕的時間，我再去吃也不遲，更加可以靜心品吃，感受敦煌風俗。

剛到七里鎮，身體有些不適，休息幾天，完全恢復健康，味覺大增，品味了不少敦煌風味的美食，才下定決心去吃驢肉黃麵。我以為驢肉黃麵像拉麵一樣，把驢肉下在面裡吃的，其實，這是一種誤思。

到達記驢肉黃麵館，人特別多，二十幾張條形桌子的麵館，坐滿了人，我們等了好一會才有人離去，讓出座位來。坐下，就是點菜。黃麵按大份小份吃，大份五元，小份四元，我與妻子都要了小份的。驢肉按斤出售，二十三元一斤。妻子想買一斤，我想還去其他地方玩，不宜吃得太飽，免得遇上其他美食又吃不下，只要了半斤。妻子就點了半斤驢肉，兩個小份黃麵。

最先上一小碟蒜蓉，敦煌人喜歡吃蒜和大蔥，而且都是蘸著吃生的。我不喜歡吃蒜蓉和大蔥，把它放在一邊不管。接著是一碟辣椒醬，與西北普通的辣椒面不同，是用鮮紅辣椒剁製而成，再加植物油為醬汁，做成鮮紅通亮的剁辣椒醬。敦煌人吃蒜蓉，淋點辣椒醬在蒜蓉上，拌好，再下驢肉在裡面吃，我不想用此法吃。最後才上驢肉與黃麵，黃麵與拉麵不同，顏色黃橙橙的，非常光亮，還淋了一層香菇汁。驢肉滷製，切成大片，又加熱了，上面蓋層香菜段，看上很有分量和食色。

達記的黃麵好吃，主要在於香菇汁做得好。其他驢肉黃麵館雖然也有香菇汁，卻沒有自己秘製的特色香菇汁，是普通的香菇肉湯。而達記香菇汁是用香菇末、豬肉、水豆腐等做成的哨子，帶著湯汁。豆腐小塊小塊的，有點硬度，也有些嚼味。香菇哨子的主要作用在香菇湯汁，湯汁拌在黃麵上，染上帶油的湯水，散發著一股淳香肉膩和香菇甜味。聞著那味道，麵粉味就消失，食慾突然大增。吃香菇汁黃麵，面有些韌性和筋勁，湯汁在面上增加了滑爽，香菇末和豆腐夾在黃麵中，增加了味道的種類，也給黃麵添加可吃性。

驢肉厚實，不像醬牛肉一樣鬆酥，肉質緊促有質感，鹹淡適宜，咬開肉塊，嚐到肉裡的甜味和醬香，有一種很醇香的清淡。特別是驢筋，有一定的柔性，也有韌糯性，吃起來很有嚼勁和口感，適宜於慢慢的嚼味和品嚐，我就挑著吃，細細品味敦煌地上的驢肉。

我才明白，驢肉黃麵是驢肉與黃麵的結合，醬驢肉是敦煌的招牌，黃麵是敦煌的品牌，把驢肉與黃麵合在一起，就打造了敦煌美食——驢肉黃麵的金字招牌。

敦煌人喜歡吃麵，還喜歡吃肉，在敦煌，不但可以吃到地道的黃麵，還能吃到美味的驢肉，這種組合，未嘗不是一種理想的吃法。我想：這也許是驢肉黃麵成為敦煌一道名吃的原因之一吧。

豌豆顛的顏色慾望

豌豆顛，是四川人的一種特殊美食，走過很多地方，也沒有遇上。這次到青海，卻感受了一些新鮮。四川人吃豌豆顛，是豌豆苗的嫩芽，叫豌豆顛，應該是豌豆尖的意思。那綠油油的嫩芽，又脆又嫩，兩三寸長的苗尖兒，堆放在一起很引誘我的眼球。當我知道他們吃豌豆顛時，心裡有種未名的興奮。

在湖南的鄉下，豌豆的吃法不多。豌豆苗長得挺茂盛，嫩綠的葉子常常是春天裡招蜂引蝶的目標，粉紅的豌豆花輕輕張開它的雙唇，像停下來的彩蝶。吃的主要是豌豆，嫩的時候連豌豆夾一起吃，稍老點，只吃豌豆粒。其他的葉子和苗，都餵豬、牛，充當飼料。

甘肅省敦煌市七里鎮，也有一群吃豌豆顛的人。這要從他們的沿系講起：二十世紀五〇年代，青海在格爾木、花土溝開發油田，從全國各地調集人馬進行採挖。來青海油田的人數四川人最多，他們來到青海，生活在海拔兩千七百米高的山嵐上，氣候乾燥，土地沙化，綠色植物稀少。四川人就把帶來的豌豆種在窯洞口，用於煮湯喝。二十世紀九〇年代，青海油田有了大的發展，為了安頓退休石油工人和改善在職工人的生存環境，在海拔只有一千七百米的七里鎮建了一個新石油城生活小區。七里鎮一樣是沙漠遍眼，雖然建成了現代化石油城，綠色還是這裡非常缺乏的顏色，秋冬季節，眼前只有黃色沙土。七里鎮的冬天，石油工人多吃泡菜，也很難買到新鮮的蔬菜，大部分蔬菜要從四川運來，青菜也就是豌豆顛和芹菜葉常見。豌豆顛的吃法很多，在不同的地方有不同的吃法。四川人流落到陝西，發明了豌豆顛煮麵。把豌豆顛在開水裡熬煮，直到豌豆顛被煮成綠糊糊，就把煮好的麵下到豌豆顛糊糊裡，看上去是綠綠的麵，充滿著食慾。在四川本地，多是做湯吃，燒開水，把豌豆顛在裡面燙一下，湯又鮮又甜。青海油田，大家喜歡把豌豆顛清炒著吃，又滑又甜又脆嫩，被油染成綠亮色的豌豆顛豔麗欲滴，給食客不少誘惑。

我吃豌豆顛，是因為新鮮有味，想探究一下味道，品嚐一翻滋味。

豌豆顛，只吃嫩芽尖兒。嫩芽尖兒用手指一掐，又嫩又脆，掐得輕輕脆響。豌豆顛要吃得嫩，才能吃到爽口、清脆、鮮嫩的味道，如果老嫩兼吃，吃的時候味道盡失，留下的是粗纖維和澀味。掐好的嫩芽兒在冷水裡泡一段時間，再輕輕擦洗，撈出再沖一次水，瀝乾。炒豌豆顛要用青油，油需先燒開，爐火要旺，爆炒數分鐘，豌豆顛又甜又脆，口感柔嫩而味鮮。豌豆顛青炒，還要少放鹽，充分顯露它的清淡，鹽味過重，甜味頓失，脆感全無。品嚐要趁熱，剛出鍋的豌豆顛有清香和甜味飄揚，淡淡的清香很吸引食客，吃一芽一葉，感覺滑爽，嫩嫩的葉片流著滑液，直接竄進胃裡。豌豆顛不宜吃得過多，容易留下口腔澀覺，也不宜下餐再吃，葉老色失，口感全無。

吃豌豆顛，我想是味覺巔峰的品味，更是食客體會的全面考察。我算不了品味的食客，作為一個品食愛好者，把一些零星的感覺記下，給其他食客留個品味的基石。

蘭州馬子祿拉麵

蘭州拉麵，因為它的特色已經把麵館開遍了大江南北。我是個標準的湖南人，吃米飯長大，遇上拉麵，也曾不惜少吃兩頓米飯，在拉麵館裡感受拉麵的味兒。有朋友跟我說起在蘭州吃拉麵，那拉麵的味與長沙的完全不一樣，我就期盼到蘭州好好的品嚐一下地道的拉麵。

二〇〇七年一月二十六日，我終於成行，目標直奔蘭州，去完成幾年來的心願。蘭州，相對長沙是一個遙遠的城市。從長沙出發，要走兩千八百餘公里，剛火車就要走一天兩晚。

在蘭州，等我吃拉麵的有王長偉、花兒會等兄弟。他們知道我要去蘭州，已經等了好幾天了，遲遲不見我起程，都急壞了。接到我上車了的電話，都高興得跳起來了。

二十七日早上八點，我與妻子終於到了蘭州。走出火車站，來接我們的王長偉、花兒會兄弟早就到了，在寒風中等了我們兩個小時。沒寒暄幾句，就打車直驅省政府旁的大眾巷馬子祿牛肉麵館。

馬子祿是牛肉拉麵的創始人，經過了一百多年的風雨。馬子祿牛肉麵館走老字號經營方式，使用最原始的製麵、調湯法。拉麵分寬麵、細麵，細麵又有一細、二細，人們愛吃的是二細麵，這也說明蘭州人吃麵的口味。湯用鮮牛肉、牛骨頭熬煮，牛肉第二天做麵的碼子，牛肉湯做第二天麵的湯汁。每天熬煮的牛肉、湯水都是有限的，可以配製的牛肉麵也是有限的。

馬子祿牛肉麵館有個不成文的規定，賣牛肉拉麵以湯汁為準，按湯汁配出多少碗麵，賣完就關門。來馬子祿牛肉麵館吃拉麵的人不少，常擠得排成長隊，等待吃麵。很多到蘭州的軍政要人、明星，都要去馬子祿牛肉麵館吃碗拉麵。馬子祿牛肉麵館每天早早就關門了，最遲在下午兩點。而蘭州與其他地方的天氣不同，早晨八點左右才天亮，人們十點左右去吃早餐，馬子祿牛肉麵館的經營不足五小時。

馬子祿的牛肉和湯汁必須先天晚上做好，湯汁熬好後涼著，等待第二天早上使用；牛肉撈出來放陰涼處，在冬天的晚上就會結一層霜，第二天切時就緊促、方便。馬子祿牛肉麵館對加牛肉麵（即牛肉麵套餐）的牛肉要進行嚴格的選擇。牛肉必須是後腿肉，切時淘汰肥肉和牛筋，切成大片，片兒寬，厚度薄，最好是竹棉紙厚。

我們在二樓吃套餐，坐在靠廚房的地方，每人來了個十塊的加肉牛肉麵。

王長偉還點了幾盤小菜，都是馬子祿牛肉麵館的名小菜。蘭州小菜也是蘭州的特色。在蘭州這個寒冷的城市，小菜不是熱菜，而是涼菜，做得非常的特別，帶著酸味。蘭州小菜常放醋，菜不油膩，全部靠醃製，菜也不會結凍。

麵上來，我才知道，真正的牛肉麵的牛肉不是成片的，還是成坨的，大小如花生米。成坨的牛肉先下在湯裡，泡上一段時間也不會泡爛，吃時還緊促有嚼味。

牛肉麵裡要加幾片蘿蔔片，用的是蘭州本地蘿蔔，即綠皮的小白蘿蔔，片兒小而薄，主要功能是去騷味，增加湯汁的新鮮。

王長偉兄向我介紹，吃牛肉麵有個標準：一清二白三紅四綠，也就是湯汁要清澈見底、拉麵要淨白純一、辣椒面要鮮紅活色、香菜要青綠鮮脆，達到這個標準的拉麵才是真正的馬子祿牛肉麵。拉麵在製作時要加入硼灰，拉麵的筋勁才強；湯汁的水用黃河水。

吃蘭州拉麵，主要在於湯汁的味道。吃時有講究，麵上桌後要馬上吃，可以感受到拉麵的筋勁。被熱湯泡一段時間，拉麵就泡化了，吃時不上勁。吃時聲音大，吞吸快。裡手吃麵，一大斗碗蘭州拉麵，不要十分鐘就全進入了胃裡。

我感覺牛肉湯裡的麵很滑爽、有韌勁，遇上香菜葉，還帶著一股青香和甘甜，牛肉坨也緊促成絲，牛肉片在湯裡泡後，變得鬆酥飽汁，連湯帶肉吃，可以嚼到了牛肉的真味道。邊吃麵邊吃小菜，口裡留下清香與麵香的交和，減少了油膩反胃。慢品清澈的牛肉麵湯，小口小口的吸進嘴裡，有著清爽的味道和牛肉的濃香，真是一種絕味。

敦煌洋芋粉

洋芋粉，是大家所說的土豆粉或者馬鈴薯粉。敦煌乃絲綢之路末端，西域進入中國的第一站。土豆原產於西方，形狀像芋頭，從西域引進，所以在名字前加一個洋字，成了洋芋頭。在甘肅一帶，土豆還叫洋芋頭，土豆粉絲也叫洋芋粉。

洋芋粉絲不像南方粉絲細長而潔白，雖然黃橙的色彩，外形卻不利索。洋芋粉分寬粉和圓粉，寬粉有兩韮米寬，米多長，而圓粉有粗有細，粗者大過筷子，細者不壓於黃豆。敦煌卻不同，也許是水土的原因，洋芋粉成米黃色，圓粉粗糙，同一根粉絲還疙瘩扭曲，如波浪線左右擺動。

敦煌人喜歡吃洋芋粉，吃時把它當飯，卻吃得少，一年都難得幾回。敦煌人愛吃釀皮，據說釀皮是四川人做的，第一個做的姓張，發了財，把他的親戚帶到敦煌，敦煌這個小城就遍地是釀皮了。敦煌人喜歡吃釀皮，是因為簡單，釀皮擺在人多的地方，往攤點上一坐，馬上可以吃了。釀皮是小吃，敦煌人把它當主食，每天中午都吃。

洋芋粉在敦煌不是主食，是菜的一種拌料，會吃的敦煌人把洋芋粉泡湯喝。敦煌人做菜大碗大盆的蒸煮，一餐吃不完下餐接著吃，一個菜接連吃兩三天。做肉食也一樣，常煮一大鍋，連湯帶肉好幾天都吃不完，下餐吃時熱一熱，越熱越油膩，熱過幾次，肉裡的油脂都煮出來了。吃到最後，肉雖吃完，湯卻剩一大鍋，只好下麵條或洋芋粉吃。

下洋芋粉吃的肉湯有三種，首選是雞湯，其次是羊肉湯、再是豬肉湯。湯的來源是同一種做法，雞肉（羊肉、豬肉）清燉。敦煌人燉肉要用高壓鍋，這樣才能燉爛，切成大塊的肉在高壓鍋裡燉上個把小時，才合敦煌人口味。雞湯是剛宰殺的活雞燉的，雞湯清鮮味美；羊肉湯要新鮮羊羔肉燉，湯味純正無騷氣；豬肉湯要薰好的臘肉燉，湯味鮮美香氣清宜。用這些湯下洋芋粉，才鮮香俱全、滑爽可口，宮廷美食難出於右。

洋芋粉成把包裝，用時先需開水泡發。菜前一小時入水，熱湯時瀝乾待用。湯需清除肉塊及骨頭等，大火燒開，泡發的粉絲切斷入鍋。不加鹽及其他作料，湯水翻滾即出鍋。洋芋粉需趁熱吃，先吃粉後喝湯，反之湯粉糊結。吃粉的方法莫如撈出單吃，湯會清澈如初，味道鮮美微溫。粉泡在湯裡，越吃越糊，湯水越攪越渾；吃完粉，湯已成糊糊，味道太濃，鮮味盡失，此法不可取。

最好吃的洋芋粉是雞湯洋芋粉。湯水成米黃色，那乃雞湯之色，粉絲非常柔軟，又有韌性、韌勁和超強的滑爽。輕輕攪動雞湯，雞肉的鮮香飄然而起，刺激著食客的味覺。入口滑爽有質感，粉上疙瘩韌性更強，咬下有清脆之響，細嚼先甜微酸。雞湯洋芋粉食用不宜過多，因為超強滑爽，進口入肚極易，吃飽迅速，在感受美味的同時不知不覺就飽了肚子。如一味的感受美味，吃飽了就難受了。雞湯油脂過多，易產生油膩反胃，粉絲滑爽，也易拉肚子而影響身體。喝湯時味道稍鹹，油膩明顯減輕，鮮香更為突出。慢慢細品，能夠嚐出很多的味色。

雞湯洋芋粉，是我吃的粉絲裡最好吃的，也是我記憶最深刻的，我卻不敢再吃，怕一吃就吃多了，反倒損害身體。

蘭州酸辣羊蹄筋

吃蹄筋，是中國飲食文化的一大特色。多以牛、豬蹄筋為主，每個地方的做法和吃法不一。在蘭州，有一道菜也是蹄筋，那是羊蹄筋，還做著南方的酸辣味。

蘭州屬西北之地，有著不少的羊群，牧羊的人也不少，羊肉成了當地人的主要肉食。羊身上的東西很多，吃法各異，酸辣羊蹄筋就是他們的特色吃法。西北人的飲食有個特色：熱菜少涼菜多。涼菜在蘭州屬小菜，即普通菜或者輔助菜，雖然能上得桌面，卻是飯前茶後的小吃與調味。很多特色餐館，都有自己的特色涼菜，至少有一兩道是食客稱讚的，這樣就能吸引回頭客。

在馬大鬍子羊羔肉店吃羊羔肉，除了羊肉這些熱菜外，還有好幾個有名的特色涼菜。那天，在王長偉兄的陪同下，吃了些，我喜歡的是酸辣羊蹄筋，印象深刻。

近幾年，我常年在外旅食，吃過不下十種的蹄筋，有豬蹄筋、牛蹄筋，卻沒有羊蹄筋。蘭州的酸辣羊蹄筋，與其他蹄筋的吃法不同，有著味覺和視覺的特色。

我喜歡吃有嚼味又脆的菜，吃時可以嚼一嚼味。作為蹄筋，都有嚼勁，如果火候不到，卻嚼不爛；火候到了，嚼爛的希望也不大；像吃蘿蔔、白菜一樣的程度很難。

每個地方都有地方的口味，也就是本地人的吃喝愛好，會影響菜的味道和基本做法。西北人還愛吃醋，蘭州人也不例外。蘭州涼菜多加醋製、醋醃，做成西北普通的酸味，形成蘭州涼菜特有的味道。蘭州不產辣椒，也愛吃辣椒，菜裡有辣味，也是微辣。西北人用辣椒，多用乾紅辣椒粉（即辣椒面），鮮辣椒很少。做辣椒面把油燒開，拌上辣椒粉，加鹽、花椒、薑粉、大蒜等即成。用時潑灑在菜上或染菜，也有放在菜裡煮的，最多用在湯裡調色。

馬大鬍子店的酸辣羊蹄筋，相似於南方的酸辣菜，只是辣味稍淡點。西北菜裡使用辣椒醬做酸辣菜，是很少見的。也許，酸辣羊蹄筋這道菜的原料需用南方酸辣法。羊蹄筋需清洗煮熟，切片成條，施浸泡之法入酸辣味。辣椒醬本來是酸味，再浸泡在辣椒醬中，酸味易成，辣味也易成。作為羊蹄筋，是羊的蹄子筋，絕不能用羊的其他筋代替。蘭州酸辣羊蹄筋的長度、厚度、片狀都有一定的標準，其他部位的筋按標準做就難了。

酸辣羊蹄筋透明，沒有湯汁，染著辣椒醬的紅色。一釐米厚，長條狀，吃在嘴裡，先是酸味，微辣，再嚼，脆響的嚼斷聲，嚼成細細的非常有質感。蘭州酸辣羊蹄筋除了韌勁和韌性，細嚼就碎，另有脆響成聲。我喜歡細嚼，也喜歡聽那脆響的聲音，如把它當休閒的零食品味，更能感覺味道的純美和吃的閒適。

馬大鬍子羊羔肉式樣

羊肉，我吃得最少。

生活在湖南，主要吃豬肉、牛肉。這次去西北前，聽妻子說那裡羊肉多，還沒做好準備就踏上了去蘭州的列車。

在蘭州，沒有親人，只有在一個網站裡混的幾個文友。臨走前，在網上發了個帖子，告訴我西北行的時間和地點。王長偉兄馬上支持我。王兄是蘭州人，在城郊工作，知道我在蘭州轉車，安排了兩天的活動。並答應陪我去馬大鬍子羊羔肉店吃羊羔肉。

湖南吃羊肉只有春節多一點，其他時候是長沙大街小巷的烤羊肉串。長沙的烤羊肉串不是一塊一塊的，而是一片一片的薄片，穿在竹簽子上，像張毛邊紙。

到蘭州，那是早晨，帶著寒氣。隨王長偉兄在蘭州步行街轉了一圈，吃過馬子祿牛肉麵和杜記甜食灰豆湯、熱冬果等，在黃河堤岸上溜達一陣。時間已經十二點多，我們打車去市郊的馬大鬍子羊羔肉店吃羊羔肉。走進店內，裝飾得樸素古典，沒有現代化的華麗，卻可感受到馬大鬍子羊羔肉的歷史厚重。包廂已經沒了，大廳還有幾張空桌，我們在大廳中央坐下，透過落地玻璃，看到車坪裡停滿了車輛及黃河的堤岸。

馬大鬍子羊羔肉店不僅是蘭州的百年老店，還是正宗羊羔肉的發源地。在做羊肉餐館這一塊赫赫有名，分店開到了北京、西安、西寧等地，在那一方也非常有名。馬大鬍子羊羔肉店從開店以來，就在蘭州城的郊區，生意雖然很好，卻一直沒有遷到市中心。聽人說，蘭州市區的人為了吃頓馬大鬍子羊羔肉，特意開車兩小時到市郊買剛出鍋的羊羔肉。來蘭州的許多外地客商，都知道蘭州有個馬大鬍子羊羔肉店，去那裡吃羊羔肉。

馬大鬍子羊羔肉店的羊肉是熱菜，小菜是涼菜，這是它的特色。我們去馬大鬍子羊羔肉店吃羊肉，王長偉兄特意點了手抓羊排、紅燜羊肉、烤羊肉串。我對蘭州飲食不太瞭解，蘭州涼菜也不會品味，這裡就不記述了。

先上的是烤羊肉串，我驚訝的是它的肉塊之大。肉塊成方形，有一寸把見方，兩釐米厚，穿在鐵籤子上非常的厚實、有分量。烤羊肉串顏色鮮紅，上面裹了一層厚厚的辣椒面，被羊肉上的汁水濕潤，光澤豔麗。辣椒面非常細膩，分佈勻稱。肉塊吃在嘴裡，沒有烤焦的感覺，非常細嫩、柔軟，感覺到肉塊裡的汁液流動。羊肉串的油汁慢慢的滲出，形成欲滴的油液。在馬大鬍子吃羊肉串，要趁熱，如果是冬天，就更打緊。不馬上吃，羊肉串的油汁就會凍結在盤子上，周圍結一層流下來的油脂，鮮紅的非常耀眼。

馬大鬍子羊羔肉店最有特色的是手抓羊排。手抓羊排是羊羔肉裡的一絕，羊羔肉需宰殺一歲以下的羊羔，肉細嫩鮮美，羊排肉質細嫩。手抓羊排乃清真，已入鹽味，覺得味道不夠或者吃胡椒的可有椒鹽，撒在羊排上即可吃。蘭州人吃胡椒和醋，喜歡在羊排上撒點椒鹽。我也試了一塊，在羊排上撒一層薄薄的椒鹽，鹽的晶體顆粒落在羊排上，很久沒有融化，吃時羊排要香些，還能感覺到鹽粒和胡椒末的顆粒，帶著質感。吃手抓羊排，充分展現了西北人的風格，比較粗魯和大漢氣。手掌大塊的羊排，上面留著幾條刀痕，純白米黃色，羊皮皺紋道道，皮下一層薄薄的肥肉，吃時有點油膩，卻酥鬆柔軟。手抓羊排帶著甜味，沒有一點騷氣。王長偉用手抓起一塊大羊排，嘴裡塞進一半，露出半截，狼吞虎嚥的樣子嚇壞了我。吃手抓羊排，可以喝點白酒解油膩。

紅燜羊肉是西北特色羊肉。羊肉大坨如雞蛋。做時先是紅燒，再來乾燜。雖然塊大嚇人，卻燜得酥柔易爛。紅燜羊肉里加有洋芋粉，筷子大根的洋芋粉黃白色，彎彎曲曲的佔據肉塊的空間，非常的吸引眼球。羊肉裡還點綴著幾片配色的紅辣椒，湯汁成了暗紅色的糊糊，包裹在羊肉周圍，洋溢著紅燜羊肉的香味。

吃馬大鬍子羊羔肉，得上一種八寶蓋碗茶，茶裡有冰糖、桂圓、大棗，茶水微甜，可解羊肉的油膩。邊吃羊肉邊喝八寶蓋碗茶，吃飽喝足都不膩。

格爾木烤羊雜

格爾木在青藏高原腹地，南臨柴達木盆地和昆侖山脈，北面察爾汗鹽湖，是新中國後（西元一九五四年）建的一個新興石油城市。青海油田的煉油基地就建在格爾木市。在這個高原的石油城裡的石油工人，都喜歡吃格爾木的烤羊肉、烤羊雜。這些好吃的石油工人，工作之餘尋找著他們心目中的美食。格爾木的烤羊排成了他們心目中的至極。也因為青海油田那些流動的石油工人，把格爾木烤羊排的風味帶到了青海的其他地方及青海周邊的省份，整個高原都流行吃格爾木的烤羊排。

格爾木即是一個地方的吃法，也是烤羊排的一種風味。在格爾木，很少有人吃烤羊排，而是吃其他的東西。其實，格爾木烤羊排是烤羊肉、烤羊雜的代名詞，食客不是真正的熱衷於烤羊排，還是格爾木的烤羊腱子、烤羊腰子等。

我到格爾木，是隨著一群石油工人來的。格爾木的石油工人，有很多生活在青海油田的敦煌生活基地。在敦煌，也有很多的格爾木風味的烤羊排專店，但是，他們的烤羊排遠遠沒有格爾木的好吃。與我同行的有妻子和她的幾個朋友，他們有些是到格爾木來上班的石油工人，有些是家屬，來格爾木遊玩吃喝的。他們對於格爾木，都非常熟悉了，也吃過不少格爾木的羊肉，更熱衷於格爾木的正宗烤羊雜。

格爾木這個新石油城，到處都是烤羊排專店，他們的味道也都做得極好。

我們去了一家在石油工人中比較有名的烤羊排店。走進店內，擺設非常的簡單，只有一些餐桌椅和一台電視機。正值中午，客人比較少，我們幾個好好的享受了這些空間和美食。

在店主和朋友們的共同推薦下，選了幾樣特色小吃：烤羊肉串、烤羊腰子、烤饃饃、烤羊腱子。開始了感受格爾木烤羊排的序幕。

格爾木的烤羊肉沒有蘭州馬大鬍子的大，也沒有那麼厚。羊肉塊如指頭，厚不過一釐米，外表裹著厚厚的辣椒面，鮮紅的顏色。辣椒面非常的細，裹得非常的均勻，外表看上去沒有烤過。羊肉串在盤子裡放一會兒，辣椒面就慢慢的潮濕，羊肉串冒著油光，看上去光彩照人。先吃沒有潮濕的羊肉串，嘴巴皮辣得不停的顫抖，辣椒面也抹得嘴皮上四處都是。再吃潮濕了的烤羊肉，羊肉串的油水欲滴，辣椒面明顯的減少，顏色也暗淡下來。羊肉串外表好像烤焦，咬開，裡面去包著一泡羊肉汁水，暖而甜香有味。從咬開的羊肉塊上，能聞到一股油渣的香味。吃完一串，再吃第二串，妻子告訴我，格爾木的烤羊肉串與其他地方的不同。一般一串烤羊肉只有四或六塊，一塊精肉與一塊肥肉間隔穿在一起，烤時不抹羊油，也不加其他作料，烤好後，再加作料烤一會，把辣椒面裹上，就可以食用。

烤羊腰子是格爾木風味裡的特色。只有格爾木烤法烤出的羊腰子不帶騷味，這要從它的做法上說。首先，格爾木人殺了羊，就要趁熱把羊腰子挖出，順便剖開，撕去腰子裡的筋脈，切成條形的六塊，用秘制水醃一段時間，食客要吃時再用鐵籤子穿好，烤時抹點凍結的羊油於表面，文火慢烤，火用青海塊煤生。這樣烤出的羊腰子不會燒焦，肉質也不會烤老，吃時連血腥味都沒有，肉質也不綿，咬開雖然鮮活，卻不見淤血。真的是一種絕活。

烤膜膜是格爾木風味的獨特。其他地方的膜膜多在鐵板上烤，而格爾木風味的烤膜膜是把已熟的膜膜再烤熱吃，這是在吃法上的一種創新。烤膜膜很特別，把膜膜切成六長條，一根鐵籤子穿一條，在上面抹上羊油等物，就放在煤火上慢烤，烤一會抹一層羊油，羊油滲入膜膜裡，越烤洋油滲透越深，烤過三輪，羊油就滲透了整個膜膜，膜膜外表看上去質硬，裡面已經酥軟。吃時帶著熱熱的溫度，又非常的酥軟，還能聞出羊奶的味道，如果加上幾顆芝麻，那味道就更有味。

烤羊腱子是格爾木的主打。作為西北人，食量非常大。烤羊肉串、烤羊腰子、烤膜膜這些小吃，分量上都不多，就是吃了數量很多的烤羊肉串、烤羊腰子、烤膜膜，也很難填飽肚子的一角。烤羊腱子卻不同，羊腱子是羊大腿，雖然不如肘子有肉，卻是羊雜裡最有分量的。羊腱子烤時要橫著切一些小花刀，深淺不一。切時不能豎切，那樣烤時會把肉烤爆，腱子肉在烤時一股一股的露出來，很容易烤焦，肉質變老。吃時就感覺不到羊腱子的鮮味，也吃不到腱子肉軟嫩和羊筋的韌性。烤羊腱子要把羊血保留在肉裡，留住腱子肉的鮮味。而橫切是為烤時入味、易熟。烤好後，羊腱子的肉緊縮在一起，露出一截骨頭。吃時如果野蠻一點，就可以用手抓著露出來的骨頭吃羊腱子，那樣就更顯得有點西北大漢的風度。

去青海吃烤羊雜，可以選擇性的試試格爾木風味，也許會吃出你的風度，也可感受高原生活的特色。

敦煌酒棗

敦煌是沙漠裡的一顆明珠，也是座歷史文化名城，以敦煌石窟、莫高窟壁畫聞名天下。位於古代中國通往西域、中亞、歐洲的絲綢之路上，曾擁有繁榮的商貿活動。

我曾數次到敦煌探望岳父岳母，也在敦煌的農村和名勝古跡做過漫遊，吃盡敦煌美食，賞遍敦煌風光，冬天走在敦煌的大街小巷，會遇到踩三輪車的，車上載著矮身腰粗的罈子，一路吆喝著賣酒棗啦，我開始很迷惑，棗子還可以用酒泡著吃。

酒棗在北方也稱醉棗，是種傳統食品，醇香濃郁、色澤鮮紅、脆甜宜人，倍受小孩歡迎。在北方的山西、陝西、甘肅等地，棗樹遍佈，秋後的九月，樹上摘下的鮮棗，可以生吃、蒸吃，也可曬成棗乾吃、煮飯吃，還可以摻在面裡做棗糕吃。紅棗又名大棗，是古代五果（桃、李、梅、杏、棗）之一，在我國有八千多年的栽培歷史，民間稱為鐵桿莊稼、木本糧食，被譽為百果之王。在中國，紅棗象徵幸福、愉快、吉祥，喜慶宴席上是必不可少的點綴和食品，在結婚典禮上寓意深長，有棗（早）生貴子，色、味、形、香俱用。俗話說：一日吃三棗，一輩子不顯老。成為農村重要的滋補品。

敦煌著名的鳴沙山，在敦煌市楊家橋鄉鳴山村附近，土質肥沃，盛產棗類，在沙漠之外的地方產鳴山大棗，在沙漠之中的綠洲，產顆粒細小的砂棗。敦煌酒棗用鳴山大棗特製，它個大味甘、營養豐富，外表光亮、紅中透黑，宛若紅寶石，風味獨特。

在敦煌流行一句話：酒棗新鮮放不壞。每年九月上旬，鳴沙山的棗子紅了，紅亮光鮮的掛滿枝頭，映襯著黃色的土地和肅殺的秋景，繪畫出一幅美麗的西部風情畫。在摘下的紅棗裡挑選個大飽滿的鮮棗，用高度白酒拌攪浸泡，封存瓦罈中，冬春啟封，鮮活如初，棗香酒香飄逸，使人饞涎頓溢，醺醺欲醉。泡透的酒棗，隨吃隨取，芳香異常，雖用酒醃製，多食也不會醉。

據史書記載，唐初李世民大戰薛仁杲於淺水原（今長武原），為祭奠陣亡將士，在陝西彬縣特製酒棗，祭祀他們。李世民把剩餘酒棗賜給朝臣和進貢其父李淵，李淵食後倍加讚賞，賜名晉棗。

鳴山大棗一九七九年發現，一九八三年定名，果實特大，圓筒形，皮厚紅褐，果肉綠白，緻密酥脆，汁多味甜。紅棗富含蛋白質、脂肪、維生素及鈣、磷、鐵等微量元素，紅棗味甘性溫、歸脾胃經，有補中益氣、養血安神、滋養陰血、緩和藥性的功能和抗疲勞的作用，能增強人的耐力，《神農本草經》、《本草綱目》都有記載。

做酒棗，比較講究，選擇酒棗原料以生食品種為主，要個大、形整齊、肉質疏鬆、可溶性固形物含量高，如山西交城駿棗、陝西彬縣晉棗、河北贊皇大棗、鳴山大棗等均可，婆棗、胎裡紅等宜乾制，以鬆脆多汁、甘甜微酸的脆熟期鮮棗為加工時期，擇無病蟲、無損傷、無裂紋、新鮮、乾淨的紅棗，洗淨晾乾備用，用封口的罈、缸、罐、甕等盛裝，將上等白酒倒入闊口容器內，白酒六十到六十五度為宜，將棗全面蘸酒，再放入盛裝容器，放滿後，將罈口密封，不透氣，置冷涼處儲藏，經過一個月左右，酒棗成熟，即可食用。

我在敦煌，喜歡吃了飯後，散步的時候吃上兩顆，生脆鮮美，滿嘴留香，回味無窮。

第六輯

清湯寡水

閩東名菜佛跳牆

前往福建，就有人對我推薦了一道名菜──佛跳牆，閩菜的五大名菜之一。我聽後心癢癢的，心想到了福建一定要找個機會吃一次，品味其中的滋味。此次行程的目的地是廈門，參加一個美食文化活動，接待我的是廈門航空公司的一位朋友，是早已熟識的兄弟，想吃佛跳牆卻不好提要求。我到福建的目的是宣傳他們公司的美食，順便到福建的文化名勝遊玩一圈，與朋友探討文學和寫作。

當我從網路上瞭解佛跳牆之後，我放棄了想吃它的想法。佛跳牆是道昂貴的名菜，原料多，製作複雜。我一直以來都吃普通菜式，主張尋找民間美食，對大菜沒有興趣。

我到福州，來接我的夏告訴我，他在聚春園訂了兩蠱佛跳牆。跟夏走進聚春園，古樸的建築風格，能審視出聚春園的歷史文化沉澱，也讓我對佛跳牆有了景仰之意。

待我坐定，夏給我介紹佛跳牆。佛跳牆由海參、鮑魚、魚翅、乾貝、魚唇、花膠、蟶子、火腿、豬肚、羊肘、蹄尖、蹄筋、雞脯、鴨脯、雞肫、鴨肫、冬菇、冬筍十八種原料做成。分別用煎、炒、烹、炸多種工藝把十八種原料做熟，再碼放在紹興酒罈中，加湯和紹興酒，讓湯、酒、菜充分融合，荷葉密封，武火燒沸，文火煨燉五六小時，才可以品味。還告訴我，佛跳牆有一百多年歷史，最正宗的是福州聚春園。

我也從其他地方聽說過佛跳牆這道菜的起源，在福州民間有三種傳說。其一，一八七六年（清代同治末），福州揚橋巷官錢局一位官員設家宴請福建布政司周蓮，令紹籍夫人下廚做福壽全，周蓮吃後讚不絕口，遂命衙廚鄭春發仿製。鄭登門求教後，把食材加以改革，多用海鮮，少用肉，菜越發葷香可口。一八七七年，鄭離開周衙府，在福州開了一片聚春園菜館，福壽全成為主打菜，轟動榕城。因福州話福壽全與佛跳牆音似，很多人食客誤以為是佛跳牆，因而改名。一秀才聞到福壽全啟罈後葷香四溢，詩興大發，當即漫聲吟道：「罈啟葷香飄四鄰，佛聞棄禪跳牆來」的詩句，名聲更大。其二，福建傳統風俗習慣，叫試廚。新婚媳婦進門第三天，要下廚做一頓茶飯侍奉公婆，以考家務能力。傳說一位富家女嬌生慣養，不習廚事，嫁前愁苦不已，母親替她把家裡做好的山珍海味用荷葉包好，交代她到時候加熱即可上桌。小姐到第三天竟把烹熱技法忘了，情急之下把所有菜一股腦兒倒進紹酒罈，蓋上荷葉，擱在灶頭，自己跑回娘家。第二天濃香飄出，夫家連贊好菜，就是十八道菜一鍋煮的來頭。其三，費孝通先生研究考察，認為佛跳牆是一群乞丐所為。乞丐每天提著陶缽瓦罐四處討飯，把討來的各種殘羹剩菜倒在一起燒煮，熱氣騰騰，香味四溢。和尚聞到香味，禁不住引誘，跳牆而出，大快朵頤。一位飯鋪老闆出門聞到奇香，遁香發現是些破瓦罐，從此啟悟，回店以各種原料雜燴於一甕，配以紹酒，創造了佛跳牆。據查，和尚是高僧玄荃。

一九六五年和一九八〇年，分別在廣州南園和香港舉辦了以烹製佛跳牆為主的福州菜大賽，引起轟動，世界各地掀起佛跳牆熱。各地華僑開設的餐館，多用佛跳牆招徠顧客。佛跳牆得到了大力發展，還接待過西哈努克親王、雷根、伊莉莎白，深受他們讚賞。

夏知道我喜歡研究美食，叫來聚春園大廚給我講解佛跳牆的食材和製作方法。大廚胖胖墩墩站在我對面，說話時滿臉堆著笑，兩眼眯成一條縫。開始他有些拘謹，怕我是行內高手，我見他這樣，要他坐我的旁邊，囑他放鬆。告訴他我不太瞭解閩菜，隨便講點就可以了，給我增長點知識。

大廚清了清嗓子，努力了好幾次才說出聲來。佛跳牆的食料要求嚴格按著比例配合，一罐紹興酒罈佛跳牆大概要用水發魚翅五百克、淨鴨肫六個、水發刺參兩百五十克、鴿蛋十二個、肥母雞一隻、水發冬菇兩百克、水發豬蹄筋兩百五十克、豬肥膘九十五克、豬肚一個、薑片七十五克、羊肘五百克、蔥段九十五克、淨火腿腱肉一百五十克、桂皮十克、炊發乾貝一百二十五克、紹酒兩千五百克、冬筍五百克、味精十克、水發魚唇兩百五十克、冰糖七十五克、魴肚一百二十五克、醬油七十五克、金錢鮑一千克、豬骨湯一千克、豬蹄尖一千克、熟豬油一千克、淨鴨一隻。其他食材和輔料不能隨意添加，否則會變味。

大廚還叮囑，佛跳牆的製作也特別注意方法、技巧，必須一樣一樣的做到位。他詳細介紹了水發魚翅去沙，整排剔在竹箅上，去腥味，加豬肥膘肉，旺火蒸兩小時。魚唇切條去腥。金錢鮑旺火蒸爛，切片。鴿蛋煮熟，去殼。雞、鴨去頭、頸、腳，豬蹄尖剔殼，洗淨，羊肘乾淨，各切十二塊，與鴨肫下沸水鍋，去血水。豬肚入沸水，去濁味，切十二塊。水發刺參洗淨，切兩片。水發豬蹄筋洗淨，切兩寸長段。火腿腱肉旺火蒸後，切一釐米厚片。冬筍放沸水中汆熟，每條直切四塊，拍扁。熟豬油放鍋中燒至七成熱，將鴿蛋、冬筍下鍋炸兩分鐘，將魚高肚下鍋，炸至手可折斷止，倒進漏勺瀝油，放清水中浸透，取出切塊。鍋留餘油，放雞、鴨、羊肘、豬蹄尖、鴨肫、豬肚塊炒幾下，起鍋撈出各料盛盆，湯汁待用。紹興酒罈洗淨，加入清水五百克，微火燒熱，倒淨罈中水，罈底放竹箅，將煮過的雞、鴨、羊、肘、豬蹄尖、鴨肫、豬肚及花冬菇、冬筍放入，把魚翅、火腿、乾貝、鮑魚用紗布包成長方形，擺在雞鴨等料上，倒入煮雞鴨等料的湯汁，用荷葉把罈口封嚴，倒扣瓷碗。將酒罈置於木炭爐上，小火煨兩小時後啟蓋，將刺參、蹄筋、魚唇、魚高肚放入罈內，即刻封好罈口，再煨一小時取出。上菜時，將罈口菜全倒在大盆內，紗布包打開，鴿蛋放在最上面。

還要給客人配上蓑衣蘿蔔一碟、火腿拌豆芽一碟、冬菇炒豆苗一碟、油辣芥一碟以及銀絲捲、芝麻燒餅佐食。

看著兩隻古色古香的食盅，立刻聞到一股酒香撲鼻，直襲心脾，接著濃香蔓延開來，散滿整個包廂。食盅中的湯濃褐色，厚而不膩。接著散發出各種海鮮的香氣，與紹興酒味混合在一起，沒有相互沖淡或者抵消，而是味道混合，演義得更加幽雅、清香。輕輕品口湯，濃滑鮮美，味中有味，回味無窮，再喝口清茶，海鮮的香氣還在口腔裡飄揚、擴散。尋覓湯中海鮮，形狀已經不再明顯，卻爛而不腐，又軟糯柔滑、清爽彈牙。慢慢品味、感覺，有種升騰之像。

大廚給我特地介紹了佛跳牆營養價值：魚翅膠質豐富，是高蛋白、低糖、低脂肪食品，有降血脂、抗動脈硬化等作用，對心血管系統疾病有防治功效，開胃進食，清痰消魚積，補五臟，長腰力，益虛癆。鮑魚有豐富鈣、鐵、碘和維生素A，有滋陰、清熱、益精、明目的功能。野雞肉含鈣、磷、鐵較高，對貧血、體弱者有很好的食療作用，且健脾養胃、增進食慾、止瀉等功效。乾貝有滋陰補腎、和胃調中功能。竹筍富含煙酸、膳食纖維，促進腸道蠕動、消化、消食、防止便秘，有預防消化道腫瘤的功效。

大廚特別提醒：佛跳牆的食材已經非常多，本來是相互補充的食品，忌與芝麻、菊花、李子、兔肉、芥末同食，不然會有食物相克，出現中毒。

到廈門後，我又結識了不少閩菜專家，也查閱了不少閩菜書籍，才知道佛跳牆是閩菜精華，聚春園更是佛跳牆的發源地，佛跳牆更是做得正宗地道，幾十種原料煨於一罈，又保持各自的特色和香味，吃起來軟嫩柔潤，濃郁葷香不膩，真的很難得。

蟹王魚唇

這幾年的美食之旅，要數閩東佘族的蟹王魚唇記憶最深刻，讓我時刻浮現吃時的情景。二〇〇八年秋季，我在福建行走了半個月，吃遍閩菜精華，包括佛跳牆、蟹王魚唇等，讓我真正感覺到海味的精深，不得不讚歎。

到福建的第一站是廈門，第二站是寧德。

寧德位於福建東北部，俗稱閩東，轄蕉城區，福安、福鼎市，霞浦、古田、屏南、壽寧、周寧、柘榮縣，是少數民族佘族聚居的地方，有佘族人口近二十萬，隨處都可以見到身著黑衣的佘族少女。寧德山青水秀，盛產晚熟荔枝、龍眼、葡萄等水果，臨海漁村還產大黃魚、石斑魚、螃蟹，吃海鮮成為當地居民的一大飲食特色。

寧德地型複雜多變，旅遊景點甚多，有海上仙都太姥山、鴛鴦溪、九龍祭瀑布群、翠屏湖、東獅山等自然景觀，還有支提寺、霞浦媽祖行宮等聞名的人文景觀。

我到寧德，不是為了看山賞水，還是去瞭解佘族的民俗風情和飲食習慣，完善我的少數民族美食文化。我參觀了佘族歌舞團的表演，去了佘族革命紀念館、佘族博物館、中華佘族宮等專門保存佘族文化的景點，從側面瞭解了一些佘族的飲食文化。在朋友的介紹下，我又去了福安的溪塔村，那裡被叫做「葡萄溝」，是全國聞名的南國葡萄生產基地，我吃飽了葡萄，也吃到了獨特的佘族美食，尤其難得的還吃到了蟹王魚唇。

佘族是個古老的民族，有自己的語言和文字，還有鮮明的習俗風情和生活習慣，他們自稱「山哈」，意思是居住在山裡的客人。佘族婦女上身著黑衣，衣領、衣襟、袖口繡滿彩色花紋圖案，非常吸引眼球，腰束黑底花色圍裙和織花腰帶，下繫黑色褲子，打有綁腿，讓我感覺有點像古代女俠。佘族少女頭繫紅絨線，織著一根大辮子，盤繞在頭頂上，結婚後梳成筒帽式或螺式，形似鳳頭，很有貴婦氣質。佘族男女都喜歡唱山歌，日常生活中很少用言語溝通，常以歌代言、以歌傳情、以歌達意，把日子過得非常浪漫。

閩東菜是中國八大菜系之一的福建菜的組成部分，永春醋聞名全國，菜肴以淡爽清鮮、鮮嫩和醇，重酸甜淡，講究湯鮮；在烹飪中形成紅糟調味、長於製湯、長於使用糖醋三大特色。糖去腥膻，甜而不膩；醋爽口清淡，酸而不峻；菜肴鮮嫩純美，淡而不薄，善於烹調海味水產，針對不同原材料，使用不同刀工和各種烹調方法、技巧，做到投料準、時間準、次序準、口味準，烹飪出來的菜肴口味變化無窮、豐富多彩、別具一格。

中國人吃蟹歷史文化悠久，在江浙沿海一帶尤其盛行，常與高檔海鮮一起烹飪，做出美味佳餚。

中國最著名的食蟹家施今墨，把中國螃蟹分為湖蟹、江蟹、河蟹、溪蟹、溝蟹、海蟹六等，每等又分二級，湖蟹以陽澄湖、嘉興湖為一級，邵伯湖、高郵湖為二級；江蟹以蕪湖一級，九江二級。據《考吃•食蟹篇》記載：我國古代吃蟹文化非常發達，吃蟹名人輩出，吃蟹方法無盡，明代中期，江浙還有食蟹專家發明了小巧玲瓏的食蟹工具，有錘、鐓、鉗、匙、叉、鏟、刮、針八件，被稱之「蟹八件」，可窺見古代蟹文化之一斑。

文人墨客，對螃蟹也情有獨鍾，流傳下來的詠蟹詩不計其數，膾炙人口的名篇也不少。李白的《月下獨酌》有「蟹螯即金液，糟丘是蓬萊。且須飲美酒，乘月醉高臺。」就把蟹、酒、詩三位溶於一體，讓人不得不讚歎。

在我們吃蟹中，陽澄湖大閘蟹被稱為「蟹中之冠」，與陽澄湖水、泥土、水生物等有關。陽澄湖活水性較好，水體清澄、陽光透徹、透明度高，湖底粉沙和沙質泥多，水草茂盛，水生物豐富。與中堡蟹相差不多。而閘蟹之名卻與捕蟹有關，每當秋高氣爽之時，螃蟹正肥，蟹黃最多，捕蟹者就在湖泊的港灣間設置竹閘，竹片編成竹閘，夜黑插入湖裡，叫做關閘。再在閘上懸掛燈火，螃蟹見火光爬上竹閘乘涼，捕者當即在閘上捕之，稱之為「閘蟹」。

蟹肉含有豐富的蛋白質和氨基酸，秋天採的蟹蟹黃充沛。自古至今，蟹黃都是一種營養極品，被食客傳誦、抬舉。蟹黃吃法繁多，有燒白菜、燒魚唇、燒魚翅等，都是高檔佳餚；小吃中的蟹黃燒賣，味道可口，蟹香迷人；用蟹肉醃後久藏成的蟹醬，卻幽香撲鼻，醬味沁心，用來做下陽春麵的拌料，吃起來真是絕味。

蟹王魚唇中的魚唇不是我們通常說的普通魚嘴巴，還是和魚翅一樣從魚鰭上拆下來的肉，比魚翅個頭更大，以鱘魚、鰉魚、大黃魚及鯊魚上唇皮或連帶鼻、眼、腮部的皮乾製而成。以皮乾體厚，色銀白，無蟲蛀、臭味為佳。多產在我國的舟山群島、渤海、青島、福建等地，含大量的膠質蛋白，營養豐富，常以紅燒、黃燜手法來烹飪。魚唇是沿海各地上貢給封建帝皇的貢品，普通老百姓很難吃到，現在卻作為閩東名菜的原料，上了大眾食譜，招待各地遠來的客人。

蟹王魚唇以鯊魚魚唇最佳，屬海味魚唇，是我國海味八珍之一。用鯊魚及犁頭鯊的唇部加工而成。質地脆軟、柔嫩腴美、細膩適口；魚唇鮮明可辨、嚼勁十足，像甲魚裙邊，肉質比魚翅更鮮、體積更大，容易吸收高湯的味道。

製作蟹王魚唇，一般採用乾的魚唇和蟹黃。魚唇先水發，蟹黃洗淨去除雜物，放碗內加料酒、蔥、薑、雞湯，上屜蒸透，碼入盤內。魚唇切成一指寬的長條狀，在開水中汆透，瀝乾水分。魚唇放入湯鍋中，加雞湯、料酒、鹽、味精、毛薑水，小火煨乾湯汁，撈出魚唇，成圓盤狀擺在蟹黃上。在炒勺中加蔥薑油、料酒、雞湯、味精、精鹽、毛薑水，把魚唇、蟹黃放勺中煨十分鐘，用稀濕澱粉勾流芡，淋蔥薑油，大翻勺，淋上雞油即成。魚唇色澤潔亮，蟹黃味道鮮香。

我吃到這樣高貴的蟹王魚唇，第一感覺是非常清淡，細細品味，魚唇特別鮮美，最吸引我的是湯汁，雖然只有少許，喝後能讓人久久回味、體覺，再吃魚唇，片片通亮透明，油光可鑒，送進嘴裡，柔軟異常，慢慢嚼，先是魚唇吸收的高湯流汁慢慢滲出，彌漫舌尖，再嚼才是甘甜沁心，回味無窮，吃時既是一種享受，又是一種品味，好像是追尋味道方向。

青瓜清湯

青瓜在很多地方叫苦瓜，而在廣東卻叫青瓜。

廣東屬於亞熱帶地區，氣溫比其他地區要高很多，而且容易上火。所以就要吃些去火清涼的食物。久而久之，廣東人就開始從地方的食譜上進行了全面的改革。拿清火的事來說，他們喜歡吃青瓜肉片湯、廣東涼茶。茶當水飲，湯就成了吃飯的飲料。

南下廣東，在廣州、東莞、惠州、深圳四城小住了七天，多次吃到青瓜肉片湯，就因為這一道小小的湯，引起了我對廣東飲食的興趣。在家鄉湖南，幾乎是沒有人會這麼大膽的拿苦瓜去煮湯喝的。而苦瓜炒蛋卻是湖南的一道名菜，就是不吃苦瓜的美眉們也會吃菜裡面的蛋，甚至會吃一兩片苦瓜來嚐嚐鮮。在鄉里還有一種吃法——用曬乾的苦瓜片煮白辣椒片吃。

我愛吃苦瓜，但是從來沒有吃過苦瓜煮湯，第一次在廣州的一家湘菜館吃到，幾乎把我驚呆了。因為我自己是一個做菜的裡手，又在出版社從事菜譜、飲食類圖書的編輯工作，應該說是見多識廣了。卻沒有跨越地域的門檻做苦瓜煮湯來吃。

青瓜肉片湯看上去就是一個清湯。能數出有幾個油星，除了懸浮在湯中的苦瓜青點，就沒有什麼東西了，其實，肉片早已沉到了碗底。

我看了良久，才有朋友告訴我。苦瓜在廣東叫青瓜。苦瓜的表皮是綠色的，民間把綠色叫青色，廣東人也沿用民間的叫法，把苦瓜叫成青瓜。

苦瓜聽起來就知道它很苦，所以很多人不喜歡它。只是這些年來，飲食界、醫學界把苦瓜作為一種清火的涼藥推薦給大家才成為餐桌上的名菜。

根據生物學的研究，苦瓜味苦，可是它的苦汁很特別，苦味是不傳染的，隨便跟什麼東西混合，兩種東西的味道各是各的，苦瓜的苦味還留在自己身上。

青瓜肉片湯的原料有很多講究，肉片要純精肉，不能有半點經絡和肥肉，否則就會加重油分，影響湯的清淡，再用肉切成兩釐米寬三釐米長的薄片。苦瓜也要很精壯、直條，切成一寸見方的丁，把水燒開，先放入肉片，再放入苦瓜丁，等水滾開，加少許鹽就可以起鍋了。

青瓜湯的好壞主要是看它的清淡：首先是淡色，看上去湯是蛋白的，又油星少；其次是品，先用乾淨碗盛半碗，輕輕的喝一口，湯水是甜的，還有點青味，稍帶點澀；然後是肉色，湯裡的肉片奶白色或者接近奶色，也就是剛燙好的樣子，油分還沒有煮出來只成膠狀；最後是青瓜，不苦不澀也不脆不爛，這才是一碗真正的好湯。

在吃完飯後，再來一碗青瓜湯，那才叫做生活的享受。

株洲雜菜湯

喝湯，是南方人的一種習慣，講究營養的搭配，飯前來點湯或者羹，吃得自在舒適，這頓飯就有滋有味。

生活在長沙，我也喜歡喝湯，卻沒有傳統的習慣，而喜歡飯後喝湯。在家裡做飯，妻子交代要做個湯，飯後補水。妻子是北方人，生長在沙漠邊緣的敦煌，長大來到長沙，改變了她的飲食習慣，善於吃湘菜、吃辣椒。

株洲，有很多好吃的美食，我都沒吃過，特別那些民間美食，有幾個朋友給我介紹過，都沒找到地方。那天，我與妻子到株洲天臺小區玩，妻子的同學周瓊請我們在小區門口的小店吃飯。小店是專給小區居民炒盒飯的，周瓊點了幾樣菜，味道都不錯，我卻忘記了名字，而那樣湯，我記得很清楚，叫雜菜湯。湯很簡單，一個清水湯盆裡，有豆腐、豬血、精肉、萵筍葉、小白菜，清澈見底的湯汁根本看不出什麼內涵和味道。

吃完一碗飯，想喝茶時，茶水很燙，用湯代替。湯舀在碗裡，先聞到一股青香，喝一小口，湯上帶點油星，潤滑了嘴巴，進入口裡是那麼舒適爽滑，流過舌尖，嘴裡感覺是那麼舒坦，體味到萵筍的香純、小白菜的清脆，還有新鮮菜葉的微甜。沒有青味，也沒有苦澀，甜得很單純、很天然。

我開始以為只是農村的菜新鮮美味罷了，一細看，天臺小區也是株洲城區。菜是從旁邊的菜店裡買的，我想應該是廚師的技術了吧。一問，廚師開這家小店五六年了，以前在別的地方也做過，他最拿手的就是雜菜湯，人人吃了都喜歡，受到不少人的稱讚和誇獎。

我就開始認真研究起雜菜湯來，而雜菜湯的關鍵在於一個雜字，也就是說湯要用多種菜或菜葉做成，再加入湯水。湯做出來又不能讓多種菜味道相互串味，做得湯裡什麼味都有，湯必需是純正的淡水，只帶微甜，其他菜葉味道保持不變。

我吃到豆腐是新鮮的水豆腐，非常的嫩，沒有經過任何的煎炸，只是切成小塊薄片，吃起來又油膩又柔軟，還能感覺到豆腐香；豬血夾上去很硬，容易夾起來，吃起來卻比較脆，咬下去就塌一塊，豬血裡水分少，感覺到豬血的細膩和滑爽；精肉切成薄片，看上去白嫩，沒有勾芡，肉片卻沒有酸味，還是鮮甜鮮甜的，讓人回味自然。雖然看上去肉絲成精成條，卻非常的嫩，咬起來堅韌有彈性；萵筍葉用手拆成一段一段，只有寸把長，清晰看到拆斷的痕跡，卻軟塌塌的，上面漂著油星，吃起來不膩，也不硬澀，噴散濃濃的萵筍清香；小白菜是一種四季青菜，卻很難炒得好吃，油鹽不入，非常熟吃起來沒味，半生不熟吃起來很次，容易打牙。廚師在湯裡用的是長得細的小白菜，葉莖均勻，菜葉清爽，白莖甜鮮。湯水上還飄了層薄薄的黃色油沫，淺淺的，很難看出。

我又喝口湯水，沒有雞精、味精的澀味，喝後根本不想喝水。我才知道，這是做湯的最高境界。

我感歎，很多地方小吃或者民間美食，是可遇不可求，只有在美食的旅途中，食客自己仔細的去品味，尋找美食的來源。

金城灰豆湯

在我的食憶裡，知道江浙、廣東等地甜食甚多，也給我帶來美好的回味。對內地和西部，甜品知道得甚少。蘭州有甜食，也是這次到蘭州出差才知曉的。

蘭州聞名全國的美食是拉麵，與拉麵齊名的蘭州美女，除此，我瞭解的蘭州太少，根本沒有概念。到蘭州的第一天，就有王長偉、花兒會兩兄陪我到大眾巷馬子祿吃正宗蘭州拉麵。在隔壁，有一家杜維成的杜記甜食，帶著歷史的年代和威名存在。

在南方，豌豆很少有灰色的，也沒有灰豆一說，我不知道灰豆為何豆。生活在蘭州的王長偉兄告訴我，蘭州不產灰豆，做灰豆湯的豆子是豌豆的一種，叫麻色豌豆。我就糊塗了，沒有灰豆，卻把麻色豌豆叫成灰豆。後來，我查閱了很多資料才知道，麻色豌豆與大棗文火熬煮，顏色慢慢變成灰色或者褐色，是以顏色而命名的。

蘭州隋以前沒有金城、蘭州之名，只是邊疆的一個要塞，地接沙漠。隋初，隴上置蘭州總管府，才有蘭州之名見於史冊。大業初，隴上廢府改郡，命為金城郡。從此，蘭州之地人們以金城、蘭州並稱。蘭州稱金城，並不是蘭州固約金湯，只是取其金之堅，朝廷希望有座堅固的城池在大漠邊緣，守候著邊疆，不讓異族侵犯。

麻色豌豆在鐵鍋中熬至半熟，加水、食用城、紅棗等佐料，文火煮成稀糊，顏色成灰色或者褐色，即可出鍋，吃時加白糖調味，去城棗氣息。

在蘭州，灰豆湯是一道普通的小吃，很多街頭巷尾的小店都可以做，但是味道卻各有差異。蘭州最著名的灰豆湯是杜維成灰豆王，一九八九年，被甘肅省商業廳授予金城灰豆王的稱號。杜維成先生是在繼承灰豆名家馬有創制的灰豆子製作技藝上深加工，做成杜維成式風味獨特的灰豆湯。從此，杜維成灰豆湯響譽蘭州，外地遊客也來品嚐。

灰豆湯豆綿湯糊、棗甜味香、富含營養，夏日冷飲袪暑、冬日熱食滋補，是一味不可多得的四季佳品。也是蘭州飲食界的一大特色和驕傲，食客常常稱讚的美食。

王長偉兄為了接待我的到來，從連城趕到蘭州，先天下榻大眾巷附近的一家賓館，與其小女探訪了杜維成灰豆王，親自嚐食聞名已久的灰豆湯，覺得味道不錯。第二天見到我，吃過拉麵，還提議去嚐嚐杜維成灰豆湯，讓我感受蘭州甜食。

幾人來到杜維成灰豆王，坐在那古樸的店裡，欣賞牆壁上的圖畫，都是一些關於蘭州甜食的介紹，細數，不下二十種，我才心中暗贊，蘭州不愧是個美食之地。

灰豆湯端上桌，湯汁特稠，像煮糊了的粥，表面結了皮。這也許是蘭州早晨的天氣比較冷，食品凍結快。推到我面前，聞到一股香味，香味裡帶著粉膩和水分，又非常的清新頤神，有要清醒我睡意的架勢（早晨到蘭州，路上一晚沒睡好）。我以為灰豆湯必須煮稠，豆子要燉爛燉化。輕輕用勺子舀點，放入嘴裡，粉粉的顆粒，帶著微甜，輕輕一吸，感覺到可以喝動的湯汁流向，緩緩進入嘴裡，漫上舌尖，激起味蕾。再是大棗的甜味，輕輕的有點甜，需要仔細去品味。

吃過幾勺，稠稠的灰豆湯滲透出湯水，看上去清澈見亮。灰豆湯不是非常稠，豆子也不是非常爛，稠汁浮於表面，燉爛的豆子飄在上層。我思考過這些問題，一是重力作用，整粒的豆子下沉；二是蘭州冬天氣溫低，表面物質容易凍結。再細細品味豆子，一顆顆吸進嘴裡，不用牙齒嚼就融化，剩一點豆皮，感覺到豆子的質地和味道。

喝了那一碗灰豆湯，記憶裡有無數顆豆子在動，很想再喝一次灰豆湯，好好品味它的感覺。

豆花

豆花是四川人的最愛，成都人對豆花有著特別的喜愛，把簡簡單單的豆花做成很多美味的小吃。說實在的，豆花是豆腐腦的一種，在中國大地上，走到那裡都可以吃得上。而這個豆花卻不同，只有四川人才做得好。成都人的豆花做得非常出色，吃了就難於忘記。

成娟是江南女子，生長在江蘇鹽城，那是一個物產、美食豐富的水鄉。這幾年，一個人旅食京城，卻沒有忘記尋找美食，一直在味覺邊緣品覓。她住在安定門，對周圍的美食進行了地毯式的調查，瞭解得非常的清楚透徹，成了安定門的美食活地圖。

我北上京師，本沒有品味美食的心情，當聯繫到有美食興趣的成娟，就約我去安定門品味豆花。在我的知識庫裡，北京的美食很多，小吃也不少。但是，北京的飯菜鹹、甜，與我的口味不相合，就捨棄了，朋友們都陪我吃地道的湖南菜。

到安定門，進了一條小胡同，看上去有些陳舊和歷史。成娟告訴我，她就住在附近，常與幾個朋友在這裡偵察美食，對周圍的味道比較瞭解，特地給我推薦一家大眾口味的豆花莊。

豆花莊，以豆花聞名，是成都人所開，主要做豆花，接待四川老鄉，後來發展到做其他地方菜。據說，豆花莊在安定門有些歷史，十幾年前就有一家小店，發展到現在，已經成一家初具規模的飯店，生意做的都是回頭客。所以，豆花莊在食客中也小有名氣。

豆花，我常聽妻子說起，她老家的名小吃。去岳母家待過一段時間，沒有吃到，也不知道由什麼原料組成。成娟告訴我，她第一次吃豆花，以為是豆腐腦，加了些火腿、蠶豆而已，吃過幾次，她才發現白的豆花裡不止有豆腐腦，還有蛋白，小塊小塊的混在豆腐裡，視覺很難區分，需要仔細的品味才知道。

我吃了一口，確實嚐到雞蛋味，還是很難區分豆腐腦和雞蛋，只好含混的吞下。豆花很嫩很滑，接近家鄉的白溪豆腐腦，只是白溪豆腐腦成大塊，不能攪，否則豆腐腦裡的水會溢出，豆腐成饗樣。按家鄉的習慣，吃豆腐腦加點白糖，糖在熱豆腐腦上很快融化，進入豆腐腦內，輕輕吸食，豆腐腦又嫩、又軟、又滑。大口吸食，大塊大塊的豆腐腦四崩五裂，輕鬆的擠進口裡。我就回憶起豆腐腦的感覺，再吃豆花，就區分出了蛋白。蛋清經水煮熟成蛋白後，蛋白有一定硬度，有脆性、韌勁和彈力，遇上牙齒不被吸爛。豆花製作中，要把雞蛋白搗爛，但是很難搗爛到一定程度，有小塊狀。加入豆花，攪拌後豆腐腦易碎，又不宜攪得太碎。

豆花主要在於味，一碗成功的豆花。味道不能太淡，也不能太鹹；淡而無味，鹹而味澀。豆花的基本特色是嫩與軟，這也是需要注意的地方。

我愛吃豆花，主要是豆花裡的火腿丁和蠶豆。火腿丁一釐米大小，切面新鮮卻肉質縮緊，咬下去有彈性，吃起來很有勁和韌。蠶豆要燉得比較爛，又不失爛透，咬開，豆子與豆皮脫離，分成兩瓣，遇上牙齒就碎，又能給牙齒一定的衝擊。蠶豆裡要有豆花的湯汁和鹽味，吃起來才有味覺。蠶豆咬開後噴出青味，接著是一股單純的甜，這才是做得好的蠶豆。我吃了數顆蠶豆，一顆顆品味，覺得很有味，也有嚼勁和清新的甜爽。

我品嚐了豆花，才知道豆花的味道，也終於理解妻子多次與我提到豆花好吃的魅力所在。

芋糊清色

在長沙，吃飯很少有人點湯，大家都知道，長沙就那麼幾個湯，吃來吃去還是一樣的，情願加個青菜。而長沙又是小資之城，要一些菜來滿足市民的小資情調，完成浪漫的食課。

我是一個食客，對湯沒有什麼研究，也沒有要求，喝點可以調味。在妻子的帶領下，也學會了一些喝湯的本來，喜歡在飯前飯後喝點，來活躍吃飯的情趣，給家帶來點溫馨。

在松桂園，有家小店，我常去那裡吃飯，品嚐那種鄉里做法。我算不上美食家，也成不了飲食先知，只是嘴巴勤奮，喜歡給菜來一番品味，感受味覺的跳躍。當然去熟的地方吃飯，免不了要店裡的特色菜和招牌菜，就麻煩老闆推薦現在最時新的菜。老闆豪不謙讓，給我推薦一道湯，還拍著胸膛說是店裡的招牌菜，要我一定嚐嚐，給個評價。作為招牌菜，是所有顧客都喜歡吃的，也是最有特色的。我吃遍江南數省，還沒有吃到以湯為招牌菜的館子。一看菜名，為蘿蔔菜芋頭湯。這我倒確實沒有吃過，心底裡有點打鼓，拿不准是該點還是不該，只好等待湯的出臺。

在長沙，很少有叫蘿蔔菜的。長沙人把蘿蔔菜叫成娃娃菜，是蘿蔔秧子長出來兩三寸長，剛好長著兩片圓圓的葉子，莖還是嫩白的，根有點點小須，只要切掉根就可以比較乾淨了，用開水燙一下或者小炒就能吃。

蘿蔔菜芋頭湯一上，確實嚇我一跳。湯已經不是湯，沒有一點水，成了糊糊。灰白色的芋頭糊裡，漂著零星的綠色，點點星星，比較暗淡。仔細看，才知道那是娃娃菜，只露出葉子，其他部分都沉在糊糊裡。芋頭糊糊比較稀，像刷牆的蕎麥糊糊。再看，芋頭糊糊裡是芝麻大小的芋頭顆粒，撒滿湯麵。

我喝湯有個習慣，喜歡先用筷子撈著湯裡的菜吃，從菜裡感覺湯的味道。作為湯，並不一定要與菜一樣入味，但是，湯裡的菜已經入味，不要吃就知道這碗湯已經鹽味過重。雖然湯的鮮味保持在湯汁中，但是鮮味卻出自菜裡；湯喝多了就會感覺到調料味，菜卻不影響舌頭的味蕾，多吃也沒有調料味。

沒看到芋頭糊糊裡整根的娃娃菜，也無法用筷子去打撈。只好用勺子舀，放在碗裡品。舀了幾勺，才發現湯裡的蘿蔔菜比較長，整根整根的陳列著，只是在湯水裡柔化了。用筷子夾起碗裡的蘿蔔菜，聞到一股清香，淡淡的，像春天的招呼。放進嘴裡，有點脆，帶點腥，轉而有點辣，和著蘿蔔的清香與甜。舀了點芋頭糊，吸進嘴裡，點點稠，帶著芋頭的粉膩與甜香，沒水氣味，有股自然的爽口。

老闆見我吃得很帶勁，就來與我交談。說這是他老家的一道名菜，以前是地主人家才有得吃，本來已經絕跡。他為了在長沙開個特色菜館，就帶著廚師回到家鄉，找到當年給地主做廚子的人家，在廚子的後代那裡學會了做法。

吃過幾次，把蘿蔔菜換了幾重做法，一次是切成細末，一次切成兩三截，每一種做法，吃蘿蔔菜的味道都不同。其實，蘿蔔菜是草根，需要牙齒去嚼，越嚼就越有味，越吃就越香純，慢慢的品完一碗清湯，可以感受自然食物的草根之情。

我琢磨過芋頭燉成糊糊的方法：把整個的芋頭燉成糊糊，需要漫長的時間，有種方法是把芋頭像磨魔芋一樣磨爛，芋頭湯就只要燒開水後稍燉即可。再者湯燉久了，味道會純厚濃郁，這是湯之大忌。蘿蔔菜芋頭湯，它的味道在於清淡的蘿蔔菜與芋頭糊，很自然的味道。

蘿蔔菜芋頭湯，也許在於我用心靈的文字去品味，找到它真正的味道之源。

青海麥仁粥

青海人有很多古老的飲食習慣，都繼承至今。青海的農村和小鎮，可以見到許多原始的青海飲食吃法。與朋友去青海油田的花土溝生產基地，吃到一種小吃，叫麥仁粥，它就是青海的古老飲食之一。

來青海，身體不適應的是這裡的海拔高，大部分在三千米以上。對於生活在敦煌生活基地的青海油田工人來說，這裡的海拔高了近千米，很多工人來花土溝，要十天左右才能適應花土溝的生活。主要的表現是睡不好覺，或者失眠。而在這花土溝，不大的城鎮裡有許多酒吧、餐館可供吃喝，有不少網吧、舞廳可供娛樂。治療花土溝石油工人最好的辦法是去酒吧餐館吃喝，網吧、舞廳遊玩，不僅把袋子裡的米米掏乾，還治好了工人們的失眠之症。

我從敦煌隨朋友前往花土溝，不是去做石油工人，還是去品味石油工人給我推薦的美食。石油工人裡有大部分是美食家，除了上班的工作之外，他們還兼做品味美食，那家的烤羊排、麥仁粥好吃，他們心裡都有一本譜，他們還四處偵察、突擊美食新店，給予準確的評價，並口口相傳。作為新來的石油工人或者陌生的來客，只要熟悉石油工人口傳的美食即足矣品味半月。

麥仁粥，是青海人的「臘八粥」，農曆十二月八日，青海的很多農村要舉行祭奠和慶祝，農民要吃麥仁粥，有地方叫麥仁飯。青海傳說說，農曆十二月八日是釋迦牟尼的成道之日，成道前有牧羊女獻乳糜，用香穀及果實造粥供佛，那粥就是麥仁粥，成了後來青海的「臘八粥」。後人根據這種做法，在青海人的飲食裡造了這味特色美食，也開始在餐館裡流行。

麥仁是當年新麥碾去皮，或者鑿冰為臼，在冰臼裡反覆鑿去外皮，簸得麥仁。先天夜裡用麥仁與牛（羊、豬）肉同煮，加青鹽，薑皮、花椒、草果、茴香等大料，文火煮熬一夜，肉、麥、香料煮成乳膠狀。而香料中之薑皮、花椒性燥、驅寒。在青海，因為海拔高，日夜溫差二十幾度，清晨和晚上特別冷，需要有驅寒之物。青海的飲食裡，大多加花椒就是此緣故。

花土溝的石油工人們，一天分白夜兩班，上下班正逢早晨與晚上，走在外面很冷，他們就喜歡去館子裡喝麥仁粥驅寒取暖，夏天卻把麥仁粥當茶飲，以解渴之用。

就是這一味普通的麥仁粥，引起了我的興趣。也從很多石油工人口裡聽到了他們第一次喝麥仁粥的故事，更讓我心動。

我在館子裡吃了一些烤羊肉後，才要了一碗麥仁粥。

麥仁粥看到去是一碗麵糊湯，湯上放了一些香菜段，綠綠的香菜段漂蕩在湯水上，湯水甚稀，就像沉澱了的澱粉水。粥裡的薑片，非常的鮮活橙黃。拿起勺子，先飲一勺粥湯，喝後鹹鹹的，有著薑香味，溢著麥仁香。新麥味讓我食慾重振，鹹鹹的感覺給味覺帶來了刺激，有著要好好品味的精神。粥水的香味加上滑膩，口感非常的好，帶來了滑爽和質力。舀起碗底的麥仁，需要慢慢來品，也就是一粒一粒的吃。煮好的麥仁粥，麥粒看上去像煮熟的苡米，潔白淨亮，圓圓的漲大著。當咬到牙齒上，外表比較嫩，裡面挺韌，有著特別的質感和韌力，咬斷後聽到輕輕的脆響。咬開的麥子，舌頭感覺到麥仁的甜味和麥仁的天然之香，也感覺到高原自然的美味。

我想，以後去青海，就去小鎮或農村喝麥仁粥，邊喝粥邊想自己的心事或者親人，眼睛望著遠處，用有氣無力的閒暇時間慢慢的品味麥仁的甜與香，就能夠領悟到麥仁粥的真諦和高原自然的饋贈，才能更深的體念高原生活的意義。

西北羊雜碎湯

羊雜碎湯是西北的一道名小吃，每個到西北的商旅都想吃回羊雜碎湯。羊雜碎湯雖已揚名西北大地，也需好店家製作，不然吃不到地道的羊雜碎湯味，反被劣等羊雜碎湯給欺騙。

到敦煌，想去吃一次地道的羊雜碎湯。妻子是敦煌人，在敦煌待了十年，吃過不少羊雜碎湯。她有一群好吃的朋友，個個稱得上食客，工作之餘流連於美食之間。他們說七里鎮新菜市場有家羊雜碎湯味道好，是正宗的西北風味。

七里鎮有幾個菜市場，我們去新區菜市場找了個遍，沒有發現羊雜碎湯店。妻子說，他們所說的新菜市場也許是建安市場，我們去那裡找找。

羊雜碎湯我以為是羊的內臟等物。按南方的說法：雜碎即內臟，長沙說豬雜碎是豬腸子、豬肺、豬肝、豬肚子、豬心，牛雜碎是牛鞭、牛睾丸、牛百葉、牛腩、牛舌，做的雜碎火鍋，是把這些雜碎燉在一起。西北羊雜碎湯卻不同，羊雜碎湯的主要原料是羊頭肉、羊肚、羊百葉三物，湯很清淡。

建安市場有幾家羊雜碎湯店，味道純的算老李記。老李記羊雜碎粉湯是家老店，在這七里鎮做了十餘年，遠近小有名氣。李師傅做羊雜碎湯起家，現在把羊雜碎湯做成一絕，其他人都打他老李記的名號，出了很多冒牌的李記羊雜碎湯。老李記羊雜碎湯是清真，做出來的湯沒有一點騷味，這也是他的特色之處。

走進老李記羊雜碎粉湯店，沖鼻而來的是羊騷味，濃濃的騷味有薰倒之勢。稍過一陣，羊騷味散去，只聞到肉香。老李記所用的雜碎是剛殺的，從不用隔天的冒充。老李記隔壁一個門面，是他殺羊和買羊肉的地方。如果是常來食客或者高貴的客人，老李記就殺羊現做，客人可以看到製作過程，不得不驚訝他的嫺熟和速度。

找到老李記後，我、妻子、岳父三人去吃羊雜碎湯。原來羊雜碎湯還要配香豆餅吃，既可驅除腥膻味，也可吃到西北特色香豆餅。香豆餅是烤餅裡夾一些香豆葉粉，嫩黃色，帶著特殊香味和甘甜。香豆產於西北，是一種矮小植物，多用嫩葉磨粉做餅，起清熱祛膻的作用，有著中草藥的味道。

羊雜碎湯用煮羊肉的湯為原汁，煮清洗乾淨切成細片的羊頭肉、羊肚、羊百葉，鮮湯加鹽、蔥白、香菜即可。西北的大蔥，冬天多用莖斜削，放於碗底，開水燙後香味溢出。西北人喝湯習慣加油潑辣子，紅紅的漂蕩一大片，非常豔麗。

喝羊雜碎湯有兩種：一是先吃羊頭肉、羊肚、羊百葉，後喝湯，小口小口感受湯的鮮味，湯有點鹹，熱量不減。加了油潑辣子的湯，越喝越有味，越喝越來熱量，一碗湯喝完，身上熱乎乎的。二是先喝湯，一般是老西北人，精於喝羊雜碎湯，他們知道味道全在湯汁裡，也不加辣椒面，慢慢品味湯汁的味道。他們給好湯總結了五個標準：不腥，不騷，羊頭肉嫩，羊百葉脆，羊肚絲外脆裡嫩。我按他們的方法品味，還吃到湯汁裡的淡與甜：淡是羊雜碎湯的肉類淡，清淡如水；甜是湯汁的甜，吃到剛殺鮮肉味；羊百葉卻帶著青草甜味。

品過羊雜碎湯，發現西北的美食雖然粗糙，味道卻很細膩，品味也需要認真、仔細。

新化三合湯

古梅山有很多特殊飲食及飲食習慣，一直影響著山民的生活。在菜裡，梅山新化以一碗三合湯聞名湖湘。三合湯是道簡單的菜，只有原料要求複雜點和歷史文化比較深厚。

新化地處雪峰山尾端，江南丘陵起點，河網交錯、山林突變，構造山與水融合的特殊山區地貌。新化流經的資水和蔓延的小河與溪流，給水牛生存提供了條件，傍晚時分，河灘上大腹便便的水牛悠閒的漫步，書寫黃昏牧歌的童話。山峰林立的山腰，陡峭的坡地上行走著黃牛的身影，爬山越嶺尋找山陽山陰的嫩草，散佈著山林的幽深和神秘。山峰中洞穴巒多和小股溪流汩汩不絕，是喀斯特地形的閃爍。岩石裡流出的溪水細甜甘潤，泡茶甘甜唯美，做豆腐細嫩肥美，也是三合湯的原水。

生活在梅山的農民，唯一能夠給他們解決勞作辛苦的是耕牛。牛是他們忠實的夥伴，也是家庭最寶貴的財富。在新化，牛被農民崇拜，也被農民痛愛，當作寶貝般珍藏。梅山人茹毛飲血，又愛吃牛肉牛血，牛肉成了最珍貴的待客佳餚。殺牛是件非常隆重的事情，家人不舍和同情牛的遭遇，屠夫把牛趕到河灘上，主人遠遠躲著。牛是有情的動物，當屠夫舉起刀時，牛跪下前腳，兩眼流淚，乞求放它一條生路。

正宗新化三合湯，鹹酸辣香交織，回味悠長，原料要求嚴格，黃牛血和百葉、水牛肉、資江畔井水，缺一不可。在新化境外，冷水江、漣源、隆回、新邵等地，即大新化，也做三合湯，名號還是新化三合湯，卻把牛血、牛百葉、牛肉統一成水牛或黃牛，水不講究，味道相差甚遠。三合湯的牛血要新鮮的，製作上也有些講究，殺牛時用清水調鹽接血，血凝固畫成塊，開水煮熟，冷水浸泡，做湯時冷水洗淨切成兩指寬、寸餘長、三毫米厚，吃起來生脆柔軟有彈性。新化黃牛血，久煮不爛不碎，筷子夾上去可以上下搖晃不斷，極富彈性，咬在嘴裡，又軟又脆又爽口。牛百葉用毛肚，即黑百葉，新化人有吃黑不吃白的習慣，切成一釐米寬或者更細的長條，煮後清脆微甜，脆響連連，在辣霍霍的情況下吃，越咬越來味，越吃越甘甜，甜美與甘汁一起漫出，浸入口腔，滿口生津。水牛肉非常嫩，牛肉按紋理橫切，切成薄片或細條，小塊牛肉嚼在嘴裡，綿軟又有柔韌性，辣椒汁泡進疏鬆牛肉裡，味道異常，鮮美甜潤。三合湯裡還需加點酸菜（新化剁椒）或新化米醋，調出微酸，開胃提味。

新化三合湯還有兩樣調料要求特殊，是乾紅辣椒和三胡椒油。吃辣椒是新化人的本色，人人都是好手，有不辣不歡之說，尖小的乾紅辣椒辣味甚巨，煮出的湯汁紅豔豔一片。三胡椒油味道奇異，在三合湯里加三胡椒油，主要祛腥味、羶味，塑造三合湯的特殊味道。還有除寒祛濕、通經活絡的功效。

吃三合湯，首先要適應巨辣和三胡椒油兩種味。三合湯與其他湯有著完全不同的吃法，煲的湯在飯前喝，為了營養；三合湯在飯中或飯後喝，是為了身體和味道。三合湯裡的辣椒非常辣，如果飯前喝，沒有東西墊胃，要辣得肚子痛。只有在吃了米飯後，用飯下湯才減少辣味，更增加食慾，才能更好的品味出三合湯的味道。另外，第一次吃三胡椒油的食客，要先習慣山胡椒油的特殊氣味，再慢慢適應喝三合湯。喝三合湯，並不是真正的喝湯汁養生，而是吃湯裡的牛血、牛百葉、牛肉，品味牛肉在酸味衝擊下不同的味道。地道的新化人，在吃飽喝足後，往往再來一碗飯，把三合湯淋在米飯上，簌簌的拌進口，吃完大呼痛快。這樣，食客才稍微感受湯味的純美。有人比喻：三合湯小抿一口，猶如陳釀，回味悠長；大口下肚，面如關公，熱流直沖腦門，全身熱血沸騰。

三合湯據史書記載，南宋景炎二年（西元一二七七年）三月，新化人張虎起兵抗元，元朝重兵鎮壓，張虎兵敗被俘，元人怕梅山騎兵東山再起，大肆殺馬殺牛：橋頭屠擔橫陳，塵垢牛糞滿地，屠牛村夫，汗流浹背。

晚清曾國藩，組織的湘軍患風濕病的士兵較多，士氣低落。曾國藩重金聘請名廚調製三合湯，祛除士兵疾病，並賜名「霸王湯」。從此，「三合湯」廣泛流傳。

新化三合湯，分為一合湯、兩合湯、三合湯，一合湯、兩合湯又分兩色，有清談的和辣味的，辣味的又有微辣和巨辣。吃三合湯，首先要按著自己的口味來，考慮到自己能辣的程度，選擇適合自己吃的種類，更能吃出風味。

三合湯自一九九三年進入長沙，現在已經成為各大賓館與酒店的名菜，備受食客歡迎。

作為一個旅食者或者美食愛好者，到湖南旅遊，想品味地道的三合湯，還是去新化或者新化的圳上、白溪、橫岩，嚐遍三合湯的種類，就可以知道三合湯的神奇和它在湘菜中的魅力。

第七輯

名優雜食

南京哧啦

南京，是我生命裡一個陌生的城市，頭腦的記憶裡只知道是六朝古都，還有一條詩人留戀的烏衣巷；其他什麼我卻記不太清楚。我也沒有把它與江南水鄉聯繫起來，還是給它定格在高一級的位置。

五一期間，有事到南京，卻跟我的想像相去挺遠。特別是通過南京文友顧欣的一翻導遊和介紹，讓我的記憶裡充滿了文字和圖片。那餐中飯，讓我刻骨銘心的記得了南京哧啦，口中的餘香還在我的記憶裡飛長。

按長沙話說，我是一個典型的「好吃鬼」，每到一個地方就要向朋友問地方上的名菜、小吃，一旦知道一二，決不放棄，尋找盡可能的機會去品嚐一番。其實，我非好吃者，只是喜歡尋找好吃東西的旅者而已，也是我這幾年來的一個習慣，因為常年出差在外，沒有什麼愛好，只好把尋找美食當作自己的義務罷了，另外是尋找一種保健的食品，讓我那個不太爭氣的胃找到點舒適。這樣一來，熟悉我的朋友都會主動給我介紹地方的美食。像顧欣，讀過我的一些美食散文，當然會安排我去品味一翻南京的美食啦！

顧欣把地點定在南京大學旁邊的一條巷子裡，名字我已經記不清了，飯店蠻大，我們去時已經賓客滿堂，好不容易在角落裡找了個三人坐的桌子。顧欣點了幾樣南京的名菜，南京啲啦就是其中一例。

啲啦其實嚴格來說不是一道菜，是一種塊狀的米泡加湯而成的飯，按湘菜的說法最多也只是一道美食而已。

啲啦的米泡塊像湖南人鄉下的一種年貨——麻糖，寬四釐米左右、長約十釐米、厚不足一釐米。但是要用湯淋在上面，把它泡發。而啲啦湯卻是一種特殊的湯，成淺乳白色，用火腿片、木耳等調料做成，少油。顧欣還說，這是一種保健食品，米泡用開水泡過後，就會變得很滑，容易吃，也容易消化，特別是有胃病的中老年人，消化功能已經不是很強了，適當的吃點啲啦很有好處。另外，南京啲啦的營養也不錯，不亞於魚類。

據說，啲啦的出現也是一種偶然。明朝開國皇帝朱元璋建都南京後，因為忙於政務，不思飲食；另外一種說法是朱元璋犯了胃病，吃不了其他的食物。他的一名御廚為了給他做美食，發明了啲啦，還沒取名字就急急忙忙的送給朱元璋去品嚐，朱元璋從來沒有見過這道菜，就問御廚菜名，正好御廚忙著把湯汁淋在米泡上，發出「啲啦」之聲，御廚馬上反應過來，應聲道：啲啦！從此，南京啲啦就流傳下來，成為京城一道名吃。

而啲啦卻有兩種吃法：一是把湯淋在燒熱的米泡上，讓米泡啲啦一聲後吃；另一種是夾著熱米泡就在湯裡去浸泡，泡後再吃。

我想吃個原味，就要服務員當場現做。服務員一手端燒紅的鐵板（燒熱的米泡就在鐵板裡），一手端製好的鮮湯汁，先把鐵板放在餐桌中間，再把湯端起離鐵板一尺左右，繞米泡淋一圈，米泡立刻發出啲啦之聲，接著一股熱氣蒸騰而上，爆米花香味彌漫我們左右。再聞，香味不膩，既脆又純，帶點香甜，有增長食慾的功能。

夾了一塊吃在口裡，已經不脆了，綿綿的，不用嚼，還很順口。我馬上就喜歡上了南京哧啦的味道，特別是很適宜於我的胃。後來又上了幾道名菜，也品嚐了一翻，等我再來吃南京哧啦，味道已經大不相同了，擁有一股鹹甜味，很是誘人，而且哧啦已經泡得非常柔軟了，不但沒有散開，夾在筷子上還可以搖擺，很有彈性，放在嘴裡，就著湯水像泥鰍一樣很快滑過喉嚨進入胃裡。我就乾脆倒掉碗裡的東西，盛了一碗南京哧啦，邊吃哧啦邊喝哧啦湯，就像喝鹹味的八寶粥，很有人情味。那一餐，我吃得非常的飽，但是我沒有覺得我的胃很脹，也沒有像吃了粗纖維食物般難受。

我很想進一步瞭解南京哧啦，但是，我當天下午就離開了南京，其餘的也只好在車旅中去回味、琢磨了。

長沙臭豆腐

臭豆腐，長沙名菜的傑出代表。

毛澤東曾經就給臭豆腐評價過：「到長沙沒有吃過臭豆腐就等於沒有到過長沙。」這是一句非常經典的話，也是把臭豆腐推上湘菜顛峰的主動力。但是，這中間有一個故事，毛澤東第一次到長沙，他沒有吃過長沙的臭豆腐而大發感慨。

現在的長沙，吃臭豆腐已經不用愁了，臭豆腐供應有了完全的改觀，並且向兩極化發展，最上等的要數火宮殿的臭豆腐最負盛名，那裡不僅出產長沙名菜、名點，把臭豆腐作為自己的招牌菜；最有權威的要數九所（省委招待所），一九五六年毛澤東在那裡吃過不少臭豆腐，把一片臭豆腐的價格抬高到了現在的人民幣一百零八元；食客很熟悉的還有百年老店玉樓東、南門口的伍娭毑。普通老百姓喜歡的臭豆腐卻在大街小巷的攤點上，長沙城裡大街小巷的拐彎處都可以在黃昏的燈光下找到油炸臭豆腐的攤子，一個手推三輪車旁邊站著一個師傅，臭豆腐在油鍋裡唧唧的叫，就像快樂的小老鼠跳舞。飄散出來的臭豆腐香味距很遠就可以聞到，其實它是招引食客的香片，夜晚的長沙，到處都飄滿了臭豆腐香，用文學的詞語就是整個長沙城彌漫著臭豆腐的味道，像層霧氣籠罩著這個小資的城市。

臭豆腐也並非很臭，只是讓豆腐發酵的滷水有一股臭味，那臭味在油炸加工的時候就臭氣飄揚，當師傅把它炸熟就香氣四溢，吃到嘴裡還會餘香滿口，臭豆腐之名只是它的外表而已，所以作為外地來客一定要知道它並不臭。

臭豆腐的主要製作在於滷水生產的優良。滷水採用豆豉、純鹼、青礬、香菇、冬筍、鹽、茅臺酒等煮沸，冷卻十五天再泡豆腐。火宮殿的臭豆腐比較講究，冬至後做豆腐，滷水用醃芥菜汁水、臭莧菜的莧臭水、豆豉水、煮臘八豆的湯水和香菇腳、冬筍兜、蝦殼用武火煮沸，後文火煎熬，棄渣取汁，加百分之十的紹酒和百分之十的老滷水裝入廣口大肚的陶缸內，泡上豆腐，沙袋蓋嚴任其發酵，第二年春分時節即可取出加工作為菜肴。

現在長沙城的臭豆腐是一代廚房宗師姜二爹的兩位嫡傳弟子劉濤雲和盛純分別在火宮殿和蓉園賓館（即九所）創製的。因受毛澤東、彭德懷、胡耀邦等黨和國家領導人的青睞，美、英、法等國政界、新聞界朋友的慕名品嚐，特別是美國《食品》雜誌的記者專程到長沙採訪臭豆腐，使之臭名遠播重洋。

真正的臭豆腐應該是路邊攤點上的油炸臭豆腐。炸熟後香氣撲鼻，夾出放在鍋緣涼一會，再用筷子夾爛那片豆腐中間，用碗盛好，澆上辣椒湯汁，加上大蒜米。如果吃蘿蔔條，還可以在辣椒湯汁裡撈點蘿蔔條拌吃。臭豆腐入口新鮮爽口、芳香鬆脆、細嫩不膩，風味獨特，讓人吃後難以忘卻。

品味南瓜

南瓜已經在我的生活裡遠去，就算能夠吃到，也是些嫩南瓜之類的，黃皮南瓜根本見不到，就成了非常的想戀。

我的童年在鄉下度過，那些日子吃過和見過很多的黃皮南瓜，還吃過不少南瓜加工出來的成品和半成品。最讓我難以忘卻的是南瓜帶，那一年，我家的黃皮南瓜碼滿了一堂屋，連八仙桌下放滿了南瓜，母親很忙，根本沒有時間來顧及這些「多餘」的南瓜，有事沒事就把黃皮南瓜砍爛煮潲餵豬。奶奶八十多歲待在家裡沒事做，認為這麼多的南瓜拿來餵豬實在太浪費了，建議我媽把黃皮南瓜做成南瓜帶，還說她童年做過南瓜帶，很好吃呢。媽沒時間，就委託奶奶來做南瓜帶。奶奶年紀大了，自己已經做不動了，就號召我們四姊妹上陣。我們四個小孩從來沒做過，奶奶也是童年的記憶，我們就按著他那記憶來做。

我們把黃皮南瓜的黃皮削掉，切成兩半，挖掉南瓜子，再切成一至二釐米厚的南瓜圈，用竹竿穿起來，架在九十月的太陽底下曬，南瓜圈慢慢的變小、變柔，顏色也慢慢成糖黃色。等到半乾後，在蒸籠上把南瓜圈蒸熟，用竹盤曬乾，南瓜圈已經很小了，顏色更加向糖色發展，再把南瓜圈剪斷，就成了南瓜帶。如果想品嚐，就可以直接拿起來吃，小孩可以當零食，大人可以當點心，或者加熱後拌白砂糖吃。南瓜帶吃起來甜膩膩的，但是不是膩心的那種甜膩，還是越吃越想吃的那種甜蜜的膩。嚼在嘴裡不是很容易斷，也不是嚼不斷，嚼在嘴裡就可以享受那種清甜——來自自然的甜味。如果吃完一個，就停一下，回味一下嘴中的甜味，你一定還想吃第二根甚至第三根，那才是真正的南瓜帶的魅力。

十九歲來到城市，遠離鄉下，也遠離了讓我回味的南瓜帶。也這樣，我就隔絕了南瓜。直到有一天陪老婆去買菜，我才再次品味南瓜的另一種味道。那天，老婆想吃南瓜，就到市場上買了一個南瓜回來，可是她也不會炒南瓜，就把這個任務交給了我，要我做一次愛心牌的南瓜。削掉南瓜皮，切成大塊大塊的，放入鍋裡煮，等到熟後，加油鹽兩味，老婆喜歡吃甜食，我特地加了少許白砂糖，吃起來挺甜，沒有什麼青味。又有一天，老婆跟我說：她在朋友家吃過小炒南瓜，挺好吃的，想要我做給她吃。我就削皮的南瓜切成塊，再把塊切成零點三釐米左右的薄片，大小三平方釐米。把鍋燒熱，先放豬油，油熱倒入南瓜片，武火爆炒。炒到南瓜片上油光發亮，加少許鹽，再加冷水煮。煮約二十分鐘，再出鍋。老婆在旁邊看著我做，怕南瓜不甜，她加了點白糖。吃起來味道很好，有炒後的清香，也有油水的光滑，更有點心的甜美，可以說是一味小姿美食。

這兩年，老婆的南瓜情結改為了其他情結，我也沒有做小炒南瓜了。前兩天，與一群朋友到新民路吃飯，在人民公社大食堂吃到了一味蒸南瓜，分量不多，圖案拼得很漂亮，像一小邊削了皮的南瓜，帶點青色，味道還不錯，蒸得也還熟。我用筷子夾斷成小塊，吃時挺甜，不粘嘴，很爽口。我知道，這南瓜的甜味不是加了白糖的甜，還是南瓜的本味，還有點點兒青味，可能是採南瓜的時候南瓜沒有完全黃，也就是沒有完全熟透或者是南瓜種在河邊，水分過量。我反覆品味了一番，才吃出不是南瓜本身的青味，是南瓜蒸熟後水汽凝結在盤子裡，可以在盤底加一張墊布，吸乾多餘的水分。

墮落街口味蝦

南方的五六月，天氣進入盛夏，洞庭湖的蝦子正好肥了，從洞庭湖邊運到長沙的每個角落，大街小巷都打出了口味蝦的招牌。

大學校園旁邊的墮落街，穿著單薄的男男女女走上街。街道兩旁擺滿了一盆盆紅豔豔的口味蝦，看到那火似的蝦子，就勾起了每個行人的食慾。

這個時節，也是我們去墮落街玩的季節。下了班，坐車來到桃子湖。墮落街正處在湖南師大與湖大之間，又在湘江邊，隔江相望，橘子洲全在眼底。下午五六點，炎日西下，暑氣已經退去，湘江的清風一陣陣吹來。

相約三五個朋友，在墮落街選一個地面寬闊、地勢高點的店面。或者按習慣，選擇一個門口擺口味蝦最多的店子。搬張桌子放到街道旁，先要幾瓶啤酒，來碟花生米或者泡菜，喝口酒解解口乾。看著橘子洲上空的雲彩和街上走過的男男女女，心裡就有一種舒暢的快感。

端上口味蝦，盆子裡有紅豔豔的蝦子、翠翠的香菜、暗紅的紫蘇，再加上白色的瓷盆，可以說是五顏六色。

口味蝦有幾種吃法：最常見的是用筷子；最直接的是用手抓；秀氣點的就要數女人了，戴個手套，兩個手抓著個蝦子，好像在跟別人打架。

我常跟朋友們去墮落街吃口味蝦，吃法卻大相徑庭。我們多是斯文人，先在剝了殼的地方咬一口，把蝦的兩個螯咬下。吃蝦要先吃螯，才能感覺到蝦子的味道。把螯咬成兩截，用門牙咬破螯殼，把上牙伸進殼裡，輕輕的勾，就把內側的蝦肉勾出，再吃另一邊。吃口味蝦最主要的還是吃蝦，也就是蝦身。蝦咬掉螯，就只有四五釐米長了。把蝦送到口裡，上牙咬破蝦背，牙齒一勾，就咬出一邊蝦肉，再轉個方向，又咬另一邊。其實，蝦肉是一種不那麼進鹽的食品，就靠咬破殼時的湯染到肉上，才有那種鹹鹹的味道。這樣才算吃了一個完整的蝦子，也不至於把蝦殼咬得滿嘴都是細殼，又沒吃到蝦肉。

幾個人可以邊吃邊扯些閒事，也可以偷閒抽根煙，看看來來往往的人群和風景。吃著吃著，天色就暗下來了。華燈初上，如同白天。白天窩居在房裡的美女帥哥都出來了，再加上街頭的音樂，那就別有一翻風味。

墮落街在長沙這麼有名，我想是因為它的口味蝦出名和美女帥哥成堆的緣故！

糯藕

蓮藕，是江南的一種植物，夏天蓮花盛開，讓人百看不厭。真正的藕卻要到秋天，與蓮子一起收穫。秋風掃過，翠綠的荷葉風捲殘雲，迅速變黃枯萎，蓮花結出壯實的蓮子。農民為了在冬天賣個好價錢，只採下蓮蓬，藕留在泥巴裡，等待冰天雪地時挖掘。

藕是一種佳餚，有多種做法，都是味美可口。在湖南、江蘇、浙江等地，都盛產蓮藕，因每個地方的風俗習慣不同，吃的方式也不一樣，就形成了江南蓮藕類菜系，細數各地藕菜，有五十餘種。

江蘇鹽城，是有名的蓮城，每年產藕甚多，家家戶戶的池塘，都有蓮藕的蹤影。水鄉之家，吃藕益多，吃法也各異。鹽城，還是一個花城，花種繁多，一年四季都是花的海洋，且最利桂花生長。桂花樹是一種名貴的花草，生長速度非常的緩慢，每年的八月，桂花香遍了鹽城，屋前房後都是花香鳥語。八月十五的中秋，家中大小老少都就著桂花的香味，聚著一家人的親情團圓。

二〇〇六年夏天，我出差到江蘇，在南京、蘇州等地玩了一圈，吃了很多美食，卻沒有去鹽城。二〇〇七年夏天，我到北京出差，見到成娟，她給我推薦了一道菜，就是鹽城的藕片，我才知道糯藕味美。

成娟，江蘇鹽城人，家庭殷實，從小學會尋覓美食，也練就了一張品味的好嘴。大學畢業來到北京，常懷念家鄉的日子，就在北京這個美食天堂裡遨遊，品味大江南北的食色，做著餐桌的旅行。

鹽城的桂花，除了在樹上盛開外，還被家家戶戶採摘，作為食物收藏、食用，做成多種食品滿足生活。

成娟住在安定門的一個胡同，旁邊有一家豆花莊，店裡有一樣菜做得好，就是糯藕，很讓江蘇人喜歡。我們選了一個包廂，點了糯藕。菜上來，聞到幽香的桂花香，沁人肝脾。

糯藕由糯米與藕作成，非常的有特色。

南方人，習慣吃糯性很強的食品。糯米本身糯性好，再與其他食品聯合，糯性還在，吃起來也味道不錯。在南方的飲食系裡還形成了一個糯食系，以前在固定的南方人群裡品食，隨著改革開放，迅速擴展到全國，很多其他地方的飲食也學著加入了糯米和糯米粉，做成帶糯性的食品。

糯藕對藕的要求很高，一般的藕做不出糯藕，需要當年生長的嫩藕，在八月時分從池泥裡挖出，看上去白嫩細膩，清洗乾淨，切除藕節，把事先泡好的糯米灌進藕孔，壓緊米粒，蒸熟稍涼，切薄片，散上白糖、桂花、鹽，糖、鹽隨熱量融化，桂花的香味受熱後開始散發，鹽味進入藕裡。吃糯藕，要趁熱，不然藕片粘在一塊。

吃糯藕，要注意的是糖有沒有融化，糖融化甜味才能進入藕裡，發揮甘甜的作用。糯藕中的糯米，糯性很強，卻不粘牙，耐咬耐嚼，韌性好。藕非常嫩，細嚼可以感覺到細膩甜潤，沒有燉時的粉滑。吃一片，也許不太習慣，或者甜味太膩，多吃幾塊，就習慣了它的甜與嫩，更喜歡桂花的香，吃得滿口幽香飄起。稍涼，糖結晶，藕硬，桂花香淡去。

糯藕，是我唯一吃一次喜歡的美食，也是印象深刻的美食。如果有機會，我一定要逢八月十五到江蘇鹽城去，感受地道的糯藕味道，做一翻深身的品味。

黔城美食古韻

懷化，在湖南靠近貴州的邊沿，屬古黔郡。多山多水，美食也非常豐富，地方特色突出。懷化的興盛，主要靠鐵軌來支撐，自從有了湘黔鐵路，懷化成了聯貫廣西、貴州、長沙、湘西的交通樞紐，懷化被命名火車拖來的城市，大部分食品從外地運來。

聽朋友說過懷化的夜宵，在夏天的夜上，遍地的夜宵攤旁，圍著一群好吃的人。有一樣涼拌魚腥草，非常有名，所有本地食客捧為至愛。著名作家向本貴的長篇小說《蒼山如海》，也給魚腥草打了一個廣告，我讀了饞得不行。

這次到懷化參加黃岩筆會，想順便瞭解懷化的美食。兄弟陳永奮在懷化工作，已經很久沒見面了，開完會，我就去找他。

我喜歡的是民間美食，沒有被商業所包裝，講究的是味道的地道。我還有個習慣，不太喜歡到酒店去吃高檔的美食，喜歡路邊小攤點上的美食，主要是吃的氣氛和享受的感覺。在路邊的地攤上，每個食客都是平等的，不要考慮自己的身份和地位，只要在乎吃的味道和口感，那就可以吃到真正的美食。

那天下著小雨，雖然是四月底，天氣還有點冷，走在街上，淅淅瀝瀝的雨聲好像在阻止我們的行動。我以為這樣的夜晚食客興趣不高，走過幾條夜宵攤街，每個攤點都圍滿了人，嘻嘻哈哈，很休閒的樣子。陳永奮在懷化兩年，很少在外面吃飯，對美食瞭解不多，給我推薦了懷化地道的唆螺，其他就由我挑選。我們要了臭豆腐、唆螺、龍蝦、啤酒四樣，圍了角落裡的一個桌子。

最先上的是臭豆腐，沒有聞到臭味，倒是被香味所吸住。懷化的臭豆腐從外型上看比其他地方的臭豆腐都小。長沙街頭的臭豆腐，有一寸見方，懷化的臭豆腐連一寸見方都沒有，不足兩個指頭寬，顏色漆黑發亮，像鍋底灰，這是我吃的臭豆腐裡最黑的。合肥的臭豆腐接近白色、灰白色，長沙的臭豆腐黑白色或者暗黑色，四川的臭豆腐淺灰色。吃後，味道確實不一樣。懷化臭豆腐表皮漆黑，卻很薄，咬下去挺脆，卻不乾燥，裡面的豆腐很新鮮，像水豆腐用油煎過，氣孔裡湯汁飽滿，鹹鹹的卻不酸，味道甚濃。冒出來的湯汁流進嘴裡非常清爽，滿口豆腐香。把臭豆腐泡到湯裡，外面的脆皮變得非常的綿軟，很有韌勁和韌性，嚼在嘴裡變有感覺，可以滿足品味的享受和吃的抒情。吃懷化臭豆腐，會集中每個食客的精神，全神貫注的去關注吃的力量，仔細的聽咬下去的聲響和細心的品味它的味道及味覺，吃得多了，還會細細的去區別、對比，給它一個恰當的評價。

唆螺是懷化一絕，所有的夜宵攤上，都有著唆螺的蹤跡。懷化的唆螺，大部分來自廣西。這裡的唆螺，沒有按長沙的大小分類，在一盤唆螺裡有大有小，參差較大，看起來錯落有致，很有審美快感。懷化人做唆螺，煮好的唆螺不放在鍋上熱著，而是裝在一個大盆裡，雖然不會涼卻，唆螺裡的湯汁卻流盡不少，唆螺肉變得有些韌性和綿力，也有嚼的風格。本地人可以用點力氣，嚼這種韌性的味道，感受韌性在嘴裡的玩味。吃時先用牙籤挑掉靨，靠近嘴巴用底氣一吸，田螺肉就爬出來。真吃的只是前面的一塊肉，後面的腸子等物不吃。腸子裡有泥沙，不衛生，母螺還有小田螺，吃起來打牙。

吃唆螺要帶湯，湯多主辣，無湯唆螺容易風乾，少量湯最好。懷化這種有韌性的唆螺是我第一次吃，吃得很有味，好像在品味一種文化。我想：這種韌性也許只有懷化山裡人才有這樣的生存態勢，那是他們的個性體現。我曾聽朋友說過懷化人頑強拼搏的故事，那是靠非常的毅力和韌性堅持著的霸蠻。

口味蝦是長沙的夜宵品牌，也是懷化的夜宵招牌。懷化人把口味蝦叫成龍蝦，在吃法上也有些改進。口味蝦把做好的蝦加辣椒等配料煮好，再加新鮮紫蘇、香菜即可，懷化龍蝦沒有這兩樣配料，用魔芋豆腐、小白菜做底料。魔芋豆腐切成薄片，與蝦一起下水煮開，湯汁的辣味更濃，配料味消失。龍蝦久煮，味道濃烈，鮮味盡失。小白菜放鍋底，龍蝦與湯汁一起倒入，增加了水分和鮮香，湯水燙熟小白菜，又降低了鹽份。

品味龍蝦，要先吃魔芋豆腐和小白菜。魔芋豆腐經湯汁一煮，變得非常柔軟，口感細膩，那是魔芋豆腐的最好吃法。魔芋豆腐先涼一下，溫溫的時候吃不燙，味道又俱在。小白菜燙熟，外面裹著辣椒水，裡面卻帶著甜味和鮮感，咬起來清新爽口。再吃龍蝦，肉嫩鮮香，辣味微中，鹹度下降，正好下口。吃得一隻龍蝦，嘴巴就有火辣火辣的感覺，趕快喝口啤酒，當作嗽口，也可以提高氣氛。

在懷化吃夜宵，最誘惑人的是黔郡古曲和民間小調。如果遇上民間老藝術家，邊吃夜宵邊聽古曲和小調，那也是一種享受。懷化最有名的辰河高腔也慢慢流落到夜宵攤上，聽聽那劇目，也是一種快樂。

我是一個性情中人，吃夜宵講究氣氛，除了煙和酒，小曲也是我的至愛。陳永奮知道我的脾性，點了兩首曲子，是湘西的民歌。給我們演唱的是位七十幾歲的老藝術家，當知道我的愛好後，他拿出了自己的看家本領，演唱了一首他最得意的古曲，聽得我如癡如醉。聽著這古老的民歌，吃著誘人的夜宵，讓我更加深入的瞭解到懷化的民間美食文化，也讓我很難忘記這種文化。

現在還時時懷念那個夜晚，那個有著古韻的湘西之夜。

江永香芋

六月去江永採風，是受好友蔣平之邀才成行。

到永州，蔣平就忙給我介紹永州南邊六縣。我確實對那裡不瞭解，就是了解的那點也是從媒體上得來的，是江永的女書，其他的幾縣我也只知道縣名而已。

蔣平是永州人，生在斯長在斯，為了培養文學青年常到縣城或者鄉鎮去與年輕人交流，各地的風土人情都有所瞭解，朋友、熟人遍佈每個鄉鎮，正好可以充當我的導遊。

去江永，從永州出發還要坐三四個小時的車。蔣平就利用坐車的這段時間給我介紹江永的情況，又讓我減少旅途的枯燥。他講得最多的是風景、人文、特產，當他講到江永名特產「江永三香」（香米、香柚、香芋）時，引起了我的興趣。

因為「江永三香」裡有一種是香芋，我早就聽人說過，很好吃，是江永美食之首。江永香芋即檳榔芋，產於江永桃川洞，江永人叫桃川香芋。據考證：香芋在江永有一千多年的種植歷史，因為食用時香味可口，很受老百姓喜歡。據科學分析，江永檳榔芋的香與江永的地形結構有關。江永是湖南紅色酸性土壤與廣西喀斯特石灰岩土壤的交接處，土壤性質複雜多樣，含有豐富的礦物質微量元素；江永的水質也受到了完全的改造，特別適應檳榔芋的生長。所以，江永香芋個大、肉嫩、味美，很受消費者歡迎。

車入江永縣境，就見大塊大塊的田地種滿了芋頭梗，葉子綠綠籠籠，舒展著肥大的葉片翩翩起舞。蔣平指著芋頭梗告訴我，那是江永香芋。我看到那粗壯的芋頭梗和起舞的芋頭葉，就有種好想吃江永檳榔芋的想法。蔣平可能看出了我的想法，就告訴我，晚上我們可以好好的品味一番江永檳榔芋的味道。

車到江永縣城，就被接待的同志安排到一個吃江永特色菜的館子。蔣平馬上告訴接待的同志我想吃江永檳榔芋，那同志開始不同意，後來蔣平告訴他說我喜歡品味每個地方的美食，他才答應來一個湯煮香芋，並且吩咐廚師一定要做原汁原味的江永檳榔芋，不要做任何的花樣。

吃飯的時候，第一個上的就是江永檳榔芋，說是給我特意準備的糕點。

香芋盛在不大的平碗裡，量不很多，可能剛好夠我一個人吃。我準備客氣時，蔣平就說：「這是給你一個人準備的，我們都吃過，你先吃吧！」看著那絢藍色檳榔芋糊，非常的吸引眼球。

我是第一次看到紫藍色的食物，也是第一次看到吃芋頭煮成糊糊狀。我又仔細看了看，香芋不是完全煮成了糊糊，還有些起伏不平的東西在碗裡，憑直覺可以判斷那是香芋塊。我伸筷子一夾，夾到的是一些糊糊；放嘴唇邊，輕輕的吸進去，有種粉膩的感覺；當糊糊滑到舌頭上，就像一顆顆粉粒在舞蹈。其實，我知道糊糊的顆粒是無法跳起來的，只是顆粒是一個一個的，既有滑膩又成顆粒分開，在舌頭上很有質感；舌頭運動，就會與上齶產生摩擦，香芋顆粒就在嘴巴裡跳起舞來。糊糊是甜甜的，卻不膩人，還有一種沁人心脾的自然甜；開始甜上齶，再是舌尖，舌頭運動，就會把甜味傳遞到嘴皮，然後甜味才慢慢的倒向舌根，沿著喉嚨進入腸子；吃了很是舒坦、爽心。

我見好吃，又夾了點，這次夾的是香芋塊，已經沒有棱角了。咬的時候帶著韌性，還有嚼味，並不像其他菜品用水煮的水味和稀糊樣，卻芳香撲鼻、沙甜沁心、粉酥可口。

他們見我吃得這樣專注，這麼執著，都笑起來了。蔣平就說：「巴陵，你真是一個美食家，吃檳榔芋都費這麼大的勁去品味。」我就笑了笑，繼續吃檳榔芋點心。吃完那碗檳榔芋後，其他菜才上來，我卻沒有顧及吃飽了的肚子，還是與他們一起進軍剛上桌的美食。

回長沙的時候，他們還給我準備了一袋檳榔芋，讓我帶回長沙慢慢品味。

廣漢金絲麵

走成都，最誘惑我的是美食。去成都之前，我就想在那裡好好的品味四川盆地的美味，達到此行的夢想。可經過成都，我並沒有在那裡做過長的停留，而是直接到了廣漢辦事。來廣漢之前，沒有任何人給我介紹這裡的美食，也沒有看過有關介紹廣漢的書刊，可以說是一無所知。

到廣漢，接我的是岳父、岳母，他們帶我去館子裡吃飯，點的是那些老樣式，沒有發現什麼新奇的美食，我就開始有些氣餒，我也幾次問起岳母，她都說不清楚廣漢的美食有哪些。

那天晚上，我與岳母他們去上街，看到很多小吃店。岳母說帶我去吃金絲麵。我本也喜歡吃面，在甘肅、青海等地旅遊考察時，就過了一個多月的吃面的完美日子。金絲麵我還沒有聽說過，據說是全雞蛋做的，這就更引起了我的興趣。我點了一份金絲麵，可是老闆卻告訴我已經賣完。

我是個很執著的美食主義者。第二天，我又到了順德路與柳州路交叉處的那家麵館。其實，那是一家非常簡樸的小店，跟其他任何路邊小店沒有區別，我進門就點了碗金絲麵。麵被端上來，是一層淺黃色的湯麵，飄著些蔥花，有綠有白，起到很好的點綴。還有一點肉末，醬褐色，夾著兩三片香菇絲。看上去是一碗普通不過了的麵，找不到其他美食的豔麗和吸引食客的外觀。仔細看，才知道是特細的手工麵。麵條拉得非常的細，像絲線一般小。在煮熟的湯裡，像被燙成「小米」的女人頭髮，波波折折，很有線感和質感。再聞，有股淡淡的香味，是麵煮熟的清香，非常清淡又吸引人。我以為是蔥的香味，仔細辨認，確定是麵發出來的味道，但是與一般的麵又有些不同。我想起了金絲麵是不用水，全部用雞蛋為汁捏成，這香味，應該是雞蛋發出來的。

我吃過很多手工麵，都會有麵粉的氣味，這次吃金絲麵，卻沒有麵粉味，吃起來舒服多了。

我吃了一口，很細膩也很滑爽，非常的有口感和吸食力，在湯的浸泡下，麵更加的柔軟有彈力，也容易入口。讓我奇怪的是四川人都是麻辣，金絲麵卻非常的清淡，除了有油、鹽、蔥，其他都沒有加。

我後來才瞭解到，金絲麵發源廣漢市一個小鎮，在那鎮上人人會做，後來才發展起來，滿廣漢城都有，到現在已經有五十多年的歷史。

我試著帶湯吃，吃起來更清爽，更有韌性和彈力，吸進嘴裡麵在不停的跳躍，讓我感覺到了麵的活力。

那家店裡還有一種泡菜，是用榨菜葉做的，非常的酸，成金黃色，可以加一兩勺在麵湯裡泡著，湯的味道就有點酸味，改變了原有的清醇，更利於進口和食客品味。

我問老闆才知道，他姓龍，名遠志，做了十二年的金絲麵，算得上是最老的師傅。龍老闆每天只做幾斤麵粉的金絲麵，都是一些專門在那裡吃的常客吃，如果哪天去晚了也許就沒得吃。他還跟我說，他很想把金絲麵做大，但是現在人到中年，精力不夠。

我在廣漢待了十多天，每天都要去那裡吃碗金絲麵，體會一下四川的風味。

重慶兔丁河蝦

重慶的美食，可以用兩個詞語來概括，一是爆炒，一是火鍋，在那爆炒和火鍋裡，最讓人興奮和具有想像力的是那紅成一片。紅色是重慶菜本身的顏色也是主打顏色，每樣菜都讓食客火辣辣的看了熱情高漲、食慾大增，拍手叫好。

我是一個愛吃辣椒的湖南人，曾經與那些好吃辣椒的高手有過一些接觸，混在一起的日子多了，自己也慢慢成了辣椒的崇拜者，為吃從沒有因辣椒落伍和退出。這次到成都吃過一些很有辣味的菜，沒有怕辣的感覺；到重慶，看到那紅豔豔的火鍋湯上漂著滿盆尖辣椒，有些退縮和畏懼了。

到重慶，很多朋友介紹我去吃火鍋，體驗重慶的熱情和麻辣。說起火鍋，重慶是它的發祥地，因為那個火鍋，把美食推上了一個更加安逸、享受的層次。讓火鍋一時在中國的飲食界風行，大小酒店、賓館都爭相使用，家庭生活也開始蔓延著火鍋的氣息。從此，美食界誕生了許多新鮮的吃法和做法，給冬天的吃喝帶來溫暖。

考察火鍋的起源，不得不把長江穿過重慶這個地理環境拉進來，在長江三峽一帶，縴夫和船民很多，這些一年四季生活在水上和水邊的人家，為了驅逐河風的寒氣，不得不生著火吃飯和暖和身體，也不得不時時刻刻把飯菜都熱在鍋裡，保持飯菜的溫度。慢慢的被岸上的人家所引用，從此火鍋也就慢慢傳開了。而重慶人在大肆使用火鍋的同時，中國的美食界也在尋找更好的吃法，就這樣，一個火鍋適應了中國美食發展的需要，火鍋一下火紅了全國各地，使美食界得到了普遍的應用。另一個補充說法是說重慶一年的空氣都比較濕潤，濕氣過重，居民要用火鍋來給身體加熱，有利於空氣乾燥，排出身內廢物，這似乎有些證據不足。

我到重慶，本想好好的瞭解些美食，尋覓些自己愛吃的品味一番，無奈沒有時間來把玩。在朋友蔣海松、劉海燕的帶領下，在重慶市中心的解放碑那一帶，找了一家吃火鍋的店坐下來用中飯。飯店在五一路與凱旋路交叉口，店面不大，在三樓。我不瞭解重慶的美食情況，當然把任務交給了在重慶生活了三年多的蔣、劉，劉在《重慶晚報》工作，對吃好像還比較瞭解，就點了一個兔丁白蝦火鍋。

端上桌，一大盆白蝦，淺紅色的橫七豎八躺在鍋裡，映襯在火紅的火鍋湯裡，蝦看起來更白和個大。讓我奇怪的是蝦的形狀和姿態，每個蝦都被人從背上豎著劃了一道口子，蝦肉向兩邊拉開，蝦成了大V型的勾。在拉開的蝦肉裡，卻沒有紅色的湯汁色，而是白嫩嫩的蝦肉爆起，很有讓人大吃特吃的場面。火鍋的火慢慢的開始大了，湯汁也開始翻滾，那熱氣帶著香味散向四方，飄進了我的鼻子，是非常純香的蝦味。

劉告訴我，這蝦子是重慶本地產的，來自長江，漁民撈著新鮮的河蝦，再用重慶菜的特殊香脆法做成甜香型新鮮河蝦，不用其他的烹飪方法。據說，長江穿過重慶，在這植被覆蓋嚴密的河岸邊，有許多的小溝壑，蝦就在水流的衝擊下躲進了溝壑的回水灣，每逢大水過後，蝦就成堆的聚在回水灣裡，漁民只要用大簸箕打撈即可。漲水的夏季，蝦是最肥美的時候，也是味道最純美最鮮香脆嫩的時候，吃河蝦勝於吃豬肉。

我在長沙就喜歡吃基尾蝦，蝦做火鍋還是第一次吃，覺得有趣，想好好的吃吃，做點品味。我就夾了一個，像吃基尾蝦一樣把外面的皮剝了，但是蝦肉沒有基尾蝦那麼綿，咬上去很有彈性和韌性，又很脆，咬斷時沒有一般河蝦的醒味，倒是可以吃出一種脆香的甜味，非常的自然而不膩人。我又發現蝦皮也非常的脆，吃起來很香，沒有吃其他蝦的那種皮皮殼殼的感覺。

慢慢吃來，才知道：河蝦裡有大塊的魔芋，大似巴掌，卻比較薄，經過蝦湯一煮，也非常的鮮美。還有一截一截被剖開的黃瓜，吃起來生脆的，很有點響聲，黃瓜的生脆和甜嫩都保存得很完整，黃瓜漿的氣味已經消失。還有黑木耳和方正的海帶塊，主要是表現在脆方面。最隱藏的是火鍋裡的兔肉，被切成手指大小的方丁，等蝦吃得差不多了，兔丁就露出了湯麵，在黃橙色的湯汁裡翻滾，吃起來也非常新鮮、細嫩，又甜味醇醇。

擂辣椒

吃辣椒，已成我生活的一部分。

年齡增長，越來越喜好又辣又下飯的口味菜，刺激那食慾。按說，年齡越大，飲食也越清淡，這我倒琢磨不透自己了。生活在城市，做些與人交際的事，天天在酒店吃喝，留在嘴裡的是雞精味，回味起來總是感覺滷喉嚨，口腔刮得很。聞到一股香甜味在嘴裡回環，我就吃不下飯菜。

擂辣椒，是湖南的特色菜，也是辣椒深加工食品，我特別喜歡吃。

來長沙，與家鄉的擂辣椒斷源，時時想念，也只能做點口頭或文字上的表述。每次回家鄉，想吃點地道的擂辣椒，往往不合時節。有時奇想，在城市生活這麼疲憊，不如去過鄉村生活，品味自然的味覺。但是，又不願放棄努力了上十年的成績，只好艱難的在城市裡尋找自己的美食，滿足這饞嘴。

在長沙吃擂辣椒，也是一次偶然。去湖南日報社辦事，與朋友聊起吃食，詹編輯提議去對面唐裝吃飯，給我推薦幾個菜。點菜時他告訴我，他喜歡吃擂辣椒，當時我沒在意，心想長沙做不出好吃的擂辣椒。端上桌來，看著那盆青綠色的辣椒糊，我傻了眼。擂辣椒用擂缽盛著，留有擂桿，可繼續加工。我嚐了一點點，才知道原汁原味，是天然的綠色食品。

擂辣椒的做法非常簡單，先選擇老辣椒。辣椒嫩白色或嫩青色，做擂辣椒不好吃，有一股嫩草味或青味，影響擂辣椒的辣味和純度。辣椒黑青色或暗青色，說明辣椒已經老了，是做擂辣椒的最佳時機，做成擂辣椒就是辣味和甜味。辣椒去柄洗淨掏心，放入擂鉢搗爛。擂擂辣椒時需要保護眼睛，辣椒水飛濺容易飛進眼睛裡，清洗眼睛很痛苦。辣椒搗爛至糊糊狀，找不到整片的辣椒，把燒開的清油淋於辣椒糊糊上，加少許鹽，繼續擂，直至清油浮於辣椒糊糊上，即可停擂食用。

擂辣椒非常的辣，不習慣之人要少食。辣椒糊糊粘在舌頭上，非常的柔軟又帶著溫度，輕輕伸縮舌頭，辣椒糊糊裡的辣椒肉末就在舌尖上轉動，辣汁散於舌面，舌頭馬上一緊，辣味全部顯示出來，辣得頭皮一脹。稍後，辣味流到口腔壁和嘴皮上，舌頭是甜味。再細細品味，沒有任何香精，也沒有任何配料，不敗壞口味，非常的夠癮。

以後，我一有機會就去唐裝吃擂辣椒。在深圳的湖南作家蔡成回益陽，途經長沙，我就帶他去唐裝吃擂辣椒。當時還有瀟湘晨報社的黃晉，三個人一邊品味擂辣椒一邊流汗，直叫痛快、舒服。後來我才知道，蔡成和黃晉都不太吃辣椒，那次卻做了回地道的湖南人。蔡成現在到了澳大利亞，唐裝也轉手，再沒有吃擂辣椒的地方了。

前日，同學夏雨隆在松桂園請我等幾個吃飯，點了一份擂辣椒皮蛋。我看到皮蛋像剝了剛切的，沒有任何加工，沒敢吃，等大家下了筷子，我才夾點辣椒嚐嚐，有種鄉村新辣椒出世時的鮮青味，馬上吸引了我。擂辣椒裡加了點醋，又酸又辣，很是開胃下飯。

這種擂辣椒與天然擂辣椒不同，先把辣椒放火上烤一陣，撕去辣椒皮，辣椒肉成了一絲一簍，泡點醋，用擂杆搗一陣，辣椒入醋和鹽，口味馬上提起。加剝殼切塊的皮蛋，翻動染醋辣味，即成擂辣椒皮蛋。

吃著擂辣椒皮蛋，我卻想念天然的擂辣椒。我下定決心，一定抽個時間自己做盤天然擂辣椒吃。

南嶽豆腐煲

南嶽衡山，是我國著名的佛教聖地，也是五嶽名山之一，在文人墨客的心目中有很重的分量，遊山玩水者多予惦記，李白、杜甫都有所到訪。

衡山的山腳下，有一個著名的古鎮，叫南嶽鎮，南來北往的香客都會聚集在這裡歇息，等待時間上山進香。香客最多的是每年陽曆七八月至十一月間，人來人往，比趕集還熱鬧。來衡山的香客都非常虔誠，除了忍受舟車勞頓之外，在上山前還要淨身、吃素，以表示對南嶽祝融神的致敬。

南嶽素食始於東晉，開始的素食多以豆腐為主，通過上千年的發展，品種越來越多，食材多樣，有著濃厚的衡山鄉土風味。常見的衡山素食有豆腐、香椿、辣椒、筍子、菌子等，做得別饒佳趣。隨著時代的進步，素食發展到現在高級齋宴階段，衡山各大寺廟、飯館均擅長製作，滿足來衡山進香的客旅需求。

衡山的泉水甚多，品質兼優，有毗廬、太陽、虎跑等三十六處名泉，在山谷裡匯成溪流，傾瀉而下，匯集到南嶽鎮的溪河中。

南嶽鎮因為泉水水質好，做出來的南豆腐非常細嫩潤滑，味道與周邊縣市的豆腐大不同。南嶽居民根據自家所做的豆腐，製作成常豆腐、砂鍋豆腐、豆腐丸、夾心豆腐、涼拌豆腐、翻皮油豆腐、帶餡油豆腐、五香豆腐乾、腐乳、豆腐花等菜式，烹飪方法有炸、燉、蒸、煮、炒多樣，味道有酸、甜、鹹、辣、香五味。

南嶽豆腐流傳至今，最受食客歡迎和最具地方特色的是南嶽豆腐煲，又叫佛光駐照，是每位到南嶽衡山進香的客人必吃的美食之一。

我曾多次到南嶽旅遊、考察，都沒有吃到過南嶽豆腐煲，只聽朋友們描繪的有聲有色。真正吃到正宗南嶽豆腐煲已經是二〇〇八年冬天，我與一個美食採訪團到南嶽調查美食資源，才偶然在南嶽古鎮吃到。

當時，媒體的朋友在南嶽華天大酒店等待採訪廚師長，我與北京的朋友徐強兩人閑來沒事，想到南嶽鎮走走，尋找南嶽古鎮的幽靜韻味和神秘文化。我們沒有雇人帶路，也沒有地圖，走錯了門，來到衡山上山大門前，在森林裡轉了一圈，下至萬壽寺下的廣場。我倆已經饑餓不堪，又不想回酒店吃飯，就順路尋找當地的特色美食，不知不覺走進了南嶽古鎮的街道。

豆腐煲是道普通的菜肴，全國各地都有。南嶽豆腐煲卻與普通豆腐煲有所不同：南嶽豆腐煲用油豆腐、肉末、香菇做成，用砂缽盛放；普通豆腐煲用嫩豆腐、肉末、蝦仁、雞蛋清、乾澱粉等做成，白嫩鮮豔。

南嶽古鎮幽靜古遠，青色的石板路踏出鏗鏘之聲，三兩對情侶來往於路上，甜言蜜語都那麼低沉雅韻。我有種走進山林的感覺，讓心情振奮暗喜。街道兩旁，飯店林立，裝飾古香古色的店面，有著歷史的吸引力。

我想起朋友推薦的南嶽豆腐煲，想借這個機會嘗試一番。問了幾家飯店，它們的特色菜都是豆腐煲，卻沒有找到老字號。徐強勸我，隨便找家嚐嚐就是，不必麻煩。

我們選了一家飯店坐下來，店裡幾個簡單的桌子，與外面的裝飾相距很大。又看了菜單，南嶽豆腐煲的價格二十六元，確實有些貴。

南嶽豆腐煲上桌後，沒仔細看，像份煮水的油豆腐。我心裡就冒火，有些脾氣。那個盛菜的砂鉢也小，看著淺黃色圓圓的把柄，就有點小家子氣。

我夾起砂鉢中的油豆腐，豆腐上的湯汁已經如芡，粘稠得很。下到口裡，與普通油豆腐完全不同，炸透的表皮非常柔軟、細膩，再沒有質韌堅硬的感覺，裡面的豆腐碎末細嫩無比，滑膩有質，豆腐被切開，香菇和肉片的芡汁混合在一起，味道複雜多變，又完全融合在一起。那薄薄的淡黃色湯汁，非常入味，也非常上口，拌上米飯，味道不亞於鮑汁。我連吃三碗飯，路上還不停的感歎南嶽豆腐煲的味道。

自那次在南嶽古鎮吃到南嶽豆腐煲後，後來每次去南嶽衡山，我都要去吃南嶽古鎮的豆腐煲，來回味南嶽豆腐的味道。

永豐辣醬

永豐辣醬產於明代崇禎年間，有三百多年歷史，是湖湘文化中辣文化的傑出代表，富含深厚的人文底蘊和湘軍奮勇精神，備受世人喜食。在長期的品食永豐辣醬中，我慢慢喜歡上永豐辣醬拌饅頭吃的習慣。

永豐乃雙峰縣城所在地，四周山丘崛起，中部崗平相間，山地連片，崗丘交錯，平地綿展。雙峰山環水複，風光秀麗，溝壑幽深，峻秀挺拔，群山逶迤。四季分明，熱量豐富，雨量充沛，光能充足，春季寒潮頻繁，氣溫劇變，夏季暑熱漫長，伏旱明顯。

雙峰歷史悠久，從三國蔣琬至清代重臣曾國藩及蔡和森等，名流輩出，物產最有名的屬永豐辣醬。

永豐辣醬以永豐鎮所產的燈籠辣椒、牛角辣椒為原料，這種辣椒肉質肥厚，味鮮肉厚，辣中帶甜，拌以小麥、黃豆、糯米，用傳統配方科學曬制而成，辣醬色澤鮮豔，味道鮮美，辣中帶甜，芳香可口。永豐辣醬有開胃健脾、增進食慾、幫助消化、散寒祛濕等功效。

據《湘鄉縣誌》載：十六世紀明崇禎年間，永豐鎮有戶人家在自家樓上曬製辣醬，醬香飄然十里，路人駐足聞香。從此，永豐曬製辣醬的習俗傳開，家家戶戶都曬製辣醬，有的以此為生。當時的永豐辣醬還不是很完美，以燈籠辣椒做原料，把小麥蒸煮、發酵、磨製、加鹽調水，曝曬成醬。十七世紀中葉，蔡氏兄弟先後開設蔡廣祥、蔡廣益、蔡順益三家醬園，銷售火爆，有人見曬製辣醬有利可圖，相繼開設生義興、龍勝泰等十多家辣醬作坊，有規模的生產辣醬。其中，蔡廣祥即蔡和森的祖輩名聲最盛，年產辣醬四十餘擔。

農曆五月底至八月底，是永豐人曬製辣醬的好時節，辣椒成熟，鮮紅透亮，氣溫高、日照充足。挑選鮮紅肉厚無蟲的燈籠椒和牛角椒，清洗乾淨，將辣椒去蒂晾乾，粉碎成末；選擇優質黃豆、小麥、糯米，煮熟發酵，暴曬乾燥研磨粉碎，放入曬醬缽，將煮熟的糯米拌入，翻曬一百八十個小時。拌勻粉碎的辣椒末，繼續暴曬，隔三五個小時翻動一次，曬足一百八十個小時左右，曬至香氣四溢、顏色鮮豔光澤，呈紅褐或棕紅色，辣醬才熟，再消毒包裝即可。

清朝咸豐年間，曾國藩將永豐辣醬帶到京城，進貢給皇帝和款待朝廷大臣，受到皇帝讚譽和大臣稱道，被列為貢品，也在北方打開了銷售渠道。曾國藩回到湖南，訓練湘軍，大量招募湘鄉青年入伍，永豐辣醬隨著湘軍的戰鬥，一起打開南方數省市場，包括湖北、江西、安徽、江蘇等地。成為一種全國流行的辣醬。

一九五四年，雙峰縣食雜日雜公司興建第一家辣醬蜜餞廠，將辣醬由家庭作坊生產轉向機械化生產，大大提高工效。一九六五年，永豐鎮紅旗大隊建立辣醬廠，年產二十五噸。一九八一年，雙峰縣蔬菜公司建立辣醬廠，年產四十噸。一九八六年，雙峰縣成立永豐辣醬總公司，辣醬生產企業聯合生產，在繼承永豐辣醬傳統的基礎上開發出無籽辣醬、刀豆辣醬、地蠶辣醬、豆豉辣醬，相繼又開發了五香醬、八寶醬、什錦醬、牛肉醬、魚王子醬等，總量達二萬噸，往銷二十六個省市自治區，出口到美國、日本、加拿大、沙特、馬來西亞、泰國、菲律賓等地。國家質檢總局對永豐辣醬實施地理標誌產品保護，保護範圍為雙峰縣永豐鎮、印塘鄉、走馬街鎮、梓門橋鎮、沙塘鄉、石牛鄉等六個鄉鎮。

永豐辣醬既是調味品，又是風味小吃，具有獨特的風味和豐富的營養成分。吃永豐辣醬，需要一個漫長的感受過程：從表而裡，表面的醬汁辣味不足，甜鹹相濟，醬香誘人。品味辣醬，味道慢慢呈現，有三重口味，第一重入口甜膩，甜味在舌蕾上散開；第二重甜味消失，鹹味補濟，鹹味慢慢占主導地位；第三重鹹味消失，辣味漸出，慢慢提升，直至辣味沖鼻，後勁發汗，兩眼彌蒙，舌擂顫抖，方知永豐辣醬的味道和厲害。

洋芋飯

洋芋，是一種引進物品，主要在西北、西南地區種植。隨著牛肉燉土豆就是社會主義的口號傳播，洋芋在中國全面推廣，現在很多城市已經普及土豆，吃土豆的人也越來越多，土豆作為食品在不斷更新。

土豆作為主食，成為一些地方的特色。我走過的地方，愛吃土豆的省份集中在西北和西南，甘肅、雲南特別突出，土豆是他們的主食和特色飲食，土豆的吃法各式各樣，堪稱蔚為壯觀。雲南種植土豆的主要地區有宣威、會澤、麗江，甚至想讓昆明成為雲南最大的洋芋基地。

甘肅人喜歡吃土豆，因此出版了一部《土豆天下》，雲南人喜歡吃土豆，是我這次到昆明後才知道的。走在昆明的大街小巷，到處是洋芋做的美食，我有些疑惑，朋友告訴我，土豆是雲南人的主食，雲南人把土豆叫洋芋。我消除這個疑惑後，開始探索起雲南的洋芋食物。

在雲南，土豆做的食物非常多，農村最有特色的是洋芋飯，貧窮的山區都以洋芋飯為食，把土豆切成丁和大米煮在一起，土豆丁夾在米飯裡，點綴著黃白相間。當我看到這麼有特色的洋芋飯，想起我小時吃過的紅薯米飯，是紅薯米與大米煮的，家鄉現在都吃大米飯，紅薯米飯已經淘汰絕跡，成為很多人懷念的對象。特別是那些進城的男女，在城市保健之風的蠱惑下，又在家開始了紅薯米飯的生活。

雲南的洋芋飯，沒有被大米飯代替，更沒有絕跡，在很多家庭還在繼續食用，我覺得很驚訝。雲南人把洋芋飯當做每日必食的食物，像昆明這樣的省會城市，洋芋飯照樣存在，在大街小巷爭相購買。我在昆明市關上美食街溜達的時候，多次見到大鍋大鍋的洋芋飯。我嚐過洋芋飯的味道才覺得它很精彩，一口兩三人合抱的大鐵鍋，架在一個高爐上，人從下面走過，要踮起腳才能看到鍋裡的洋芋飯，我看到這麼多的飯，覺得自己很渺小。每個晚上，來這裡吃洋芋飯的人很多，每人吃一碗。我徘徊再三，才下定決心吃一碗傳說中的洋芋飯，作為到昆明的紀念。洋芋飯在鍋裡早已煮熟，廚師從大鐵鍋裡鏟下一小塊，在小銅鍋裡加油燒熱，炒一會，加上佐料和酸湯，盛出來就可以吃。

我看到擺在我面前的洋芋飯，才明白昆明的洋芋飯已經不再是雲南農村的洋芋飯——把土豆當做主食，只是一種憶苦思甜的食物和昆明人對美食的追憶。我吃的洋芋飯，土豆非常少，象徵性的放了一點，主要是米飯，加了蠶豆、精肉條，飯做得色彩紛呈，非常有美感。我吃著這樣的洋芋飯，柔軟可口，容易入口，也容易填飽肚子。一份洋芋飯吃完，我已經非常飽了，比在其他地方吃蛋炒飯或者揚州炒飯容易飽得多。

隨著我在昆明生活的深入，吃到了很多土豆做的食物。有烤土豆，就像長沙的烤紅薯，一個一個烤熟擺在爐子邊上，等待路人的選擇。最多的還要數脆皮土豆，大街小巷都擺著攤點，炸得金黃的土豆塊，非常具有誘惑力，我看著他們加工才知道，把土豆削皮後，洗乾淨，切成長條小塊，在清水裡浸泡後，先煮熟，再放油鍋裡炸透，表面生脆，裡面細膩，香氣撲鼻。土豆餅主要做菜吃，把土豆切成細絲，像清炒土豆絲這般細，炸成一個餅，絲絲相連，糾纏在一起，吃起來既甜又脆。還有老奶洋芋、乾煸洋芋絲、洋芋酸湯、洋芋片、洋芋塊、洋芋絲，有炒的、紅燒的、涼拌的、打底的。

吃過這麼多的雲南洋芋美食，我不得不感歎，一個民族一個地域對食物的喜歡程度和愛好，是無法用經濟發展來改變和淘汰的。

辰溪酸蘿蔔

遠古的湘西，有很多神秘的事情，包括它的飲食。大湘西（包括懷化、湘西州、張家界）是個多民族的地方，聚集著苗族、瑤族、侗族、土家族等十多個少數民族，他們在飲食上注重酸香辣臘。

湘西飲食以辛香酸辣、醃製、薰製、臘食聞名湖南，樹起湘菜山區菜的大旗。湘西人喜歡把蔬菜製成酸菜、罎子菜，以便下飯和保存。湘西最著名、最龐大的飲食場面是侗族的合攏宴，最多時達萬人共餐。在重大節日，侗族把餐桌、椅子、碗筷、菜肴從村寨中每家每戶收集起來，將餐桌合攏，擺成一長條，再將菜肴擺在長桌上，擺好碗筷，椅子置於長桌兩旁。客人就座後，跳舞聯歡，開餐前舉行集體酒令助興。

辰溪位於湖南西部，沅水中游，連接雪峰山脈和武陵山脈，屬懷化北端，東連溆浦，南鄰懷化，西接麻陽、瀘溪，北近沅陵，總面積不到兩千平方公里，地勢東南高西北低，屬丘陵山區地貌，以香柚、臍橙、烏雞、酸蘿蔔、麻鴨聞名。

辰溪歷史悠久，秦屬黔中郡，西漢高祖二年（西元前二〇五年）置辰陵縣，漢高祖五年易名辰陽縣，隋開皇九年（西元五八九年）更名辰溪縣，一直沿襲至今，數千年來民風淳樸，生活安逸。

辰溪流行「冬吃蘿蔔夏吃薑」，酸蘿蔔在辰溪一帶最為有名，當地村民家家醃製，採用土家族的傳統製作工藝和引進侗族喜食酸食的習慣，以獨特的油辣子做佐料，使蘿蔔成品顏色鮮豔，質地生脆，酸辣香甜，美味可口。辰溪酸蘿蔔注重酸、甜、苦、辣、色、香、麻，吃時切碎現拌，生津開胃，促進消化，增強食慾。特別是辰溪女人，把酸蘿蔔當做休閒食品和美容食品，時不時嚼兩塊酸蘿蔔提味、補充水分。隨著時代的發展，吃酸蘿蔔的人慢慢擴散增多，成為湘西人的共同愛好。酸蘿蔔成為湘西的特色小吃，也有人把辰溪酸蘿蔔叫湘西酸蘿蔔，誤以為產於湘西。

辰溪人醃製酸蘿蔔，選擇新鮮實心的大水蘿蔔，在溪水中淘洗乾淨，在太陽底下切成一釐米厚的長片，大蘿蔔片長達尺許，再改刀成四釐米寬的條塊。有的因為陶瓷罎子小，切成斜圓片。土陶罎子洗淨晾乾，倒入煮開的山泉，加粗鹽、甜酒水、薑、花椒等佐料，再加泡菜醃製劑充分溶解。把剛切片的蘿蔔片倒入罈中，讓蘿蔔片完全浸入在鹽水中，壓實罈蓋，密封嚴實，放在灶邊或暖窖保持十八度左右。

酸蘿蔔醃製一周後，變得酸香可口。取出蘿蔔片，拌上紅辣油、香料即可食用。有的老陶瓷罎子，浸泡了五十到上百年的酸蘿蔔，放入切好的蘿蔔第二天就變酸出味。浸泡好的酸蘿蔔成粉紅色，加上辣椒末，顏色豔麗、迷人，很能誘起食慾。原始的辰溪酸蘿蔔，泡好後呈黑色，酸味更濃更辣。在辰溪那段時間，我喜歡把酸蘿蔔當零食吃，閒暇的時候吃上一塊兩塊，酸酸甜甜的，很刺激我的味覺。

辰溪是雲貴高原的南方門戶，歷來為雲貴高原和湖湘物資集散地，也是南來北往的商家聚集地。商賈多集中在辰溪，收集雲貴高原下來的山貨，把他們運往岳陽、武漢販賣；再把湖南、湖北的日常用品和茶葉運到辰溪，送上雲貴高原和湘西山區，賺取其中差價。伴隨辰溪的經濟發展，來往的客商增多，酸蘿蔔在商賈間流行，把製作配方傳播開去。

商賈還帶動了辰溪辰河戲的繁榮。辰河戲是辰溪的地方戲之一，以高腔為主，兼有低腔、崑腔、彈腔，十九世紀引進彈腔，又受常德漢戲影響，加入漢劇藝人和劇目，聲腔以高腔和彈腔為主。辰河高腔源於弋陽腔，融入湘西民歌、號子、儺腔，獨立成為湘西大戲，音樂曲牌聯綴體，一人啟口，眾人幫和，其節以鼓，不托管弦，以嗩吶代替人聲幫腔，即高亢、粗獷，又飽和、濃郁，起到人聲難盡的妙處。辰河戲藝術樸實、化妝簡單，無成套武功。角色分生角、小生、旦角、花臉、丑角五大行，擅長表現悲劇。

因為辰河戲的繁榮，也帶到了辰溪酸蘿蔔的發展，辰河戲的角兒都喜歡吃辰溪酸蘿蔔，其微酸和微甜的酸蘿蔔湯汁，恰好補充了演員的喉乾舌燥，看戲的鄉親和商賈，在寒冷的冬天，烤著炭火看辰河戲，容易上火，皮膚乾燥，也喜歡吃酸蘿蔔來潤肺祛火，打發時間。

我到辰溪，正好是下霜的深秋，天氣已經轉寒，夜晚也要烤火，房東給我送來辰溪酸蘿蔔，我邊吃酸蘿蔔，邊聽房東侃辰河戲的名角，夜晚很容易過。

靖港豆腐

僑居長沙，早就聽說靖港豆腐好吃，這次到靖港訪友，早就約好了給我準備香乾下飯。

靖港原名溈港，在湘江支流溈水河口。唐朝李靖討伐蕭銑，駐兵溈水口。李靖治軍嚴謹，擊敗蕭銑，從沒騷擾過百姓。李靖去漠北後，靖港的鄉人懷念他的嚴厲，改溈港為靖港紀念他。

靖港與喬口相鄰，與銅官隔湘江而望。座落在湘江西岸，水運便捷，是益陽縣、寧鄉縣、湘陰縣、靖港鎮四地農產品的集散地和湖南黑茶的中轉站。靖港常年帆影不絕，順江而下直通岳陽、武漢，沿江而上至長沙、衡陽、廣西，俗稱小漢口。

我與妻子等人趕到靖港，接待的殷傑早就等在那裡，並且在靖港老街的一家酒店準備了飯菜，給我準備了大份靖港香乾。當時離中午吃飯還有一段時間，殷傑帶我們到靖港老街轉轉，從保糧街走到半邊街，再從保健街走到保安街，很快就走完所有靖港老街。

靖港曾是湖南四大米市之一，淮鹽經銷口岸，商賈雲集，市場活躍。清末，糧棧米號二十多家，手工作坊繁多，古驛站、古街無數，最有名的是青樓宏泰坊，吸引無數商賈駐足。長沙民謠「船到靖江口，順風都不走。」靖港歷經數百年風雨，依稀遙想當年的強盛和繁華。

清朝年間靖港秦裕泰香乾聞名遐邇，後改名開太乾子。民國年間，又有譚興泰、吳旺順、李旺順、惠泰等豆腐作坊的香乾躋身靖港香乾精品之列，靖港香乾製作由此達到鼎盛時期。銷往長沙、湘潭、寧鄉以及洞庭湖區眾多地方，並且都有專賣靖港香乾的店鋪，常常是供不應求。解放前，靖港有十三家做香乾，李家、陳家的香乾做得最好。現在還有數家做香乾，香乾越做越好，聞名遠近。

我們回到酒店，飯菜已經準備上桌，喝口茶就開始吃飯，我首先下筷的是靖港香乾，黃黃的香乾，在碗裡閃爍著它的油亮，有些金燦燦的感覺，吃在嘴裡，稍帶嚼勁，滿口豆香。我正吃得歡，殷傑給我們介紹起靖港豆腐。

靖港香乾按顏色分黃香乾、白香乾、青香乾三種，其實材料一樣，只是做法不同，味道有別。黃香乾、青香乾比白香乾多一道囟製程序。因為囟料不同，囟出的豆腐乾分黃、青兩種。按包、壓程式不同，靖港香乾分打包豆腐乾、菊花豆腐乾兩種。先壓後包為打包豆腐乾，先包後壓為菊花豆腐乾。最先靖港香乾不打包，打包技術從湘譚傳入，在實際操作中表現出乾水快，後來得到廣泛運用，最後確定為靖港香乾的一道基礎工序。

靖港香乾工序繁複，製作程式有選豆、磨豆、打漿、包、壓、囟七道工序。靖港香乾還講求精工細作，每道程式都很講究。靖港香乾選豆要求黃豆新鮮、飽滿、顆大。當時荊洲黃豆質優，磨出的豆漿細嫩白淨，靖港作坊都從湖北荊洲進口黃豆，現在也採用本地優質黃豆。黃豆要當年收穫的新豆，隔年水份欠足不新鮮影響豆腐質量。購回黃豆還要篩選，癟豆、半邊豆、顏色不純的黃豆篩出不用，顆粒飽滿、色澤鮮亮的新豆進入磨豆工序；磨豆多用手工石磨，反覆碾磨豆子。磨豆先要把黃豆浸泡三四小時，甚至大半夜。磨豆反覆磨兩三遍，等流出白白的漿水或漿汁，才能打出上好的豆漿。泡漿要求高，靖港有句俗語說「殺豬打豆腐稱不得老手」，意思是泡漿、沖漿不能過老過嫩。先把豆漿熬開，倒入大木桶，摻石膏粉調汁的清水使之凝固，再實行打包。包分兩次，要手工包扎，擠壓出豆漿中的水分。靖港香乾原來只包不壓，現在的香乾既包又壓，把凝固的豆漿用紗布包起，懸掛瀝乾水分，包好後還要放在模子裡壓榨，壓成硬的白豆腐，要製黃豆腐乾、青豆腐乾，還要下滷鍋。囟鍋用桂皮、八角、紅糖、鹽、怡糖做囟料，煮出滷水。雙囟兩次，兩次兌料不同。白豆腐先浸泡鹽水，再放入滷鍋內，燒開滷水煮沸，豆腐呈棕紅色，味道香美，即可取出瀝乾。

我聽了殷傑的講述，對靖港香乾更加敬仰，覺得這原始磨製的豆腐可靠、可信，應該多吃。

殷傑又說，靖港人做香乾是有組織的，在解放前，做豆腐的作坊都入會，會員研究做香乾的技術，從不保守，不講成本，只講究香乾質量和信譽。靖港香乾色、香、味俱全，卻沒有很多理論可言，主要憑經驗，憑手感去做。新手做香乾，要練基本功，練到一定程度，才能做出上好的香乾。

我們吃完飯，我又要殷傑帶我去看香乾作坊，來到那原始的豆腐作坊間，見到我童年在鄉下看到的石磨等器具，覺得非常親切、熟悉。

南溪豆腐

南溪位於四川省南部，金沙江、岷江在此匯合，是萬里長江第一縣。南溪鎮地處宜賓、瀘州、自貢三市中心，有一千五百多年歷史。

南溪豆腐乾有悠久的歷史文化，與涪陵榨菜、宜賓芽菜、內江大頭菜、李莊花生齊名，響徹巴蜀大地。南溪人將湯豆花提煉成豆腐，再用香料煮滷水，把豆腐滷製成豆腐乾，香氣四溢，味道精美，渾厚綿長，回味無窮，做成絕好的下酒菜，滿足宜賓、瀘州酒客。

南溪豆腐乾企業繁多，有名的有徽記、好巴食、郭大良心、庶人坊、玉林等，南溪豆腐乾味道醇香，有嚼頭，有勁道，聞名周邊縣市。

南溪豆腐始於清朝光緒年間，質地密實、味道鮮美、營養豐富、鹹淡適口、易於消化、老少皆宜。滷豆腐乾色澤光亮，有彈性，形狀均勻，滋味細膩，細韌耐嚼。

南溪豆腐，講究工藝，先將優質大豆水磨，提取豆漿，煮漿、過濾、點漿、蹲腦、破腦、上榨、加壓成型、白胚冷卻、白胚造型、過堿、清洗、烘烤、殺菌等；根據不同風味添加醬油、八角、山奈、胡椒、丁香、茴香、桂皮、香果、紅寇、白寇等三十餘種配料，滷製後排酸；烘烤、冷卻，拌料調味。

真空包裝、高溫、高壓殺菌、化驗；再外包裝，成品出廠，街坊多為散裝零賣。按照配料分為雞絲、火腿、豬肉、金鉤、魚鬆、香油、味精、海味等十幾個品種。主要銷往重慶、成都、攀枝花、宜昌、海口、昆明、廣州等地，最遠由上海外貿總公司銷往美國、法國、德國、英國、新西蘭、澳大利亞等十多個國家和地區，成為世界各地人民的喜愛。

我到南溪旅遊，就是在街上買到了散裝南溪豆腐乾，有麻辣、五香等幾種口味。我怕麻，就買了一斤五香南溪豆腐乾，帶到賓館裡當宵夜。豆腐乾切成薄片，兩面有起伏的波紋，黝黑發亮，閃著油光，極具誘惑力。我與妻子嘗試著南溪的美味，吃了起來滑爽，鹹香，耐嚼回味，極對我的口味。在南溪的四五天裡，我們每天到街上尋找豆腐乾。

南溪豆腐乾的創始人叫郭顯清，人稱郭大良心。清朝末年，他在南溪縣東街開酒店，開始製作豆腐乾。起先，他做好豆腐乾挑到碼頭上販賣，由於製作精細、色香味濃，被酒客稱道，日子久了，大家認準了他的豆腐乾。抗日戰爭時期，中央研究院、中央博物院、中國營造學社、金陵大學、文科研究所、國立同濟大學等十多所高等學府和科研機構避戰遷到南溪李莊，一時南溪文人薈萃，酒客繁多，南溪豆腐乾被更多人知曉和喜愛，郭顯清將自己的作坊遷至南溪中正街，專營豆腐乾生產、銷售，還自立大良心公司，日產豆腐乾千塊，滿足旅客需求。

南溪地處長江邊，河道交通便利，又盛產高粱泡子酒，各式飲酒菜點應運而生，南溪豆腐乾成了最好的下酒菜，受到長江上來往食客的歡迎和攜帶。南溪豆腐乾因攜帶方便，在旅客中廣為流傳，聞名四川省內外。南溪縣內一些其他商號看到豆腐乾的利潤，相繼仿製，南溪豆製品業逐漸興盛。郭顯清之子郭道福深得真傳，繼承父業，做大南溪豆腐產業。郭顯清去世時正值文革，郭道福也前往東北當知青，大良心豆腐乾退出歷史舞臺。二十世紀末，郭道福夫妻下崗後，重操祖業製作南溪豆腐乾，經過百年變遷，豆腐乾未曾變味。

南溪豆腐乾外表褐黑油亮、肉質綿軟細膩，進口經耐咀嚼，鮮美香濃，非常適合我這樣的漂泊客旅，再佐酒拌餐，真是絕好的地方風味美食。五香南溪豆腐乾又稱素雞肉，味道勝過雞肉，又高蛋白、低脂肪、味鮮美，我非常喜歡吃，在回湖南的火車上，我還帶了一斤。

南溪豆腐乾吃法多樣，可以直接食用，油炸、切片、絲、粒亦可，拌其他菜肴也行，我還是喜歡當零食或直接下酒吃。它融鹹、甜、鮮、辣、香一體，口感濃烈流暢，味美回鮮，有解肥膩、增食慾、助消化的作用。

第八輯

副談飲食

冰清如柚

寒風呼呼的冬日，城裡的市民烤著乾燥的電火爐，雖然得到了一絲的溫暖，心靈卻焚燒著焦慮，全身的火氣逐漸上升，他們又用什物來清涼祛火呢？那是大家都很關注的問題，畢竟藥物不是我們的選擇。在這個時候，我們不妨吃點柚子，給身心一定的冰清，帶來冬天的冰爽和水分。

柚子，於我有幾年的記憶和食用。生活在長沙這個好吃的城市，才讓我終於認識了柚子，也讓我在品嚐中愛上了柚子。柚子這種水果的名字小時候就知道，真正的認識和品味，那是好幾年之後。讀大學那年，在師大校門口開了一家新的大超市，叫做新一佳，開業那天，很多東西打特價。像我這樣的鄉下人，還不習慣於打折，只知道一口價。

我當時是學生，沒有經濟基礎，買不起東西，看到一塊錢個的密柚，摸了摸，有四五斤重，我買了一個，算是對在超市裡轉了半天負責。回到住處，慢條斯文的吃了頓飽的。吃時覺得冰冰的、潤潤的，帶著點草莓酸，甜甜的汁水溢出，甘潤喉嚨，冰透肺腑。經過這一翻品味，我就愛上了柚子。

那時的物價低，超市又常打折，想吃柚子，就去買一個。吃多了，我反沒厭惡柚子，還越吃越愛得深，吃出些經驗來。又得知柚子可以清火和有助消化作用，吃柚子的數量就明顯的增加。當然，作為學生，吃柚子的數量遠沒有現在那麼多。

我熬了一個通宵，忙完工作後就沒有力氣，一躺就到了中午一點。陳哥來看我，見我病秧秧的樣子，問我最想吃什麼，我提出了兩樣東西，鮮牛奶一杯，柚子一個。我知道，自己發燒需要退火，身體虛弱需要牛奶補充能量。吃了柚子，很快又生龍活虎了。

以後的每個冬天，我都要消滅幾百斤柚子，柚子成了我冬天的唯一水果。我吃柚子，周圍的朋友也都喜歡了柚子。特別是飯後，吃幾瓣柚子助消化，那是一種生活的休閒和享受。朋友喜歡柚子，離不開我的大力推薦。對於我們這些碼字和閱讀文字的人，是一群體弱多病的弱勢群體，自己注意身體相對的多些。知道柚子清火，補充維生素C，他們都自然的愛上了它。

柚子最煩人的是剝皮。常見的是把兩頭切掉，中間的皮劃幾刀，再一塊塊剝下來。卻有些人剝皮非常藝術，一個賣主幫我剝柚子皮，削掉蒂頭一截，再在皮上豎著劃一刀，用竹飯勺沿著柚子肉邊慢慢的插，等皮與肉之間形成一條縫，把勺子慢慢攪動，很快就剝掉了，皮也剝得乾淨。我也做過柚子燈籠，削掉蒂的一截，用竹勺子慢慢插入，再繞裡轉一圈，再深入，這樣轉幾次，柚子肉就挖出來，柚子皮就成了燈籠的原材料。

吃多了，沒有藝術的心情，也不追求剝柚子皮的美，把柚子皮剝乾淨就好。

家裡常常買柚子，妻子總是不剝，把這個「光榮」的任務交給我。我成了剝柚子皮的主力，也成了吃柚子的「專家」。到朋友家去，他們都要買柚子款待我。當要剝皮時，就把柚子給我，請我代勞為柚子「淨身」。冬天，就成了我與柚子的日子。

一個柑橘的思想

這幾年待在城市，過慣了鐘點生活，把個愛吃零食的習慣給戒掉。卻從來沒有戒掉品味美食的興趣，一有時間就三五成群的進酒店、下館子「腐敗」，雖然是掏自己的錢，哥兒們幾個還是吃得很歡。

昨天，一個同事下鄉回來，順手遞給我一個柑橘。

記得住鄉下的日子，我特別愛吃柑橘，剝開柑橘皮噴出霧水的那種味道，讓我每次興奮不已，吃柑橘都那麼精緻，把一根一根的經絡撕掉，再慎重的塞進嘴裡。我還愛吃煨熟的柑橘，那剝皮時是汁水四濺，帶著芬芳、帶著酸甜，加點糖，吃的卻另有一翻風味，據說還可以治咳嗽治感冒呢。

我接了，剝去皮，把經絡撕得乾乾淨淨，掰一瓣塞進口裡，才知道柑橘不僅酸味甚濃，還有一股好大的苦味，按城市裡的說法就是難以進口。我還是咬了一口，全身卻打了一個寒顫。剩下的部分我再也沒有勇氣吃下去了，丟進垃圾桶。

晚上睡在床上，我翻來覆去睡不著覺。心想：我與八年前的我沒有多大的區別，沒有什麼改變，還是沿著以前的步子在往前走。與身邊的同事、朋友相比，我是一個算得上可以吃苦的人，生活也過得一點都不馬虎。為什麼我童年吃得那麼香甜的柑橘現在變得那麼苦了呢？我又想：難道柑橘是苦的嗎？這個應該不科學，就是說柑橘變異，也不至於在幾年裡面就變得無法理解了。再有就是說現在的空氣污染嚴重，也沒有感覺到其他的水果變異，連那些科學家都沒有發表過這樣的觀點。並且我還問了辦公室的其他同事，他們也說柑橘很苦，這樣證明我的味覺功能沒有問題。到底是什麼出了問題呢？

我又吃了童年愛吃的糍粑，也覺得沒有什麼味了，那記憶裡的甜也淡去很遠，有時我在懷疑自己是不是好的吃多了就變得分不出好壞了呢？但是我不敢承認，如果我要承認就說明我是腐敗分子。其實我真正的不是腐敗分子，只是一個美食愛好者，並且也是吃自己攢的錢。

後來，我終於找到了原因：那就是人類的慾望。當一個人獲得某種東西的提高後，就會往更高的方向邁進，尋找自己的顛峰，走向輝煌。從另一方面來說，人得到了某種東西，就會對某種東西慢慢的厭倦、麻木，不甘於停留在原地，積極的說法是上進。

然而，人類的原始慾望主要是看用在什麼環境之下，要是積極的方面就促使其進步，如果走向消極，人就會變得享受、腐敗。

愛似鳳梨

吃到鳳梨，就會想起遠在家鄉的父母。

生活在城市的燈紅酒綠中，已經被美食淹沒，思家的慾望消失殆盡。年小的時候，我生活在偏遠的農村，物資比較貧乏，連鳳梨等水果難得一見。

二姐離開學校，在百餘裡外的冷水江打工，那是一座小城，天天做市民喜歡吃的蛋筒。二姐第一次拿到工資，只有四五百元錢，卻給家裡買了一個十元錢的鳳梨。這也許是每個人離開家鄉，身處異鄉最想幹的一件事——報答父母。

我見到鳳梨，才知道它全身長滿了刺。二姐買鳳梨之前也沒有吃過，只是聽同事說怎麼削鳳梨、泡鳳梨、吃鳳梨。二姐從冷水江回家，一直把鳳梨抱在懷裡，像個寶物怕它丟失，下車時塑膠袋被扎破，就直接抓著鳳梨葉子提回家，雖然手上扎滿了刺，感覺卻很幸福。

母親按著二姐的說法，削掉鳳梨皮，切成小塊用鹽水浸泡起來。一會兒鄰居來了一大屋，母親端出剛泡的鳳梨塊，給每人分發一塊，大家不管能不能吃，拿起就往嘴巴裡塞。雖然鳳梨上還有一些刺沒有削乾淨，大家都吃得很香，還誇讚鳳梨好吃。我吃了也覺得很甜，微微有點酸。

我到長沙讀大學，那時的鳳梨賣得很便宜，削好的鳳梨兩塊錢一個，買兩三個還可以打折，一塊五毛錢一個也行。

大學時代，我們的飲食水平都比較差，除了盒飯就是炒粉，而且食慾很大，吃得飽飽的肚子，沒到下課就饑餓無比。我生活費不多，除了吃飯還要買不少書籍，沒有錢吃零食。宿舍門口擺得最多的是鳳梨攤，高高的木架上擺個玻璃罐，四四方方，半罐子鹽水泡滿了削掉皮的鳳梨塊，常誘惑我的食慾。有個室友，喜歡吃鳳梨，每次中午下課路過宿舍門口的鳳梨攤，都要花一塊錢買個小鳳梨，分成四份，吃時總要給我一份。我不好拒絕他的情誼，每次都把鳳梨吃完，同學都以為我喜歡吃鳳梨，我自己也覺得鳳梨越吃越好吃，還吃出些感覺來，寫了篇文章。

參加工作後，在出版社做編輯，常常走南闖北，嚐遍中國美食。回到家裡，我就不太想吃東西，對鳳梨總是提不起興趣。

結婚後，妻子常常打探我喜歡吃什麼，去給我買點來吃，我總回答不出名字。

昨天，我下班回到家裡，桌上擺著一碗鳳梨，我理也沒理。吃完晚飯，妻子跟我說：飯後吃點鳳梨，促進消化。我覺得這句話很熟，卻回憶不起來是誰說的。妻子卻告訴我：你大學時候很喜歡吃鳳梨，在你的《大學印象》裡寫了一篇文章，是關於你們同學吃鳳梨的情景和你吃鳳梨的感覺；我上網搜索你的資料時，發現你的這篇文章被很多健康網站轉載了，仔細閱讀完才知道你喜歡吃鳳梨；我下班回家，經過菜市場看到鳳梨好，買了兩個，想必你會喜歡。

我用牙籤挑一小塊吃，覺得味道與二姐帶回家的鳳梨一樣，喚起我塵蒙多年的記憶，吃了大半個鳳梨。

第二天，我就再也不想吃鳳梨了，妻子問我時，我卻無以回答。

我考慮了很久，才告訴妻子：二姐的鳳梨好吃，是因為第一次吃鳳梨；大學時代的鳳梨好吃，是因為那時饑餓；昨天的鳳梨好吃，是因為你愛我，關心我生活中的每個細節；也許，我根本不喜歡吃鳳梨或者是我現在吃的美食太多，吃到什麼東西都沒味了。

西瓜清涼

每到夏天，我就迫不及待的想吃西瓜，尋找西瓜裡的涼意。我不喜歡吃反季節水果，特別是西瓜，覺得質硬如鐵，味酸難入嘴；也不喜歡吃用色素或激素製造的西瓜。而喜歡本土的有籽西瓜，明暗相隔的條紋，顏色接近白色、綠色，有股涼意入侵。

進入暑假，本地西瓜剛好上市，長沙的天氣也進入了最炎熱的時候。我吃西瓜，不止在於它的味道甜美、甘醇，還有我身體本身的需要，每天吃上半個西瓜，身體的病痛就輕了幾分，身體也舒暢不少，還補充了水分。

在炎熱的夏天，聽到「西瓜」兩字，我莫名的覺得清涼起來，總和冰聯繫在一起。西瓜以多汁為表，有潤肺、潤便秘的功效。在炎熱的長沙城，身體熱得冒火，全身汗液淋漓，體質空脫，腸胃便結，最需要補充糖分，西瓜是最好的食補。

長沙西瓜，果瓤脆嫩，味甜多汁，含有豐富的礦物鹽和多種維生素，成熟的西瓜除含有大量水分外，還含百分之五到十二的糖，包括葡萄糖、果糖、蔗糖。可治口瘡、口疳、牙疳、喉蛾、喉症，瓜瓤有清熱解暑、解煩渴、利小便、解酒毒，治熱症、暑熱煩渴、咽喉疼痛、口腔發炎；西瓜皮治腎炎水腫、肝病黃疸、糖尿病；西瓜子有清肺潤肺功效，和中止渴、助消化，可治吐血、久嗽；西瓜籽子殼治腸風下血、血痢。

西瓜原產非洲，漢代從西域引入，五代時始入中國，故稱西瓜。東南沿海，漢武帝曾派譯長募商民、攜絲綢，乘海船去西方國家「市明珠、璧流離、奇石、異物」，由「海上絲綢之路」傳入中國，因性寒解熱，故稱寒瓜。其實，無論是西瓜還是東南沿海的寒瓜，都是同一種。目前，我國絕大部分地區均有種植，果味甘甜性寒，因為土質味道稍有差異。

我熟識西瓜，小時候在農村搞雙搶，就有了西瓜的情結。每到農忙雙搶季節，有人販來西瓜，在村供銷社出售。太陽西下，我們走四五里山路，到供銷社坪裡等運西瓜的拖拉機，只要拖拉機一到，大夥圍攏過去，擠在前頭抱個大西瓜，趕快去過稱交錢。背回家，放在陰涼之地。第二天中午，把西瓜洗淨，泡在冰涼的井水裡，西瓜涼後切成大塊，分給午覺後剛睡醒的人們，飽餐一頓後，大家下田乾活，就很少有人中暑。

我在城市生活後，一年四季都可以吃到西瓜，我卻覺得西瓜不好吃，皮特別厚，肉質也結實，總找不到兒時的感覺，多少有些遺憾。

到了夏天，我還是喜歡吃西瓜，吃到本地西瓜，我才知道：城市的黑美人、早春紅玉、湖南農科院一號、沙漠瓜等，都不是我兒時吃的本地西瓜。我仔細研究才知道，小時吃的西瓜有些像現在的沙漠瓜，卻不產於沙漠，還是沙土。

西瓜擺在地上，瓜皮的花紋像沙漠裡的沙浪，多個瓜擺在一起，還真的有點滄桑感，波浪起伏。我深入瞭解，本地西瓜有兩種：一種比較脆，一種比較粉，脆的水分多，粉的糖分多，吃時各有千秋，我愛吃水分多的西瓜。瓜農告訴我，種西瓜雨水太多不好，西瓜雖然長得個大如盆，卻寡淡無味，就像白開水，瓜熟的時候連續開太陽，西瓜就又脆又甜了。在長沙周邊種西瓜，沙土的西瓜比較粉、顏色較深，黃土的西瓜水分多，顏色較淺，瓜瓤的顏色卻相反。在寧鄉、益陽一帶，農民不種早稻，多種西瓜，瓜熟後運往長沙，吃完西瓜，再種上晚稻，既賺了錢，也有糧食吃。

結婚後，妻子從西北來到長沙，不適應南方的夏天，吃了無數藥物都沒有解決根本問題，我最後想到了食療，買西瓜給她吃，身體倒是好了很多。妻子以前生活在敦煌，有正宗的沙漠瓜吃，那裡卻沒有燥熱，夏天也不上火，她卻不喜歡吃西瓜。岳父買西瓜，一次買幾百斤放家裡，堆在陰涼處，妻子卻不幫忙，一個夏天都沒吃完。

妻子開始不喜歡吃南方的西瓜，主要是沒有敦煌的西瓜甜，但是吃了西瓜對她的身體還是有一定的改造作用，也就慢慢喜歡上吃南方的西瓜了。

我與妻子在夏天都離不開西瓜，有朋友來，都用西瓜待客，有愛吃西瓜的，夏天喜歡來我們家坐，共話西瓜經。

苦爽青蓮

江南的夏天，有很多事物讓人記起和嚮往。

我生長在江南的某地，習慣了江南的水產、柔情、花樣。江南的夏天，最讓我陶醉的是百里蓮花，紅的、白的、粉紅的，插滿綠色的荷塘，點綴滿塘的碧綠，像幅水墨油畫般迷人。

夏日的江南水鄉，蓮花只可遠觀，由蓮花成長的蓮蓬，可以觀賞也可以食用。江南盛夏，蓮蓬開始成熟，碧綠的荷莖頂著一個圓餅，獨立荷中，蓮子成行成列的冒出個頭來，浮於蓮蓬表面。蓮蓬就像堅挺的中流砥柱，隨便荷葉附風起舞，它總是泰然不動。

城市的池塘，漸漸縮小了空間，市郊的池塘卻向城市蔓延。

依山伴水的農家樂，種植了荷花養眼。盛夏遊玩，走上塘堤，愛鮮豔的數著花朵，愛素雅的數著青蓮。也可以漫步荷塘曲徑涼亭，放眼望去，荷花覆蓋了碧綠的荷葉，雜在荷花中的綠點青蓮，像點也像斑。荷塘晚去，微風輕拂，荷花飄逸，蓮蓬點點，任有詩情畫意，也融為一體。晚來月上，荷塘涼曉，蓮香四溢，沁心散欲，唱詩飲酒，數蓮劃拳，真實悠哉美哉。

成熟的蓮蓬，被饞眼人採下，蓮子飽滿，卻裹著青色的皮殼，我們習慣叫青蓮。青蓮以前很少有人吃，只有嘴饞的人才偷吃兩顆。因為蓮蓬可愛，有人把它當觀賞品。

隨著時代的發展，喜歡吃新鮮的人越來越多，喜歡吃生食的人也越來越多。悶熱的長沙城，暑氣很重，火氣很旺，需要清心去火。有人選擇喝蓮心茶，有人選擇喝蓮子粥，更多的人選擇吃蓮子，特別是剛採下來的青蓮。

青蓮進入城市，開始不是美食，只是玩物。城裡人很少見過蓮蓬，見街邊角落有老農擺著蓮蓬的籮筐，偶爾買幾個回去觀賞，把蓮蓬做裝飾品，掛在臥室展示。有些人知道蓮子的功用，買些蓮蓬自己乾蓮子，但是，往往蓮蓬不是熟透了才採摘下來，蓮子在乾的過程中要爛掉那些不太成熟的嫩蓮，城裡人更不知道要把蓮子外殼剝掉才乾得快，對乾蓮子也失去了信心。

青蓮保存在蓮蓬裡，三兩天不會乾枯，還新鮮如初，蓮蓬的顏色也碧綠鮮亮，撕開蓮蓬，扒出蓮子，剝掉外殼，撕去白皮，塞進嘴裡，嚼得嗑嚓嗑嚓的響，非常的清脆爽口。

我吃過很多蓮子菜品，以前沒有吃過青蓮。前不久，在一次高檔的小型宴會上，宴前的水果中有很多新鮮蓮蓬，朋友們拿起蓮蓬就扮蓮子，剝了外殼往嘴裡塞，吃得津津有味。我接過朋友遞來的半個蓮蓬，掏出一顆碩大的清蓮，足有拇指大，用指甲嵌進殼裡，輕輕掀起，轉動著扮掉外殼，剝出蓮子，還裹著一層荔枝似的白皮，輕輕撕去，露出晶瑩剔透的蓮子，本想扮開蓮子，摘掉蓮心，看朋友們沒有這麼細緻，我就直接塞進嘴裡，咬著脆脆的，有股清香飄逸，也有鮮嫩青味蕩漾，慢慢嚼碎蓮子，汁水噴灑口腔，甜味滲透喉嚨，讓人振奮，再嚼，微苦，再苦甜交錯。再吃，口吐清香，苦不勝甜。

此後，我看到路邊擺蓮蓬的老農，覺得非常的親切，每次都要選擇幾個，帶回家與親人分享，品嚐甜中有苦、苦中有甜的奧秘。

人生如滋味

把人的一生得失總結為酸甜苦辣鹹五字，是一種很恰當的說法，也就是說人生的滋味是酸甜苦辣鹹五種味道。我曾經在品嚐美食的時候思考怎樣描敘它們的味道，等嚐過了很多的美食時，我發覺大部分美食可以用酸甜苦辣鹹這五字概括。雖然還有很多美食家提出美食還具有香、鮮、澀、臭、麻、滷等味道。我卻認為：酸甜苦辣鹹是所有的人在味蕾上可以感覺得到的，香、鮮、澀、臭、麻、滷等要通過鼻、眼、耳等器官的特殊功能來輔助體味，那算得上是觸覺功能和個別人的特殊能力。

而人的一生，很多文學作品就在酸甜苦辣鹹這五字上下功夫，儘量發現人生的味道，寫得儘量市民化、生活化，把故事做得曲折、動人，吸引讀者的眼淚和感情，讀者感動得眼淚一把、鼻涕一把，在五味的基礎上昇華了眼淚的滋味，合成人生六味，達到藝術的效果。在我們人的平凡一生中，只能表達美食滋味裡的主要味道或者基本味道，其他輔助性味道要味覺發達的人才能夠感覺。在生活裡，感悟人生苦短和生活的輔助性味道，同樣需要生活味覺發達的人，才能細細的品味人生的經歷。

我的人生雖然只走過了三十年，卻一樣的像年老者一樣飽受人生六味的煎熬。這就讓我突然想到一個問題：人的味覺主要表現在六味，很多天生味覺靈敏和味覺鍛煉得好的人就可以體驗到六味之外的味道，也許這就是菜裡的輔助性味道：香、鮮、澀、臭、麻、滷等。味覺敏感的人是先天具有的，好吃與好品味的人是後天鍛煉的，這些都需要一個生存環境。一個人的一生，有的時候需要經歷很多的疾苦，有些人卻很少有疾苦阻撓他（她）的前途，這大概先天具備的生存環境。而很多先天環境不好的，通過一定努力邁進社會中堅，這就是鍛煉吧！生長在優越環境裡，只能像個味覺平常的人，很難體味到五味之外的味道。很多生長在逆境中的人，嚐遍了人生的疾苦，更加的品味到生活的苦短和味道，豐富了自己的人生道路和生活閱歷，增加了味覺感觸和品味能力，也給生存帶來信心；從反面說，生活環境給他（她）更多的機會去品味人生和世界的美麗與芬芳，對生活懷有美好的嚮往和理想，使成功在心理上接近他（她）一步。

美食很多時候需要有勇氣去嘗試，中國人從南方到北方或從北方到南方，飲食被完全改變，那怕是從選材到加工到品味到吃的方式方法都有所不同。食客品味非己地域的美食，需要很大的勇氣去嘗試，也需要很有耐心的去琢磨。我認識一個鄉下老人，來到城市生活，無論如何勸說都不敢吃火腿腸，而城市居民把它當做方便食品很受歡迎。人生也是一樣，很多東西需要自己去嘗試去琢磨去體會，才能找到自己需要的滋味。人的一生，任何事情都有一個由新到熟的過程，不可能先天就帶來。而我們開始瞭解事物都是用間接的手段，要想成功，在一定瞭解的基礎上自己去嘗試，才能把握成功的捷徑；沒有勇氣，成功的希望只等於零。

人生的得失，需要回憶和總結經驗，走過一段總結一段，就有所進步和再成功。美食亦然，作為一樣好的美食，品味的時候只是覺得好吃，吃出一些大概的味道，而又無法表達，當我們在回憶或者回味某種美食時，就會去總結它的味道和發現一些細微的新味道。在同類美食裡，還要進行細細對比，才會發現優劣，以及找到他們的共同點，逐漸通曉美食製作之道和品味之道。食客在記憶裡形成一道味道，那是美食對食客的具象，也是美食的記憶。

人生如美食，都需要自己去品味和嘗試，真正的味道只有自己知道。

美食危機與機遇

美食是一種味道，是吃的感覺和過程，離開吃的過程，美食不關乎其他。

在這個美食橫行的年代，美食與經濟、資訊高度結合，敏銳的感覺到時代的變局。美食在吃的過程不再參與的情況下，被兩件事給攪局：一是鬧得沸沸揚揚的三聚氰胺，把美食的安全問題擺上了臺面；一是帶有恐懼色彩的經濟危機，宣告經濟支撐點存在的不可忽略性。

三聚氰胺與美食本身無關，它存在牛奶和雞蛋中，但是它是一種污染物，影響人類健康。我們這個年代，健康觀念迅速提高，自我保護意思增強，大眾醫學已經普及到兒童。只要聽到一點風吹草動，早就成了驚弓之鳥，膽顫心驚。三鹿奶粉的事情一曝光，人們譁然，誰也不敢喝牛奶，誰也不再喝牛奶。與三聚氰胺不相干的食物都受到檢查，受其他化學物品影響的食物也提到了安全問題，嚴重威脅食客的慾望，心中恐懼不亞於死亡來襲。

四季流連於餐桌的食客，喜歡尋找美食的年輕人，都回到家中，享受家庭的溫暖和天倫之樂，美食的吸引力不再重複，食慾也萎縮不前，美食成了一個詞，沒人理會。

食品安全問題剛緩下勁來，食客回過神來，漸漸回到美食的懷抱。全球爆發了世界經濟危機，很快波及到中國，像龍旋風一樣從沿海襲轉內地，各行各業經濟緊縮，食客的心情蒙受極度悲涼。眼前的好日子，馬上草木皆兵，餐飲行業又空空如也，美食開始大蕭條。

三聚氰胺事件剛剛平息，食物上又冒出個瘦肉精和禽流感，這些辭彙雖然早已出現，它的恐怖色彩還停留在我們的記憶中，時刻關注著最新動態，吃又成了難題。美食被三聚氰胺和經濟危機帶入嚴寒季節，食物再發險情，真是雪上加霜，誰也收不了場。本來是美味的美食，吸引大家的食慾，啟動敏感的味蕾，反倒動搖了食客堅守陣地的信心，大家小心翼翼的過著日子，生活回到從前。

危機只是危害一次，給你下次機會，食品安全問題出現，一是全國範圍的檢驗了食品存在的問題；二是提醒了餐飲從業人員一定要以此為戒，給以後的美食發展奠定了基礎。美食所以美味的前提是安全，沒有安全做保障，美食也不再美味，面臨威脅和危險。

危機更是機遇，事物發展要經歷衰世和盛世更替，危機之後必是盛世，只要把握好方向，危機就是鳳凰涅盤，可以從中脫胎而出。任何事物的提升和發展，也要經受得起考驗和磨礪，考驗是門檻，邁過了這道坎，也提升了自己，以後的路更如履平地。食客對美食的態度，更要經得起考驗，不僅要有信心，還要有耐心。當我們面對危機，抓住機遇，經濟危機和食品安全並不可怕，美食更有潛力。

親福皆美味

生活在城市，流連於美食，也只在於口味，當吃得多了，就會感覺到吃時快樂，吃後總有些不舒服。每次與朋友探討其原因，都歸結於炒菜的油和飯菜不衛生兩方面，我也深感其痛。就這樣，城市人慢慢回歸到家庭用餐，與家人共度晚餐時刻，城市的部分賓館、酒店也向這方面轉化，尋找新的生意市場。

我常去一些餐飲安全的酒店、賓館，享受安全健康的美食，其中長沙市雨花亭附近的親福樓是去得最多的，在飲食圈裡也是大家評價比較高的酒樓。它注重食品安全和健康，全憑「良心」二字經營。吃得多了，慢慢熟悉了它的老總劉國清和劉國清的經營理念，找到了一種家的感覺。

盤踞城市，家庭人口比較少，父母子女間提倡親與福。而這種理念只在關注小家庭的親福，大家庭裡總感覺缺少溫暖或溫馨。因為那點點溫度，總覺得人與人之間有些隔閡和距離，沒有原始的親切，人與人之間相互提防，甚至各家之間把門一關成了個孤獨的小世界。要想大家分享幸福和快樂，是非常難的，大家一起分享美食，更難上加難。

劉國清開親福樓，是抱著一種「關愛親友，分享美食」的心態開的，把酒樓作為弘揚親福美食的地點。無論什麼經營，都是以贏利為目的，但是投資或生意都要把握一個度，最好能站在消費者的立場考慮一下，那樣的經營才會更長久。劉國清不僅站在消費者和美食愛好者的立場，而且給自己準備了一個天平，把握天平的準星是自己的良心，用良心確保食客的食物安全、健康、環保、綠色，特別是傳統節日的團年飯，消費者都是尋找團圓的氣息，親人在一起培養情感和幸福，更應該在良辰美景之時保持這份親福，給客人把親福帶給春節及新的一年。

劉國清做了二十年的湘菜，開發地道湘菜的同時，非常關心湘菜的原材料，而真正的重心是深入開發家鄉菜——寧鄉菜，打造以寧鄉花豬肉、黃材水庫野生魚、寧鄉白辣椒為主要原料的地道寧鄉家常菜。劉國清做菜曾有句名言：食材追求品質，加工追求精細，口味追求完美。現在使用在他的親福樓上，應運得非常到位，也得到了很多人的讚賞。劉國清還特別注意菜的色香味型器養，全面保持菜的特色和原味，最有代表的菜是八仙彙海、寧鄉花豬肉、紅燜蛇等八道菜。

常在親福樓吃飯，慢慢的感覺到它在追求鄉下人的親、享受城市人的福。昨天晚上，吃過飯後我突然感歎：在親福樓吃飯，是全家人在一起共同分享親福，吃的只是家人在一起的親福感覺，其實吃的味道怎麼樣已經不再重要，給我提供這樣的氣氛和環境已經非常滿足。

回憶去親福樓的每次經歷，我才發現：當我走進親福樓大門，就有一種回家的感覺，讓我非常親切自然，也非常放鬆自己。其他賓館酒店，客人都很傲慢，以自己為上帝，把服務員當作僕人，親福樓的服務員好像很輕鬆，不自卑。與劉國清聊天才知道，他教導服務員時常說客人是我們的親戚和朋友，我們服務時不需懼怕，開心的接待好自己的親人和朋友，讓他們回到家裡，感受家庭的溫暖和關懷。

時尚美味王子

流連城市的酒樓賓館，遺憾的是美食永遠跟不上時尚，只在意舌尖的風流。二〇〇八年十二月參加湖南地方湘菜資源調查，認識了韶山毛家飯店發展有限公司出品總監劉憶先生，當時沒有深交，只知道飲食界叫他湘菜時尚百變王子。調查結束後，我們來往多次，才知道劉憶是湘菜廚師裡提倡和追求時尚美味的第一人，給年輕人的飲食開發做出了傑出貢獻。

劉憶追求時尚美味，可能離不開他的生活體驗與童年記憶。劉憶出生在湘北的湘陰，在農村度過了美好的童年，也品味了數不清的山村原汁原味的美食，在他的記憶裡留下了美好的印象，直到現在都難於忘懷。

劉憶高中畢業後離開自己的村莊，進入城市實現自己的淘金夢，在那艱難的歲月中，為了尋找自己記憶裡的美味和童年的甜美，進入餐飲行業當學徒，開始了自己的飲食生涯。

年輕的劉憶，踏入飲食行業，沒有他理想的美好和童年的甜美，只有辛苦和勞累。但是，劉憶有個夢想，那就是他對童年美味的實現——在都市裡傳播他童年的美食，分享給都市人群。他為了在大都市里實現自己的美味理想，實現那個童年甜美的記憶，童年的記憶不變，都市的美味在時刻變化，食客的口味也在變化，只能不斷追求新奇的美食滿足自己的食客，慢慢演變成一套自己的美味時尚食經。為了更好的研製、開發童年的美味，為了更好的達到一個美食開發高度，劉憶自學大學課程，接著又攻讀MBA碩士學位，在知識與商業之間搭起了一座橋樑，溝通時尚美食。

在自學大學課程和攻讀MBA的同時，劉憶沒有忘記深入飲食文化，探索飲食真諦，他攻破一個又一個飲食難關，創新很多菜系，著名的有新派湘鄂菜、苗家山寨菜、毛家菜、庭院私家菜等。

劉憶在研究時尚美食的同時，沒有忘記飲食文化根源的採集，著重挖掘湖湘文化和尋找湖南各地市縣的地方名菜，把地方菜引進都市，經過包裝改版，做到上得廳堂，符合都市人群口味，推薦給懷念鄉村的食客。劉憶上不止創新，還開發完全符合都市年輕人的菜品，做出他主打的時尚菜。每款改良菜都受都市年輕男女熱烈追捧，成為時尚湘菜的倡導者。

劉憶提倡湘菜年輕化、概念化，對湘菜廚師分段，把現在湘菜廚師分為二十世紀八〇年代、九〇年代、現在三個不同時段，並且總結：八〇年代的廚師初中文化，技術靠師傅手把手的傳授；九〇年代的廚師高中文化，技術在跳槽間學會，深造是參拜大師；現在的廚師大專文化，技術在廚校學會，大師指點即可主廚。劉憶從這裡看到了湘菜廚師的發展和未來，成立了廚幫彙廚政管理工作室，收羅大批有豐富經驗的出品總監、廚政管理高手，給大中酒店提供廚師、新概念餐飲廚房管理、委派廚房人員、承包廚房、配送湘味優質調料等服務。同時，劉憶對廚師實行量化管理和HACCP、5S管理（常組織、常整頓、常清潔、常規範、常自律），使廚師各盡所能，發揮特長。劉憶還非常關注飲食營養，提倡食健康、食環保、食綠色、食文化、食樂趣，把飲食當做一個課題研究。

釀文學82　PE0024

嚐遍大中國
——巴陵美食散文集

作　　者　巴　陵
主　　編　蔡登山
責任編輯　林泰宏
圖文排版　邱瀞誼
封面設計　王嵩賀

出版策劃　釀出版
製作發行　秀威資訊科技股份有限公司
114 台北市內湖區瑞光路76巷65號1樓
電話：+886-2-2796-3638　傳真：+886-2-2796-1377
服務信箱：service@showwe.com.tw
http://www.showwe.com.tw
郵政劃撥　19563868　戶名：秀威資訊科技股份有限公司
展售門市　國家書店【松江門市】
104 台北市中山區松江路209號1樓
電話：+886-2-2518-0207　傳真：+886-2-2518-0778
網路訂購　秀威網路書店：http://www.bodbooks.com.tw
國家網路書店：http://www.govbooks.com.tw
法律顧問　毛國樑　律師
總 經 銷　聯合發行股份有限公司
231新北市新店區寶橋路235巷6弄6號4F
電話：+886-2-2917-8022　傳真：+886-2-2915-6275

出版日期　2012年4月　BOD一版
定　　價　380元

Printed in Taiwan

國家圖書館出版品預行編目

嚐遍大中國：巴陵美食散文集 / 巴陵著. -- 一版. -- 臺北市：
釀出版, 2012.04
面； 公分. --（釀文學；PE0024）
BOD版
ISBN 978-986-5976-15-6（平裝）

1. 飲食風俗 2. 中國文化 3. 文集

538.78207 101004370

讀者回函卡

感謝您購買本書，為提升服務品質，請填妥以下資料，將讀者回函卡直接寄回或傳真本公司，收到您的寶貴意見後，我們會收藏記錄及檢討，謝謝！
如您需要了解本公司最新出版書目、購書優惠或企劃活動，歡迎您上網查詢或下載相關資料：http:// www.showwe.com.tw

您購買的書名：______________________________

出生日期：________年________月________日

學歷：□高中（含）以下　□大專　□研究所（含）以上

職業：□製造業　□金融業　□資訊業　□軍警　□傳播業　□自由業
□服務業　□公務員　□教職　□學生　□家管　□其它_____

購書地點：□網路書店　□實體書店　□書展　□郵購　□贈閱　□其他

您從何得知本書的消息？

□網路書店　□實體書店　□網路搜尋　□電子報　□書訊　□雜誌
□傳播媒體　□親友推薦　□網站推薦　□部落格　□其他__________

您對本書的評價：（請填代號　1.非常滿意　2.滿意　3.尚可　4.再改進）

封面設計____　版面編排____　內容____　文／譯筆____　價格____

讀完書後您覺得：

□很有收穫　□有收穫　□收穫不多　□沒收穫

對我們的建議：______________________________

____

____

____

請貼
郵票

11466
台北市內湖區瑞光路 76 巷 65 號 1 樓
秀威資訊科技股份有限公司 收
BOD 數位出版事業部

（請沿線對折寄回，謝謝！）

姓　名：____________　年齡：______　性別：□女　□男

郵遞區號：□□□□□

地　址：____________________

聯絡電話：(日)____________ (夜)____________

E-mail：____________________